달섬 세계고전
14

소학주관

정약용

小學珠串

소학주관

박광철 옮김

달섬

목차

일러두기

1. 본 책은 '한국고전종합DB'에 수록된 『소학주관』 원문을 번역한 것이다.
2. 본 책의 해설은 '한국고전종합DB'에서 주로 참고하였고, 『예기집설대전』(정병섭, 학고방, 2012) 등을 확인 검토하였다.
3. 다산의 해석은 원문에서 【 】로 묶여 있으며, 이를 따로 괄호로 하지 않고 해석하지만, 내용을 이해하기에 무리가 없도록 하였다. 그리고 따옴표가 【 】 앞에 있어 내용이 분리되어 있는데, 이는 잘못된 것으로, 해석에서는 【 】를 묶어서 해석했다.
4. 소학주관 서문은 두 가지로 나눌 수 있다. 文集卷十二 / 序에는 마지막 부분이 "……先生之書有本矣. 是爲序."라고 되어 있고, 『여유당전서』 「附 雜纂集 三」에 실린 서에는 "……先生之書有本矣. 余曰 : 否. 一貫之學, 非爾所及. 先斯學也, 及其進也, 吾與爾勉之. 嘉慶十六年辛未季春, 洌水 丁鏞序, 書于茶山東菴."이라고 되어 있어 약간의 차이가 있다.
5. 원문 해석에서 표점에 의한 직역을 해야 하지만, 문장을 끊어서 읽기 쉽게 하였다. 예를 들어 "至尊無對, 此之謂一人也."의 경우 해석은 "지극히 존엄하여 상대가 없으니, 이를 '일인'이라고 한다."라고 해야 표점이 맞지만, 이해를 쉽게 하도록 "지극히 존엄하여 상대가 없다. 이를 '일인'이라고 한다."처럼 문장을 나누었다.
6. 원문에는 없지만 이해하기 쉽게 하기 위해 간단한 설명을 추가한 부분도 있음을 밝힌다. 이 경우 (　)로 표시하였다.
7. 본 책의 제목에서 '串'은 관으로 읽지만, 꿰미 천으로 읽을 수도 있음을 밝힌다.

소학주관小學珠串 서序

蜀之童. 得瑟瑟之珠數千. 見而悅之. 或懷之或襭之. 或含之以口. 或握之以手. 東適洛. 以求其售. 旣行. 勞而披則懷者落. 涉而俯則襭者迸. 見可喜而笑. 可言而言則含者出. 猝遇蜂蠆虺蜴害身之物. 欲有以衛其患則握者釋. 未至半而瑟瑟盡矣. 悵然而反. 以告其老賈. 賈曰嗟乎惜哉. 盍蚤來. 夫致瑟瑟有法. 園客之絲以爲線. 幺猫之毛以爲箴. 碧者串之爲碧串. 赤者串之爲赤串. 紺玄紫黃. 色色而串之. 吳犀之革. 櫝而藏之. 此致瑟瑟之法也. 今子雖得瑟瑟萬斛. 無串以串之. 何適不失. 今夫學問之法猶是也. 凡九經九流百家之書. 其名物數目. 皆瑟瑟也. 不肖串以串之. 無亦隨得而隨失乎. 謫居無事. 有童子數人. 從而問業. 患不能強志. 余老賈也. 談瑟瑟珠以喩之. 於是蒐輯古經以來名物數目. 選其有補於實學者. 共得三百條. 名之曰小學珠串. 以予之. 有一童子躍然喜曰. 先生之書有本矣. 昔者孔子謂子貢曰賜. 爾以吾爲多學而識之者與. 非也. 予一以貫之者也. 先生之書有本矣. 是爲序.

촉나라 땅의 남자아이가 슬슬주瑟瑟珠 수천 개를 얻었는데, 이를 보고 기쁨을 감추지 못했다. 이를 가슴에 품기도 하고 옷깃에 차기도 하며, 입에 물기도 하고 손에 움켜쥐기도 하다가, 동쪽으로 낙양洛陽에 가서 팔아 보기로 했다. 길을 가다 보니, 금방 피로가 쌓여 옷을 풀어 헤치면 품은 구슬이 떨어지고, 냇가를 건너다 주머니에 찬 것이 떨어지며, 기뻐할 일이 있어 웃거나 말할 일이 있어 말을 하면 입에 문 것이 나오고, 갑자기 벌·전갈·살무사 등 사람을 해치는 동물이 나타나 그 상황을 벗어나려 하면 손에 잡은 것을 놓치곤 했다. 그래서 낙양을 향해 절반도 못 가서 슬슬주가 다 없어졌다.

그는 실망하고 돌아와 늙은 상인에게 그 사실을 말하니, 늙은 상인은 이같이 말하였다.

> "아, 안타깝다. 어찌 일찍 오지 않았느냐? 슬슬주를 간수하는 데에는 방법이 있다. 원객(비단을 짰다는 신선)의 실을 끈으로 삼고 요온(돼지새끼)의 털을 바늘로 삼아서, 푸른 것은 꿰어서 푸른 꿰미로 만들고, 붉은 것은 꿰어서 붉은 꿰미로 만들어 검푸른 것·검은 것·붉은 것·누른 것 등 같은 색끼리 꿰고서, 오서(오나라 지방에서 생산되는 무소)의 가죽으로 상자를 만들어서 간직한다. 이것이 슬슬주를 간수하는 방법이다. 지금 그대가 슬슬주 만 섬을 얻었더라도 꿰미로 꿰지 않았으니, 어디서든지 잃어버리지 않겠는가."

지금 학문하는 법도 이와 같다. 무릇 구경과 구류 백가의 서적에 있어 그 '명물 수목'이 모두 슬슬주이다. 꿰미로 꿰는 것을 본받지 않으면 또한 얻는 대로 곧 잃어버리지 않겠는가.

내가 귀양살이하면서 일이 없을 때 아이 몇몇이 나에게 와서 공부하였는데, 잘 외우지 못함이 근심이었다. 나는 위에서 말한 늙은 상인처럼 슬슬주의 이야기를 하여 그들을 일깨워 주었다.

이에 고경 이래 여러 서적의 명물 수목을 수집하고 그중에 실제 학문에 도움이 되는 것을 뽑아서 모두 300조목을 얻어 이를 『소학주관』이라 이름하고 그들에게 주었다. 그러자 한 아이가 매우 기뻐하면서 말한다. "선생의 글은 근본이 있습니다. 공자가 자공에게 이르기를 '사賜야, 너는 내가 많이 배우고 그것을 기억하는 사람이라고 여기는가? 아니다. 나는 하나로 만사를 관통한 것이다.' 하였으니, 선생의 글은 근본이 있습니다." 이것을 서문으로 한다.(『다산시문집』 제12권 서序—한국고전종합DB 참조)

일지류一之類【범십조凡十條】

❈ 일인一人 ❈

一人者, 天子也. 君臨四海, 至尊無對, 此之謂一人也. 一人之名, 出〈周書〉.【其義見〈曲禮〉】

'일인'이란 천자다. 사해에 군림하니 지극히 존엄하여 상대가 없다. 이를 '일인'이라고 한다.

'일인'이라는 말은 『주서』에 나온다. 그 뜻은 『예기』「곡례」에 보인다.

| 역자 해설 |

'일인'은 천자를 뜻한다. 하늘 아래 단 한 사람으로 가장 높은 지위에 있다는 뜻이다. 「곡례 하」 97장에 "君天下, 曰天子. 朝諸侯, 分職授政任功, 曰予一人."이라는 구절이 있다. 이를 해석해 보면 "천하의 군주를 천자라 한다. 천자에게 조회하는 제후들은 나라를 다스리는 일을 분임 받았으므로 스스로 일인이라 칭한다."라는 뜻이다. 즉 천자가 '일인'이지만 천자를 대신하는 제후들은 천자로 대우해야 한다는 의미에서 '일인'으로 칭할 수 있다는 말이 된다.

❈ 일식一食 ❈

一食者, 天子之飯禮也. 位尊德盛, 食不再告, 【一告飽】 此之謂一食也.
一食之名, 出〈禮器〉.

'일식'이라는 것은 천자의 식사 예법이다. 존귀한 덕이 가득하여 다시 고하지 않는다. 한 번 배부름을 고한다. 이를 '일식'이라 한다.
'일식'이라는 말은 『예기』「예기」에 나온다.

| 역자 해설 |

'일식'은 천자가 덕이 많아 한 번 먹고 배부르다고 하는 것이다. 천자의 식사에는 항상 시중을 드는 시동이 있는데 천자가 한 번 밥을 뜨면 시동은 배불리 먹었다고 크게 고해야 한다. 그리고 식사가 끝난다. 덕이 많음을 보여 주는 것이다. 제후가 두 번 먹으면 배부르다고 시동이 고한다. 대부와 사士는 세 번 먹으면 시동이 고한다. 힘을 써서 먹고 사는 일반 백성들은 무수히 먹는다. 만약 제후가 한 번 먹고 고하면 천자를 자칭하는 역모를 꾸미는 것이 된다.
『예기』「예기禮器」6에 나온 내용은 "天子一食, 諸侯再, 大夫, 士三, 食力無數."이다.

일취一就

一就者，大輅之纓飾也.【五采備曰就】祭天所乘，采不三帀，此之謂一就也.
一就之名，出〈禮器〉.

'일취'라는 것은 '대로'의 '영'을 말한다. 오색으로 된 것을 '취'라 한다. 제천을 위한 수레에는 세 번 두르지 않는다. 이를 '일취'라 한다.
'일취'라는 말은『예기』「예기」에 나온다.

| 역자 해설 |

'일취'란 천자의 수레를 끄는 말의 안장에 옆으로 늘어뜨리는 가슴걸이를 한 번 두른 것을 말한다. 오색으로 된 가슴걸이를 '취'라 한다. 가죽으로 만든다. '대로'는 왕의 수레 중에 옥으로 장식한 '옥로玉路'가 1취이고, '선로先路'는 3취이며, '차로次路'는 5취와 7취가 있다. 즉 제천을 위한 수레에는 가슴걸이를 한 번 두른 수레를 타고, 제후국을 순시하거나, 사냥을 갈 때는 가슴걸이를 여러 번 한 수레를 탄다는 뜻이다.『서경』에 차로를 혁로革路와 목로木路로 설명하고 있다. '노輅'는 수레로 '로路'로도 표기하는데, 왕의 수레는 다섯 종류가 있어 '五路'라 한다. 뒤의 '오로' 항목에 자세한 설명이 있다.

일상 一相

一相者，諸侯之佐也．三公不備，一卿爲政，此之謂一相也．
一相之名，出《韓詩外傳》．【《韓》云：“天子三公，諸侯一相.”】

'일상'이라는 것은 제후를 보좌하는 제일 높은 관료이다. 삼공을 둘 수 없어 한 명의 경이 정치를 돕는데 이를 '일상'이라 한다.

'일상'이라는 말은 『한시외전』에 나온다. 『한시외전』에서 "천자는 삼공이 있고, 제후는 일상이 있다."라고 했다.

| 역자 해설 |

'일상'은 보통 재상으로 불리며, 제후국의 가장 높은 관료였다. 대표적으로 은나라의 이윤伊尹, 주나라의 주공周公, 제나라의 관중管仲이 있다. '삼공'은 '삼공' 항목에 자세한 설명이 있다.

일군 一軍

一軍者，小國之兵制也．【萬二千五百人爲軍】田賦旣少，五師是具．【二千五百人爲師】此之謂一軍也．
一軍之名，出《周禮》．【〈大司馬〉序官】

'일군'은 작은 나라의 군사체계이다. 12,500명이 1군을 이룬다. 전답의 세금을 줄이고 5사로 구성한다. 2,500명이 1사를 이룬다. 이를 '일군'이라 한다.

'일군'이라는 말은 『주례』「대사마」'서관'에 나온다.

일명一命

一命者, 諸侯之士儀也.【天子錫儀文曰命】車旗衣服, 以一爲節, 此之謂一命也.
一命之名, 出《周禮》.【〈典命〉云:"公·侯·伯之士一命, 子·男之大夫亦一命."】

'일명'이라는 것은 제후의 신하로 하나의 벼슬이다. 천자가 내리는 의(직책)를 명이라 한다. 수레의 기와 의복 등으로 구별한다. 이를 '일명'이라 한다.

'일명'이라는 말은 『주례』「전명」에서 "공·후·백은 사로 일명이며, 자·남은 대부로 역시 일명이다."라고 하였다.

❁ 일묘一廟 ❁

一廟者, 朝士之祭法也.【上士·中士·下士也】位卑祿薄, 祭不踰禰, 此之謂一廟也.
一廟之名, 出《禮記》.【《禮記·王制》文. 〈祭法〉云:"適士二廟, 官師一廟."】

'일묘'라는 것은 조사의 제사를 지내는 법도이다. 조사는 상사·중사·하사의 벼슬인데, 낮은 등급에 녹봉은 박하다. 제사는 아버지의 제사를 넘어서지 않게 한다. 이를 '일묘'라 한다.

'일묘'라는 말은 『예기』에 나온다. 『예기』「왕제」에 쓰여 있다. 「제법」에 "적자인 사는 2묘를, 관사는 1묘를"이라고 되어 있다.

| 역자 해설 |

'일묘'는 『예기』「왕제王制」에 "천자는 7묘를 두니, 3소·3목과 태조의 묘를 합하여 7묘이다. 제후는 5묘를 두니, 2소·2목과 태조의 묘를 합하여 5묘이다. 대부는 3묘를 두니, 1소·1목과 태조의 묘를 합하여 3묘이다. 사는 1묘이며, 서인은 정침正寢에서 제사 지낸다."라고 하였다. 조사란 조정의 벼슬 중에 낮은 벼슬을 하는 사람이다. 따라서 '1묘'만 모실 수 있었다.

일헌 一獻

一獻者, 小祀之爵數也.【爵, 酒器】鬼小禮薄, 酒不三酌, 此之謂一獻也.
一獻之名, 出《禮記》.

'일헌'은 가장 작은 제사인 소사에서 작爵의 수이다. '작'은 술잔이다. 귀신은 지위가 낮아 예가 박하다. 술은 삼작을 하지 않는다. 이를 '일헌'이라 한다.

'일헌'이라는 말은 『예기』에 나온다.

| 역자 해설 |

제사나 향연 등을 할 때 술을 한 차례 올리는 것을 '일헌'이라 하는데, 『의례』「사혼례」와 『예기』「혼의昏義」에 보면 먼저 주인이 손님에게 술을 권하는 것을 '헌獻'이라 하고, 다음에 손님이 주인에게 술을 권하는 것을 '초酢'라 하고, 재차 주인이 먼저 술을 따라 마시고서 손님에게 함께 마시기를 권하는 것을 '수酬'라 하는데, 헌·초·수를 합쳐 '일헌'이라 한다. 국가의 제사를 대사大祀·중사中祀·소사小祀로 나누는데, 종묘宗廟·영녕전永寧殿·사직社稷 등의 제사는 대사, 선농先農과 선잠先蠶 등의 제사는 중사, 그 밖의 것은 소사로 한다. 소사에서는 술을 연달아 세 번 올리지 않는다. 한편 체제禘祭(천신 및 조상신에 대한 큰 제사)에서 '일헌'은 다른 의미를 가진다. 『주례』「소재小宰」 정현

의 주석에 "시동이 제사를 지내고, 맛을 보고, 다시 술잔을 바친다." 라고 하였는데, 이 과정이 '일헌'에 해당한다고 한다.(정병섭, 『예기집설대전·예운』, 학고방, 2012, 197쪽 참조)

❁ 일정一鼎 ❁

一鼎者, 牲薦之薄品也. 羊·豕不用,【大曰豕】特豚是升,【小曰豚】此之謂一鼎也.
一鼎之名, 出〈士冠禮〉.

'일정'은 제사에 쓰는 희생 중 박한 것을 말한다. 양과 큰 돼지인 '시'는 쓰지 않는다. 새끼 돼지인 '돈'을 올린다. 이를 '일정'이라 한다.
'일정'이라는 말은 『의례』「사관례」에 나온다.

❁ 일장一章 ❁

一章者, 命服之卑秩也. 粉藻不備, 惟裳刺黻,【刺, 繡也】此之謂一章也.
一章之名, 出《周禮》注.【〈司服〉注】

'일장'이라는 것은 관료 중 낮은 등급의 복장 명이다. 쌀과 수초 문양을 그릴 수 없고, 오직 치마에 불(弓이 서로 등댄 모양)만 바느질한다. '자'는 수를 놓는다는 뜻이다. 이를 '일장'이라 한다.

'일장'이라는 말은 『주례』「사복」의 주석에 나온다.

이지류二之類【범십조凡十條】

이의二儀

二儀者, 太極之所分也.【儀, 象也】輕淸者爲天, 重濁者爲地, 此之謂二儀也.

二儀之名, 出《易大傳》.

'이의'는 태극이 갈라진 것이다. '의'는 상이란 뜻이다. 가볍고 맑은 것은 하늘을 이루고, 무겁고 탁한 것은 땅을 이룬다. 이를 '이의'라 한다.

'이의'라는 말은『주역대전』에 나온다.

이기二氣

二氣者, 剛·柔之相感也. 舒而明者曰陽, 蹙而暗者曰陰, 此之謂二氣也.

二氣之名, 出〈彖傳〉.【咸之彖】

'이기'라는 것은 강·유의 감응이다. 펼쳐져 밝은 것을 일러 양이라 하고, 뭉쳐서 어두운 것을 일러 음이라 한다. 이를 '이기'라 한다.

'이기'라는 말은 「단전」 '함괘'의 단사에 나온다.

이요二曜

二曜者, 水·火之精也.【曜, 光也】日曰太陽, 月曰太陰, 此之謂二曜也.

二曜之名, 出宋賦.【孝武帝擬作李夫人賦.《白虎通》以日·月·星爲三光】

'이요'는 물과 불의 정기이다. 요는 빛이다. 일은 태양이고, 월은 태음이니, 이를 '이요'라 한다.

'이요'라는 말은 송부에 나온다. (남조시대 송나라) 효무제가 본떠 만든 '이부인부'가 그것이다. 『백호통』에서 일·월·성을 3광이라 했다.

| 역자 해설 |

송부란 송나라에서 성행하던 문체를 말한다. 부의 수사修辭에 더욱 공을 들여 대구對句를 많이 사용하는 배부를 이용했고, 변려문騈儷文으로 발전한다. 이를 변부騈賦라고도 한다.

남조시대 송나라 효무제는 총애하던 선 귀비宣貴妃 은씨殷氏가 죽자, 유명한 무녀를 불러 한 무제漢武帝가 총애하던 이 부인李夫人을 추모하여 만든 부賦를 모방하여 애도하는 부를 짓고, 매일 낭송하게 했다는 이야기가 전한다.

❁ 이인二人 ❁

二人者, 恩愛之至也. 父兮生我, 母兮育我, 此之謂二人也. 二人之名, 出〈小雅〉.【〈小宛〉篇】

'이인'이라는 것은 은혜와 애정이 지극한 것이다. 아버지 나를 낳으시고, 어머니 나를 기르시니, 이를 '이인'이라 한다.

'이인'이라는 말은 「소아」〈소완〉 편에 나온다.

| **역자 해설** |

「소아」는 『시경』 중 72편으로 작은 정사에 관한 일을 노래한 정악正樂이다. 〈소완〉 편은 '조그마한 매'라는 뜻으로, 시국을 한탄하면서 바르게 살기 위해 스스로 조심하는 마음을 노래하고 있다.

이로二老

二老者, 殷季之耆德也. 伯夷居北海之濱, 太公居東海之濱, 此之謂二老也.
二老之名, 出《孟子》.【〈離婁〉篇】

'이로'는 은나라 말기의 나이 많고 덕이 높은 사람이다. 백이는 북해의 물가에 살았고, 태공은 동해의 물가에 살았다. 이를 '이로'라 한다.

'이로'라는 말은『맹자』「이루」편에 나온다.

| 역자 해설 |

백이는 상商나라 말기 때 사람으로 고죽국孤竹國의 왕자로, 묵태씨墨胎氏고, 이름은 윤允이며, 자는 공신公信이다. 전하는 말로 아버지가 동생 숙제叔齊에게 왕위를 물려주려고 하자 숙제가 그에게 양보하니, 달아났다고 한다. 숙제 또한 왕위에 오르지 않고 함께 서백西伯(周文王)에게 갔다. 주 무왕周武王이 주紂를 정벌하자 두 사람이 말을 잡고 간언하면서 어질지 못한 행동이라고 충고했다. 주나라가 상나라를 멸망시키자 주나라 음식을 먹는 것을 부끄럽게 여겨 수양산首陽山에 숨어 고사리를 캐먹고 살다가 굶어 죽었다.(임종욱·김해명,『중국역대인명사전』, 2010 참조) 태공은 본명이 강상姜尙으로 그의 선조가 여呂나라에 봉하여졌으므로 여상呂尙이라 불렸고, 태공망이라고 불렀

지만, 강태공이라는 이름으로 알려져 있다. 주나라 문왕文王의 초빙을 받아 그의 스승이 되었고, 무왕武王을 도와 상商나라 주왕紂王을 멸망시켜 천하를 평정하였으며, 그 공으로 제齊나라 제후에 봉해져 그 시조가 되었다. 강태공은 동해에서 사는 가난한 사람이었고, 집안을 돌보지 않아 그의 아내가 집을 나갔다고 전한다. 하루는 위수渭水에서 낚시를 하는데, 인재를 찾아 떠돌던 주나라 서백(주나라 문왕이 됨)을 만났다. 서백은 노인의 비범한 모습을 보고 그와 문답을 통해 인물됨을 알아보고 주나라 재상으로 등용하였다고 전해진다. 그를 태공망이라고 불렀는데, 이는 주나라 무왕의 선군인 태공太公이 바랐던 인물이었기에 그렇게 불렀다고 전해진다.(두산백과 참조)

이백二伯

二伯者, 天子之所與分治也. 陜左曰東伯, 陜右曰西伯, 此之謂二伯也.

二伯之名, 出〈王制〉.【分左分右, 見《公羊傳》】

'이백'은 천자가 천하를 나누어 다스리게 한 자이다. 왼쪽 땅은 동백이라 하고, 오른쪽 땅은 서백이라 한다. 이를 '이백'이라 한다.(이백은 주공과 소공으로 제나라의 환공과 진나라의 문공을 말한다.)

'이백'이라는 말은 『예기』「왕제」에 나온다. 왼쪽, 오른쪽 구분은

『공양전』에 보인다.

❀ 이경二京 ❀

二京者, 周·漢之王都也. 長安曰西京, 洛陽曰東京, 此之謂二京也.

二京之名, 出《後漢書》.【〈張衡傳〉】

'이경'이라는 것은 주·한의 왕도이다. 장안은 서경이라 하고, 낙양은 동경이라 한다. 이를 '이경'이라 한다.

'이경'이라는 말은 『후한서』「장형전」에 나온다.

❀ 이무二舞 ❀

二舞者, 學宮之所習也. 羽籥曰文舞, 干戚曰武舞,【亦謂之籥舞萬舞】此之謂二舞也.

二舞之目, 見《禮記》.【〈文王世子〉. 又見〈公羊傳〉】

'이무'라는 것은 학궁에서 배우는 내용이다. 우약은 문무이고, 간척은 무무이다. 약무, 만무라고도 한다. 이를 '이무'라 한다.

'이무'의 목록은 『예기』「문왕세자」에 보인다. 또 『공양전』에도 보인다.

| 역자 해설 |

깃털을 잡고 춤을 추며, 약籥이라는 피리를 부는 '우약'을 문무라 하고, 방패와 도끼를 들고 추는 순임금의 춤인 '간척'을 무무라 한다. 무무임에도 문덕을 펼치는 정치를 상징한다. 묘족이 반란을 일으켰을 때 우임금이 정벌하여 진압하려 하였으나 30일을 버티었다. 이에 순임금이 간척이란 춤을 추어 문덕을 펼치자 90일 만에 묘족이 항복하였다고 한다.(『서경』「대우모」에 내용이 있다.)

만무가 문무와 무무의 총칭인지 아닌지는 논란이 있었다. 정조 때 갑진년(1784)에 선발된 이서구李書九, 한상신韓商新, 한치응韓致應, 정동관鄭東觀, 홍의호洪義浩 등이 답변한 것이 있다. 『홍재전서』 제87권 「경사강의」 24에 보면 "(정조가 하문하기를) '이미 만무라고 총괄하여 말했으면 여기서는 의당 문무와 무무를 아울러 지칭해야 하는데, 문무를 추는 꿩깃과 피리만을 말하고 무무를 추는 방패와 도끼를 말하지 않은 것은 어째서인가? 하휴의 『공양전』 주석에 이르기를, '만무라는 것은 무왕이 1만 명을 데리고 천하를 평정한 것을 상징하여 이름 지은 것이다.' 하였고, 정현의 『예기』 주석에 이르기를, '간과干戈로 추는 만무는 무武를 상징하고, 우약羽籥으로 추는 약무籥舞는 문文을 상징한다.' 하였다. 이에 의거하면 위의 장에서 말한 만무는 오로지 무무를 가리키고 이 장에 이르러 비로소 문무를 말한 것인가?'

(홍의호가 대답하기를) '『춘추』에 '만입거약萬入去籥'이라고 씌어 있는데, 이는 대개 문무와 무무를 모두 태묘 안에서 행하지만 문무의 피리를 뺀 것을 말한 것입니다. 그렇다면 만무가 '이무'의 총괄적인 명칭이 되는 것은 의심할 것이 없으니, 정현과 하휴가 이것을 무무武舞라고 한 것은 잘못입니다.'"라는 대목이 있다.(『홍재전서』—한국고전종합DB 참조)

이궤二簋

二簋者, 饎爨之薄品也. 黍曰薌合, 稷曰明粢, 此之謂二簋也.【饎音熾】

二簋之名, 出《周易》.【損之彖. 其目見〈特牲禮〉】

'이궤'는 치찬의 박한 물건이다. 찰기장은 향합이라 하고, 메기장은 명자라 한다. 이를 '이궤'라 한다.

'이궤'라는 말은 『주역』 손괘의 단사에 나온다. 그 목록은 「특생례」에 보인다.

| 역자 해설 |

'이궤'는 기장과 피(서직)를 담는 제기로 바깥쪽은 둥글고 안쪽은 네모진 모양이다. 치찬은 맨 처음 밥을 지었다는 전설의 노부에 대한 제사이다. 『예기보주』 제10권 「예기禮器」 '번시어오燔柴於奧' 정현의 주에 "오奧는 마땅히 '찬爨'이 되어야 하니, 이는 글자가 잘못된 것이다. 예에 시동이 식사를 마치면 치찬과 옹찬饎爨에 제사 지낸다. 노부는 맨 처음 밥을 지었던 자이다."라고 하였는데, 소에 "이는 찬에 제사 지낼 적에 섶을 태워서는 안 된다는 뜻을 밝힌 것이다. 찬이라는 것은 노부에 대한 제사로 그 제사의 등급이 낮아서 오직 분盆에 밥을 담고 병瓶에 술을 담을 뿐이니, 어찌 섶을 태워 제사 지낼 수 있겠는가."라고 하였다.

이생二生

二生者, 人臣之摯物也. 卿摯執羔, 大夫執鴈, 此之謂二生也.【摯·贄通】

二生之名, 出〈虞書〉.【其目見〈曲禮〉】

'이생'이라는 것은 신하의 폐백 물품이다. 경은 염소를 들고, 대부는 기러기를 든다. 이를 '이생'이라 한다.

'이생'이라는 말은 『서경』 「우서」에 나온다. 그 목록은 『예기』 「곡례」에 보인다.

| 역자 해설 |

摯(잡을 지)는 贄(폐백 지)와 통용된다. 『주례』「춘관」'대종백'에 "대종백은 짐승으로 여섯 가지 폐백을 삼아 신하들의 등급을 구별한다. 고孤는 피백皮帛을 들고, 경卿은 염소를 들고, 대부는 기러기를 들고, 사士는 꿩을 들고, 서인은 집오리를 들고, 공인工人과 상인商人은 닭을 든다.(以禽作六摯, 以等諸臣, 孤執皮帛, 卿執羔, 大夫執鴈, 士執雉, 庶人執鶩, 工商執雞)"라는 대목이 보인다.

삼지류三之類【육십조六十條】

삼재三才

三才者, 萬物之初也.【才, 質也初也】天道曰陰陽, 地道曰柔剛, 人道曰仁義, 此之謂三才也.
三才之名, 出《易大傳》.

'삼재'란 만물의 시작이다. 재는 본질이고 시초이다. 천도를 음양이라 하고, 지도를 유강이라 하고, 인도를 인의라 한다. 이를 '삼재'라 한다.

'삼재'라는 말은『주역대전』에 나온다.

삼강三綱

三綱者, 人道之紀也.【綱者, 總綱之大繩】父爲子綱, 君爲臣綱, 夫爲妻綱, 此之謂三綱也.
三綱之名, 出《白虎通》.【《禮記·哀公問》篇, 夫婦別·父子親·君臣嚴, 謂之三正】

'삼강'은 인도의 벼리이다. 강이란 총괄이며 큰 줄기를 말한다. 아버지는 자식의 벼리이고, 군주는 신하의 벼리이며, 남편은 아내의 벼리이다. 이를 '삼강'이라 한다.

'삼강'이라는 말은 『백호통』에 나온다. 『예기』 「애공문」 편에 부부간의 바른 구별의 도리 · 부자 간의 친애의 도리 · 군신 간의 엄격한 도리를 가리켜 '삼정'이라 하였다.

삼황 三皇

三皇者, 太古之君也.【皇, 大也】一曰伏羲,【《禮緯》作虙戲】二曰燧人,【鑽木取火曰燧】三曰神農, 此之謂三皇也.

三皇之名, 出《禮緯》.【《春秋緯》云:"伏羲 · 女媧 · 神農, 是三皇也." 又天皇 · 地皇 · 人皇, 亦《春秋緯》說】

'삼황'이란 먼 고대의 군주이다. 황은 크다는 뜻이다. 처음이 복희로 「예위」에는 복희虙戲로 되어 있다. 두 번째가 수인으로 나무를 비벼 불을 얻는 법을 수燧라 한다. 세 번째가 신농이다. 이를 '삼황'이라 한다.

'삼황'이라는 말은 「예위」에 나온다. 「춘추위」에는 "복희 · 여와 · 신농을 삼황이라 이른다."라고 하였다. 또 천황 · 지황 · 인황이라는 명칭도 「춘추위」에 나와 있다.

'복희'는 포희씨로 불리기도 하는데, 중국 최고의 제왕으로 여겨진다. '복희'라는 이름은 『주역』「계사전」에 나오는데 팔괘를 처음 만들고, 그물을 발명하여 어획·수렵의 방법을 가르쳤다고 전한다. 한대의 『위서』에는 복희의 어머니 화서華胥가 뇌택雷澤(산동성에 있는 연못)에서 기인奇人의 발자국을 밟은 후 수태하여 복희를 낳았다고 전해진다. '수인'은 고대 중국에서 불과 음식의 조리법을 전했다고 한다. '신농'은 별명이 염제炎帝이며, 오곡야五穀爺이고, 농업과 의약의 신으로 불린다. 사람의 몸에 소의 머리를 가졌다고 전해진다. 고대 중국에 2천 종의 약물, 6만 가지 약 처방전을 전했다고 한다.

「예위」는 『위서』의 한 편으로 서한 말에 경전에 길흉·화복의 이론을 붙여 예언처럼 만든 일종의 참위서다. 「역위易緯」·「서위書緯」·「시위詩緯」·「예위禮緯」·「악위樂緯」·「춘추위春秋緯」·「효경위孝經緯」 등인데, 모두 공자의 저작이라고 하나 확실치는 않다.(『성호사설』 제4권 「만물문」—한국고전종합DB 참조)

삼왕三王

三王者, 中古之君也. 夏后尚忠, 殷人尚質, 周人尚文, 此之謂三王也.
三王之名, 出《中庸》.

'삼왕'은 고대의 군주이다. 하후는 '충후함'을 숭상하였고, 은나라 사람들은 '질박함'을 숭상했으며, 주나라 사람들은 '문채'를 숭상하였다. 이를 '삼왕'이라 한다.

'삼왕'이라는 말은『중용』에 나온다.

| 역자 해설 |

이는『중용장구』제29장의「왕천하유삼중언王天下有三重焉」의 주석에서 정현이 삼왕의 예를 가리켜 "하나라는 충후함을 숭상하였고, 상나라는 질박함을 숭상하였고, 주나라는 문채를 숭상하였다.(夏尙忠 商尙質 周尙文)"라고 한 데서 온 말이다.

삼정三正

三正者, 三王之歲紀也.【正者, 歲之始】夏正寅月,【今正月】殷正丑月,【十二月】周正子月,【十一月】此之謂三正也.
三正之名, 出董仲舒《春秋繁露》.【〈甘誓〉曰'怠棄三正', 未詳所指】

'삼정'은 삼왕의 연대이다. '정'이란 연대의 시작이다. 하정은 '인월'로 지금의 1월이 되고, 은정은 '축월'로 지금의 12월이며, 주정은 '자월'로 지금의 11월이다. 이를 '삼정'이라 한다.

'삼정'이란 말은 동중서의 『춘추번로』에 나온다. 『서경』「감서」에는 '태기삼정'이란 말이 나오는데, 그 뜻을 자세히 알 수 없다.

| **역자 해설** |

인월은 음력 1월을 한 해의 처음으로 삼은 하나라의 달력을 말한다. 음력 정월은 달리 이르는 말로 월건月建의 지지地支가 인寅이 되는 달이다. 축월은 음력 12월을 세수歲首로 삼은 은나라(상나라)의 달력이다. 월에 부여되는 간지가 축丑으로 되는 달로 음력 섣달에 해당한다. 자월은 주나라의 역으로 음력 11월을 세수로 삼았다.

동중서는 전한 무제武帝 때의 학자로 처음엔 강도江都의 정승이 되었으나 공손홍公孫弘에게 미움을 받아 교서왕膠西王의 정승으로 좌천되고, 나중에 벼슬을 그만두고 저술에 힘쓰다 생을 마쳤다. 『춘추』에 밝아 『춘추번로』를 지었다. 무제에게 말하여 유교를 국교로 정하게 한 것으로 유명하다.(『경세유표』「지관수제」—한국고전종합DB 참조)

삼사三社

三社者, 三王之所以祭后土也.【后土, 官名. 昔共工氏之子句龍嘗爲后土, 故祭之於社】夏后以松, 殷人以柏, 周人以栗.【樹於社】此之謂三社也.
三社之目, 見《論語》.

'삼사'란 삼왕 때 후토에 제사 지내는 것을 말한다. 후토란 관직명이다. 옛날에 공공씨의 아들 구룡이 후토가 되었는데, 사직에서 제사를 지내게 되었다. 하나라는 송사라 하고, 은나라는 백사, 주나라는 율사라 하였다. 이는 사직에 있는 나무로, 벼슬에 걸맞은 나무를 심고 이를 '삼사'라 했다.

'삼사'의 목록은 『논어』에 보인다.

| 역자 해설 |

『춘추좌씨전』「소공 29년」에 "오행을 맡은 관원을 오관이라고 했다. 그들은 상공의 작위에 봉해지고, 제사를 지낼 때 귀한 신의 대우를 받았으며, 사직의 다섯 사신祀神으로서 높여지고 받들어졌다. 목을 담당하는 장관을 '구망'이라 했고, 화를 담당하는 장관을 '축융'이라 했고, 금을 담당하는 장관을 '욕수'라 했고, 수를 담당하는 장관을 '현명'이라 했고, 토를 담당하는 장관을 '후토'라 했다.(五行之官 是謂五官 封爲上公 祀爲貴神 社稷五祀 是尊是奉 木正曰句芒 火正曰祝融 金正曰蓐收 水正曰玄冥 土正曰后土)"라고 하였다. 또 천자는 '태사泰社', 제후는 '후사侯社'라 하였으며, 대부 이하는 군群(집단의 한 단위)이 되면 모두 '사社'를 설치하는데, 100집이 군이 되므로 이에 '이사里社'를 두었다. 사직에는 각각 토질에 알맞은 나무를 심는다. 그래서 옛날에 송사松社·백사栢社·율사栗社·역사櫟社라 하는 이름을 갖게 되었다.[허목許穆(1595~1682), 『미수기언』「척주기사陟州記事」—한국고전종합DB 참조]

삼학 三學

三學者, 三王之學宮也.【受師敎曰學】夏學曰校.【校, 敎也】殷學曰序.【序, 射也. 射以序賢】周曰庠.【庠, 養也. 所以養老】此之謂三學也.
三學之目, 見《孟子》.

'삼학'이란 삼왕 시대의 학궁이다. 여기서 '학'은 스승에게 가르침을 받는 것이다. 하나라 학궁을 '교'라 하는데 교는 가르친다는 뜻이다. 은나라 학궁은 '서'라 하는데, 서란 활쏘기를 말한다. 활쏘기로 서열을 정한다. 주나라에서는 '상'이라 하는데, 상은 돌봄이라는 뜻으로 노인을 봉양하는 것이다. 이를 '삼학'이라 한다.

'삼학'의 목록은『맹자』에 보인다.

| 역자 해설 |

활쏘기로 순서를 정하는 것은『오주연문장전산고』「경사」편 5 '풍속'에 '서빈이현序賓以賢'이란 말이 나오는데 손님의 선후를 재능으로써 정한다는 대목이 있다. 여기서 재능이란 투호놀이에서 화살을 가장 많이 맞추는 것을 말한다.

'학궁'에 대한 다산의 기록이 있는데,『목민심서』「예전 6조」제4조 '홍학'에 "옛날에는 제후국에도 모두 학궁이 있었고, 그 가르치는 법도 왕성의 태학太學과 다름이 없어 삼덕三德·삼행三行과 육예六藝·

육의六儀로 가르치며, 그 덕은 중용과 효우이고, 그 가르침은 풍송과 언어이며, 춘추로는 예악을 가르치고 여름 겨울에는 시서를 가르쳤다. 항업恒業으로 익히는 바에 악무樂舞·현가絃歌를 주로 삼았기 때문에 요순 시대에는 전악典樂이 교육을 주관했고, 주관周官의 제도에는 사악司樂이 교육을 주관했었다. 오늘날 군현의 학교가 바로 옛날 제후의 학교인데, 악무가 이미 없어지고 현가가 이미 끊어졌으니, 후세에 와서 학교를 일으킨다는 것은 모두 허명일 뿐이다.(古者. 諸侯之國. 皆有學宮. 其敎法. 與王城之太學. 無以異也. 三德三行. 師氏文. 六藝六儀. 保氏文. 其德中庸孝友. 其敎諷誦言語. 司樂文. 春秋敎以禮樂. 冬夏敎以詩書. 文王世子文. 若其恒業之所肄習. 樂舞弦歌以爲之主. 故堯舜之世. 典樂主其敎. 周官之制. 司樂主其敎. 今郡縣之學. 卽古諸侯之學. 然樂舞已亡. 弦歌已絶. 後世之所謂興學校者. 皆虛名而已.)"라고 하였다.

삼옹三雍

三雍者, 先王行禮之所也.【雍, 和也】一日辟雍,【養國老】二日明堂,【會諸侯】三日靈臺,【望氛祲】此之謂三雍也. 三雍之名, 出《漢書》.【〈河間獻王傳〉】

'삼옹'이란 선왕이 예를 행하던 곳이다. '옹'이란 화합함이다. 첫 번째를 벽옹이라 하는데 나라의 원로를 모시던 곳이고, 두 번째를

명당이라 하는데 제후들이 모여 의논하던 곳이며, 세 번째를 영대라고 하는데 요사스러운 기운을 관찰하던 곳이라 하였다. 이를 '삼옹'이라 한다.

'삼옹'이라는 말은 『한서』 「하간헌왕전」에 나온다.

| 역자 해설 |

'삼옹'이란 고대 제왕들이 제사와 전례를 거행하는 장소를 일컫는데, 조선조의 성균관이 여기에 해당한다. 다산 시문집 제8권 「대책對策」에 다음과 같은 다산의 의견이 있다. "벽옹을 영대靈臺라고 한 것은 『좌씨전』에서 나온 것으로, 영대는 태묘太廟의 부지敷地 안에 있고, 그 사방에는 영소靈沼가 빙 둘러 있어 벽옹이라 한다 하였으며, 그 뒤 한나라에 이르러서는 영대와 벽옹을 합쳐서 하나로 만들었다. 그러나 『한시외전韓詩外傳』에 옹雍을 화和라 하였으니, 영대는 본래 분침氛祲(요사스러운 기운) 등을 관찰하는 곳이요, 벽옹은 본래 태학의 이름이다. 채옹蔡邕의 『명당월령론明堂月令論』에도 태묘와 학궁이 통합된 제도를 자세히 서술하였지만, 벽옹은 그대로 태학교의 이름이다. 장자가 벽옹을 음악 이름으로 일컬은 데 대해서는, 음악 이름을 태학인 벽옹으로 간주한 것에 불과하니, 이는 굳이 의심할 나위가 없다."

❀ 삼역三易 ❀

三易者, 三王之筮書也.【蓍曰筮】夏曰連山,【重, 艮也. 夏易首艮】殷曰歸藏,【藏者, 坤德也】周曰周易, 此之謂三易也. 三易之名, 出《周禮》.【〈春官 · 太卜〉文. 又龜書有三兆, 夏曰玉兆, 殷曰瓦兆, 周曰原兆】

'삼역'이라는 것은 삼왕 시대의 점서이다. 시초는 점을 보는 도구이다. 하나라에서는 연산이라 하는데, 산이 겹치니 산을 뜻하는 간괘이다. 하나라 역은 간괘를 으뜸으로 한다. 은나라에서는 귀장이라 하는데, 거두어 품는 것은 땅 곤괘의 덕이다. 주나라에서는 주역이라 했다. 이를 '삼역'이라 한다.

'삼역'이라는 말은 『주례』「춘관」'태복'에 나온다. '거북점서'에는 삼조가 있으니, 하나라 옥조 · 은나라 와조 · 주나라 원조이다.

| 역자 해설 |

'조兆'는 거북의 등 껍데기가 불에 그을려서 갈라지는 금을 보고 길흉을 판단하는 것을 말한다. 세 가지는 삼조三兆라고 하는데 옥조玉兆 · 와조瓦兆 · 원조原兆로, 그 갈라진 무늬가 옥과 같고 기와와 같고 논밭과 같은 것을 말한다. 또는 옥조는 전욱顓頊(중국 고대의 제왕. 황제의 손자로, 그에 이어 20세에 임금 자리에 올라 처음 고양高陽에 나라를 일으켰으므로 고양씨라 불렀음)의 조짐이고, 와조는 요임금의 조짐이며,

원조는 주나라의 조짐을 뜻한다고 하였다. 옥조·와조·원조에 각각 120가지가 있다고 한다.(『강한집』 제11권 「잡저」 '홍범전'—한국고전종합DB 참조)

❈ 삼가三家 ❈

三家者, 詩學之分門也. 轅固曰齊詩,【傳夏侯始昌】申培曰魯詩,【傳王臧】韓嬰曰韓詩,【本燕人, 傳于趙子】此之謂三家也.
三家之名, 出《漢書·儒林傳》.【又歐陽生·大夏侯·小夏侯爲書學三家, 傳伏生今文】

'삼가'란 『시경』을 전승해 온 학파들이다. 원고생은 〈제시〉를 지었고, 하후시창에게 전했다. 신배는 〈노시〉를 지었고, 왕장에게 전했다. 연나라 태생인 한영은 〈한시〉를 지었고, 우조자에게 전했다. 이를 '삼가'라 한다.

'삼가'라는 말은 『한서』「유림전」에 나온다. 또 구양생·대하후·소하후를 '서학삼가'라고 한다. 복생의 『금문상서』를 전수하였다.

삼창 三倉

三倉者, 古文之訓義也. 李斯作《倉頡篇》, 揚雄作《倉頡訓纂》, 【杜林亦作之】 賈魴作《倉頡滂喜》, 【後漢人】 此之謂三倉也.
三倉之名, 出《隋書 · 經籍志》. 【三倉三卷, 郭璞註】

'삼창'이라는 것은 고문의 올바른 뜻을 밝힌 것이다. 이사가 『창힐편』을 지었고, 양웅이 『창힐훈찬』을 지었다. 두림도 같은 이름의 책을 지었다. 후한 시대 사람인 가방이 『창힐방희』를 지었다. 이를 '삼창'이라 한다.

'삼창'이라는 말은 『수서』「경적지」에 나온다. 삼창 3권은 곽박의 주에 보인다.

| 역자 해설 |

『예기보주』 제2권 「곡례 하」 제2권 '창힐 편'에 "'창힐'은 중국 고대 황제 때의 사관으로서 한자를 처음으로 만들었다."고 하는 전설상의 인물이며, 「창힐 편」은 옛 자서字書의 이름으로 이사李斯가 지었다고 전한다. 한나라 초기에 이사의 「창힐 편」, 조고趙高의 「원력 편爰曆篇」, 호무경胡毋敬의 「박학 편博學篇」을 묶어 한 책으로 만들어 '삼창'이라 하고, 쉽게 '창힐 편'이라고도 하였는데 총 3,300자였다고 한다. 이후 위진 시대에 이르러서 또 이사의 「창힐 편」을 상권, 양웅揚雄의 「훈

찬 편訓纂篇」을 중권, 가방의 「방희 편滂喜篇」을 하권으로 삼아 한 부의 책으로 만들었다고 전한다. 두림은 후한 부풍扶風 무릉茂陵 사람으로 자는 백산伯山이다. 『고문상서古文尙書』를 위주로 공부하여 위굉衛宏, 서순徐巡 등에게 전했다. 현재 「창힐 편」은 전해지지 않아 그 내용을 자세히 알 수가 없으며, 원문의 "아버지와 어머니가 수명을 연장한다.(考妣延年)"는 『이아』 「석친」 곽박의 주에 보인다. 곽박은 동진東晉 하동(산서성)의 문희聞喜 사람으로 자는 경순景純이다. 저서로 『이아주爾雅注』와 『삼창주三蒼注』, 『방언주方言注』, 『산해경주山海經注』, 『도찬圖贊』, 『목천자전주穆天子傳注』, 『수경주水經注』 등이 있다.

삼존三尊

三尊者, 民生之所事也. 父以生之, 師以教之, 君以食之, 此之謂三尊也.【食, 飼】

三尊之名, 出《白虎通》.【《國語》曰:"民生于三, 事之如一, 父生之, 師教之, 君食之." 又《孟子》, 齒一爵一德一, 爲三達尊】

'삼존'이라는 것은 백성이 살아가게 하는 것이라는 뜻이다. 아버지가 낳아 주시고, 스승이 가르쳐 주시며, 임금이 먹여 주신다는 것이다. 이를 '삼존'이라 한다. 먹여 준다는 것은 자손을 잇게 해 준다는 뜻이다.

'삼존'이라는 말은 『백호통』에 나온다. 『국어』에서 "백성이 살아가게 하는 세 가지는 하나 같은 일이다. 아버지 낳으시고, 스승이 가르치고, 임금이 먹여 준다."라고 하였다. 또 『맹자』에서 연치·관작·학덕 이 세 가지는 존중된다고 하였다.

| 역자 해설 |

『맹자』「공손추 하」에 '삼달존三達尊'에 대한 설명이 있는데 "천하를 통하여 어떤 시대에나 존중되는 세 가지가 있는데, 관작官爵·연치年齒·학덕學德을 말한다."라고 하였다.

높은 벼슬을 한 사람과 나이 많은 사람, 학식과 덕이 높은 사람을 존중한다는 뜻이다.

삼상三喪

三喪者, 所以致哀於三尊也. 親曰致喪,【致, 至也. 人所自盡】君曰方喪,【方, 比也. 比於親喪】師曰心喪,【心如喪父而無服】此之謂三喪也.
三喪之名, 出《禮記》.【〈檀弓上〉】

'삼상'은 삼존에 지극한 애절함을 다하는 일이다. 어버이에게는 치상을 한다. '치'란 지극함이다. 정성을 다함이다. 임금에게는 방상을 한다. '방'이란 비견한다는 뜻이다. 어버이의 상에 견주어 같게 한다. 스승의 상에는 심상을 한다. 마음은 어버이의 상과 같이 애절하지만, 복제는 없다. 이를 '삼상'이라 한다.

'삼상'이란 말은 『예기』「단궁 상」에 나온다.

삼족 三族

三族者, 門內之親也.【族, 聚也】父族曰諸父,【父及其昆弟】己族曰昆弟,【昆, 兄也】子族曰諸子,【己子及昆弟之子】此之謂三族也.

三族之名, 出《周禮》.【〈春官·小宗伯〉:"掌三族之別." 鄭玄云: "三族, 謂父·子·孫." 或以本族·母族·妻族爲三族, 非也】

'삼족'이란 문중의 친족이다. '족'이란 모인다는 뜻이다. 부족이란 제부를 말하는데, 아버지의 형제들이다. 기족이란 자신의 형제들을 말하고, '곤'이란 형을 말한다. 자족이란 여러 자손이다. 친자손에서 형제의 자손까지 이른다. 이를 '삼족'이라 한다.

삼족이란 말은 『주례』「춘관」'소종백'에 나온다. "삼족의 구별을 관장하여"라고 쓰여 있다. 정현의 주석에 "삼족이란 아버지·아들·손자를 일컫는다."라고 하였다. 본가·외가·처가를 '삼족'이라

하는 것은 틀린 것이다.

| **역자 해설** |

다산은 『목민심서』「형전」 제4조 '휼수恤囚'에 "삼대의 친족을 삼족이라 한다. 위로 여러 아버지에 미치니 이것이 할아버지 친족이요, 옆으로 형제와 그 소생에 미치니 이것이 아버지 친족이요, 아래로 후손에게 미치니, 이것이 내 친족이다."라고 기록하고 있다.

❈ 삼종三從 ❈

三從者, 婦人之義也.【從, 順也】未嫁從父, 旣嫁從夫, 夫死從子, 此之謂三從也.【從平聲】

三從之名, 出〈喪服傳〉.【《春秋》隱二年《穀梁傳》, 亦有之】

'삼종'이란 부인의 도의이다. '종'이란 따른다는 뜻이다. 시집가기 전에는 아버지를 따르고, 시집을 가서는 남편을 따르고, 남편이 죽으면 자식을 따른다. 이를 '삼종'이라 한다. '종' 자는 평성이다.

'삼종'이란 말은 『의례』「상복전」에 나온다. 『춘추곡량전』 노나라 은공 2년의 기록에도 있다.

평성은 사성四聲의 하나이다. 조선 초기에, 왼편에 방점이 없는 글자의 소리로서, 가장 낮은 소리이다. 현재는 소리에는 있으나, 글자에는 표시하지 않는다.

삼공三公

三公者, 天子之大臣也. 太師教以道,【師, 率也】太傅傅以德,【傅, 相也】太保保其體,【保, 安也】此之謂三公也.
三公之名, 出《周禮》.【〈朝士〉辨三公之位, 其目見《大戴禮》】

'삼공'이란 천자의 대신이다. 태사는 도로써 가르치는 역할을 하는데 '사'는 거느린다는 뜻이다. 태부는 덕으로 이끄는데, '부'란 이끌어 준다는 것이다. 태보는 그 체를 지킨다. '보'란 편안히 한다는 뜻이다. 이를 '삼공'이라 한다.

'삼공'이란 말은 『주례』「조사」에 나온다. 「조사」에 '삼공'의 지위에 관한 판별이 있는데, 그 목차는 『대재례』에 보인다.

삼고三孤

三孤者, 三公之貳也.【孤, 特也】少師導文學, 少傅節禮制, 少保察服食, 此之謂三孤也.
三孤之名, 出《周禮》.【義詳《大戴禮》】

'삼고'란 '삼공'의 다음가는 관직이다. '고'란 다르다는 뜻이다. 소사는 도문학을 가르치고, 소부는 예절과 제도를 가르치고, 소보는 의복과 음식을 살핀다. 이를 '삼고'라 한다.

'삼고'란 말은 『주례』에 나온다. 상세한 내용은 『대재례』에 보인다.

| **역자 해설** |

'삼고'는 주나라의 관제로 왕을 보좌하여 군사 정치의 대권을 쥔 삼공을 보좌하는 벼슬인데, 삼고는 소사少師·소부少傅·소보少保이다. 삼소三少라고도 하며, 조선의 찬성贊成 벼슬이 이에 해당한다.

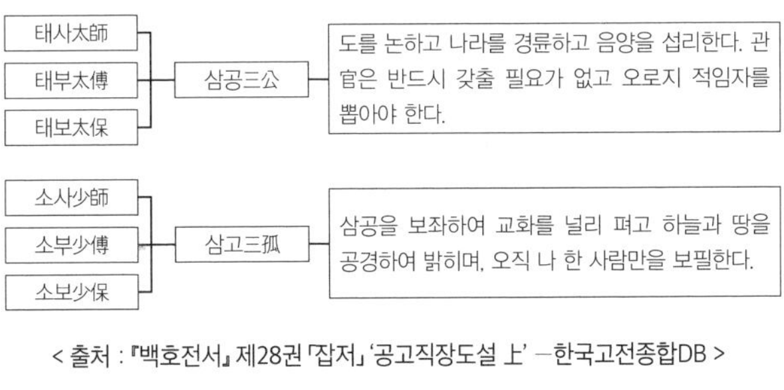

< 출처 : 『백호전서』 제28권 「잡저」 '공고직장도설 上' —한국고전종합DB >

삼례三禮

三禮者, 祭祀之秩也. 上祭天神,【郊柴望】下祭地祇,【社山川】中祭人鬼,【宗廟也】此之謂三禮也.
三禮之名, 出〈帝典〉.【其目見《書傳》】

'삼례'란 제사의 나눔이다. 상제는 천신에 대한 제사로 교시망이다. 하제는 지기에 대한 제사로 지신과 산천에 대한 제사이다. 중제는 귀신에 대한 제사로 종묘에서 행한다. 이를 '삼례'라 한다.

'삼례'라는 말은 『서경』「요전」'제전'에 나온다. 송나라 때 주희가 채침을 시켜 주해한 『서전』에 그 목록이 보인다.

| 역자 해설 |

상제上祭는 하늘에 대한 제사로 교단을 쌓아 지내는 제사이다. 섶나무를 불로 태워 향을 피우고 하늘에 뜻을 전하는 것을 '시'라 한다. 그리고 멀리 하늘과 산천을 바라보며 지내는 제사를 '망'이라 한다.

삼덕三德

三德者, 天下之達德也. 知道曰智,【知五倫之道】行道曰仁,【行五倫之道】勉行曰勇,【勇所以成功】此之謂三德也.

三德之名, 出《中庸》.【〈洪範〉以正直·剛克·柔克爲三德】

'삼덕'이란 천하의 마땅한 덕이다. 도를 아는 것을 '지'라 하고, 오륜의 도를 아는 것을 말한다. 도를 행하는 것을 '인'이라 하고, 오륜의 도를 행하는 것을 말한다. 힘써 행하는 것을 '용'이라 하고, 행함에 이루어지도록 하는 것을 말한다. 이를 '삼덕'이라 한다.

'삼덕'이란 말은 『중용』에 나온다. 「홍범」에서는 정직·강극·유극을 일러 '삼덕'이라 했다.

삼사 三事

三事者, 王者之大政也. 一曰正德,【敷五教】二曰利用,【制器用】三曰厚生,【裕衣食】此之謂三事也.
三事之名, 出〈今大禹謨〉.【義見《左傳》郤缺之言. 〈周書·立政〉, 又以任人·準夫·牧夫爲三事】

'삼사'란 임금의 중요한 국정이다. 하나는 오교를 경건히 한다는 정덕이고, 두 번째는 재물과 쓰임을 다스린다는 이용이고, 세 번째는 백성의 의복과 식량을 풍족히 한다는 후생이다. 이를 '삼사'라 한다.

'삼사'라는 말은 『상서』「금대우모」에 나온다. 『좌전』에 그 뜻이 일

부 보인다. 「주서」 '입정'에서는 임인·준부·목부를 '삼사'라 했다.

| 역자 해설 |

중국 고대에 정치의 세 가지 기본으로 생각하던 일이다. 곧 임인·준부·목부를 말한다. 『서경』「주서」에서 인용된 말로, 소疏에 따르면, '임인'은 일을 맡아서 할 사람, 곧 육경이며, '준부'는 법을 맡을 사람, 곧 이옥관理獄官, 그리고 '목부'는 고을을 다스리는 사람, 곧 구주지목九州之牧으로 되어 있다.

삼망三望

三望者, 王侯之祭也.【望, 視而祭之】祭星曰布,【布, 牲肉於地】祭山曰庪縣,【或埋而或縣】祭川曰浮沈,【或浮而或沈】此之謂三望也.【庪音詭, 縣音玄】

三望之名, 出《春秋傳》.【祭牲之法, 見《爾雅》】

'삼망'이란 왕후의 제사이다. '망'이란 멀리 바라보는 제사를 말한다. 별을 바라보는 제사를 '포'라 하는데, 포는 땅에 사는 가축을 말한다. 산에 드리는 제사는 '궤현'이라 하며 희생을 묻거나 매단다. 하천에 드리는 제사를 '부침'이라 한다. 부침이란 혹 물에 띄우거나 수장을 함이다. 이를 '삼망'이라 한다.

'삼망'이라는 말은 『춘추전』에 나온다. 제사의 희생에 관한 법도는 『이아』에 보인다.

| 역자 해설 |

『주례』「목인」에서 "무릇 외제의 '훼사', 즉 신에게 빌어 재앙을 제거하는 일에는 털이 얼룩 빛인 소를 써도 된다."라고 하였다. '훼사'란 궤현의 벽고를 뜻하는데 희생을 잘라 찢어서 제사에 쓰는 것이다.

삼생三牲

三牲者, 祭祀之牢品也.【旣卜吉日牲】牛曰大武,【足跡大】羊曰柔毛, 豕曰剛鬣, 此之謂三牲也.

三牲之名, 出《儀禮》.【〈公食大夫禮〉. 牲號見〈曲禮〉】

'삼생'이란 제사에 바쳐지는 짐승이다. 길한 점을 칠 때 쓰는 희생이다. 소를 대무라 하고, 발자국이 크다. 양을 유모라 하고, 돼지를 강렵이라 했다. 이를 '삼생'이라 한다.

'삼생'이란 말은 『의례』「공식대부례」에 나온다. 희생의 이름들은 『예기』「곡례」에 보인다.

❖ 삼학 三臛 ❖

三臛者, 肉羹之珍品也. 牛臛曰膷,【有香氣】羊臛曰臐,【薰亦香】豕臛曰膮,【肥美也】此之謂三臛也.
三臛之目, 見《儀禮》.【〈公食大夫禮〉】

'삼학'이란 고깃국으로 귀한 품목이다. 쇠고깃국은 향기가 있어 향이라 하고, 양고깃국은 역시 향기가 있으며 훈이라 하고, 돼지고깃국은 효라 하는데 기름지고 맛있다. 이를 '삼학'이라 한다.

'삼학'의 목차는『의례』「공식대부례」에 보인다.

❖ 삼주 三酒 ❖

三酒者, 酒正之所供也. 一曰事酒,【有事而飮者】二曰昔酒,【無事而飮者】三曰清酒,【祭祀之所用】此之謂三酒也.
三酒之名, 出《周禮》.【〈酒正〉文】

'삼주'란 주정酒政을 맡았던 관리가 바치는 술이다. 하나는 '사주'라 하는데, 일이 있어 마시는 것이고, 두 번째를 '석주'라 하는데, 일이 없을 때 마시는 술이고, 세 번째는 '청주'라 하는데, 제사에서 사용하는 술이다. 이를 '삼주'라 한다.

'삼주'라는 말은 『주례』「주정」에 나온다.

❈ 삼아三雅 ❈

三雅者, 劉表之酒器也. 大曰伯雅,【受七升】次曰仲雅,【受五升】三曰季雅,【受三升】此之謂三雅也.
三雅之名, 出魏文帝《典論》.

'삼아'란 유표의 술잔이다. 제일 큰 것을 백아라 하고, 7승이다. 다음을 중아라 하고, 5승이다. 세 번째를 계아라 하고, 3승이다. 이를 '삼아'라고 한다.

'삼아'란 말은 위나라 문제 때 『전론』에 나온다.

| 역자 해설 |

승升은 '되'라는 뜻을 가진 글자이다. 7승이면 약 12.6리터가 된다. 유표는 후한 말기 산음山陰 고평高平 사람인데 자는 경승景升이다. 술 마시기를 좋아해서 사람들에게 술을 권하기를 즐겨 했다. 『태평어람』에 따르면, 유표와 그의 자식들은 하나같이 술을 좋아했다고 하고, 그래서 세 가지 크기가 다른 술잔을 만들었다. 술버릇이 있었는데 술자리가 끝날 때쯤이면 큰 바늘을 두고, 취해서 바닥에 쓰러진 사람을 바늘로 찌르며 취했는지 확인했다고 한다. 또 다른 '삼아'에 대

한 설이 있는데, 옛날 중국 사천성 낭중현閬中縣의 어느 못 속에서 발견한 세 개의 동기銅器에 백아伯雅·중아仲雅·계아季雅라는 전자篆字가 각각 새겨져 있었기 때문에 이 동기에 새겨진 그대로 술잔 이름을 했다 한다.(『성호사설』 제4권 「만물문」—한국고전종합DB 참조)

삼농三農

三農者, 稼穡之別也. 平地曰田農,【耕田也】磽地曰山農,【磽, 多石】濕地曰澤農,【下濕地】此之謂三農也.
三農之名, 出《周禮》.【〈大宰九職〉:"其一曰三農."】

'삼농'이란 농사의 구별이다. 평지의 농사를 전농이라 하는데 밭을 일군다. 비탈진 황무지의 농사를 산농이라 하고, '요'는 돌이 많다는 뜻이다. 습지의 농사를 '택농'이라 하는데 저습지를 말한다. 이를 '삼농'이라 한다.

'삼농'이란 말은 『주례』에 나온다. '태재구직'에서 그 첫 번째가 '삼농'이다.

| 역자 해설 |

'태재구직'이란 『주례』 「천관총재天官冢宰」 '태재'에 보이는 주나라의 아홉 가지 직업으로, 곧 삼농三農·원포園圃·우형虞衡·수목藪牧·백공

百工·상고商賈·빈부嬪婦·신첩臣妾·한민閒民이다. 그중 하나가 '삼농'이다. 즉 농부다.

삼재三災

三災者, 農家之害也. 穀不熟爲飢,【熟, 成也】蔬不熟爲饉, 果不熟爲荒, 此之謂三災也.
三災之目, 見《爾雅》.【〈釋天文〉. 《穀梁傳》曰:"一穀不升謂之歉, 二穀不升謂之飢, 三穀不升謂之饉, 四穀不升謂之荒."】

'삼재'란 농가의 재해이다. 곡식이 익지 않는 것을 기라 하고, '숙'은 여물다의 뜻이다. 채소가 자라지 않는 것을 근이라 하고, 과일이 열리지 않는 것을 황이라 한다. 이를 '삼재'라 한다.

'삼재'의 사례들은 『이아』「석천」에 보인다. 『곡량전』에 "한 곡식이 잘 익지 않는 것을 겸이라 하고, 두 개의 곡식이 익지 않는 것을 기라 하며, 세 개의 곡식이 익지 않는 것을 근이라 하고, 네 개의 곡식이 익지 않는 것을 황이라 한다."라고 하였다.

삼보 三寶

三寶者, 國中之珍也. 劍產於越, 【刀兩刃曰劍】 珠產於江, 【蚌精也】 玉產於昆山, 【崑崙在荒服】 此之謂三寶也.

三寶之名, 出劉向《新序》. 【又《史記·趙世家》以代馬·胡犬·昆玉爲三寶. 又《六韜》曰:“大農·大工·大商, 是爲三寶.” 又《老子》曰:“我有三寶, 一曰慈, 二曰儉, 三曰不爲天下先.” 又〈貨殖傳〉曰:“商不出則三寶絶.”】

‘삼보’란 나라의 보물이다. 첫째가 월나라에서 만든 양쪽 날이 있는 검이고, 둘째가 강한에서 캐낸 진주로 펄조개에서 난 것이 가장 우수하다. 셋째가 곤산에서 난 옥이다. 이를 ‘삼보’라 한다.

‘삼보’라는 말은 유향의 『신서』에 보인다. 또 『사기』 「조세가」에서 대마代馬(옛날 중국의 대군大郡에서 나던 말)와 중국 서역에서 난 개와 곤륜의 옥을 세 가지 보물이라 하였다. 또 『육도』에서 “대농·대공·대상을 일컬어 삼보라 한다.”라고 하였다. 또 『노자』에서는 “내가 세 가지 보물을 가지고 있는데 하나는 자애로움이고, 두 번째는 검소함이고, 세 번째는 천하에 앞서지 않음이다.”라고 하였다. 또 사마천의 『사기』 「화식전」에서는 “상인이 유통하지 않으면 삼보가 끊어진다.”라고 하였다.

강한은 지금의 중국 호북성 우한에 있는 지역이다. 강수와 한수가 흐른다. 곤륜은 천자의 지배가 미치지 않는 먼 나라에 있다고 한다. 곤륜 안에는 구중九重의 성이 우뚝 솟아 있다. 높이는 1만 1천 리 114보 2척 6자(4,455,154,485미터)나 된다. 그 위 서쪽으로는 주수珠樹·옥수玉樹·선수琁樹·불사수不死樹, 동으로는 사당沙棠·낭간琅玕, 남으로 강수絳樹, 북으로 벽수碧樹·요수瑤樹가 서식하고 있다. 성벽 주위에는 폭이 3미터나 되는 문이 440개나 있다. 이 문 옆에는 아홉 개의 샘이 있으며 죽지 않는 약을 만들기 위한 옥 그릇이 놓여 있다고 한다.(시노다 고이치, 『중국환상세계』, 도서출판 들녘, 2007 참조)

유향은 중국 전한 시대 경학가로 본명은 갱생, 자는 자정이다. 한 고조 유방의 이복동생 유교의 4세손으로 강소성 출신이며, 『칠략七略』의 저자 유흠이 그의 아들이다.

삼가三加

三加者, 冠禮也.【加冠於首】始加以緇布冠,【三襞積也】再加以皮弁,【白鹿皮爲之】三加以爵弁,【帛如雀頭色者, 以爲冠也】此之謂三加也.【弁, 周冠也】

三加之名, 出〈士冠禮〉

'삼가'란 어른이 되는 의식이다. 머리에 모자를 써 나가는 것이다. 첫 번째로 검은 베로 짠 관인 치포관을 쓸 수 있다. 벽적이란 세 개의 주름이 지는 형태로 만든다. 그러고 나서 두 번째로 피변을 쓰는데(안은 검은 칠을 한 베나 종이를 두껍게 배접하고, 겉은 알록달록한 노루 가죽과 같은 무늬를 그려서 투구처럼 만든 것이다.) 하얀 사슴 가죽으로 만들었다. 세 번째로 작변을 쓰는데 작은 참새 모양을 한 비단으로 만든 관으로 관례 마지막에 쓴다. 이를 '삼가'라 한다.

'삼가'라는 말은『사관례』에 나온다.

| 역자 해설 |

이렇게 세 번에 걸쳐 의복과 모자를 번갈아 쓰고 치르는 것이 옛날 성인식인 관례였다. 변弁은 주나라의 모자를 말한다.

삼후三侯

三侯者, 天子之射帿也. 一曰虎侯, 二曰熊侯, 三曰豹侯, 此之謂三侯也.

三侯之目, 見《周禮》. 【〈司裘〉文:"諸侯無虎侯, 大夫射麋侯."】

'삼후'란 천자의 활쏘기 과녁이다. 하나는 호랑이 가죽 과녁이고,

두 번째는 곰 가죽 과녁이고, 세 번째는 표범 가죽 과녁이다. 이를 '삼후'라 한다.

'삼후'의 목록은 『주례』에 보인다. 「사구」에는 "제후는 호랑이 가죽 과녁을 쓰지 않고, 대부는 푸른 포목으로 만든 미후를 쏜다.(사슴 머리를 그려 넣었다.)"라고 하였다.

삼전 三田

三田者, 天子之畋義也. 一則爲乾豆,【祭祀之腊獸】二則爲賓客,【燕享亦用獸】三則爲充庖,【供王膳】此之謂三田也.【爲, 去聲】

三田之名, 出〈王制〉.【諸侯亦三田】

'삼전'이란 천자의 사냥을 말한다. 첫 번째는 제사에 올릴 말린 고기인 간두(乾은 마를 간이고, 豆는 마른고기를 담아 두는 제사용 그릇)를 준비하는 사냥이고, 두 번째는 빈객을 대접하기 위한 짐승의 고기를 잡는다. 세 번째는 군주의 푸줏간을 채우기 위한 사냥이다. 이를 '삼전'이라 한다.

'삼전'이란 말은 「왕제」에 나온다. 제후 역시 '삼전'을 시행했다.

❀ 삼익三益 ❀

三益者, 交友之道也. 【以輔益吾德】 友直則聞過, 【能責善】 友諒則誠身, 【諒, 信也. 效其誠信】 友多聞則進學, 【資其識也】 此之謂三益也.
三益之名, 出《論語》. 【〈季氏〉篇】

'삼익'이란 나의 덕을 돕는 친구를 사귀는 도리이다. 정직하면 나의 잘못을 들을 수 있어 선을 쌓아 가도록 하는 친구가 하나이고, 성실하게 신뢰를 지키기 위해 힘쓰는 친구가 다른 하나이며, 견문을 넓히는 공부를 하는 친구에게서는 그 지식을 얻을 수 있다. 이를 '삼익'이라 한다.

'삼익'이란 말은 『논어』「계씨」 편에 나온다.["유익한 벗이 셋이 있으니, 정직하고 성실하고 견문이 많은 이가 유익한 벗이다.(益者三友 友直友諒友多聞 益矣)"]

❀ 삼손三損 ❀

三損者, 交友之戒也. 【損, 害也】 友便辟則陷, 【便, 順也. 辟, 邪也. 友之則陷於不義】 友善柔則驕, 【以其受媚悅】 友便佞則孤陋, 【習於口辨, 無聞見之實】 此之謂三損也.

三損之名, 出《論語》.【〈季氏〉篇】

'삼손'이란 교우관계에서 지켜야 할 경계이다. 손이란 해로운 것이다. 친구가 비위를 맞추어 아첨을 하여 불의를 저지르거나, 마음이 약하여 줏대 없이 굴거나, 말재주를 믿고 아는 것이 없이 알랑거리는 것을 말한다. 이를 '삼손'이라 한다.

'삼손'이란 말은 『논어』「계씨」편에 나온다.

| 역자 해설 |

『논어』「계씨」편에 "유익한 벗이 세 가지이며, 해로운 벗이 세 가지이니, 곧고 진실되고 견문이 많으면 유익하며, 편벽되고 아첨을 잘하고 말만 잘하면 손해가 된다.(益者三友, 損者三友, 友直, 友諒, 友多聞, 益矣, 友便辟, 友善柔, 友便佞, 損矣.)"라고 하였다.

삼건 三愆

三愆者, 弟子之過也. 言未及之而言謂之躁,【急進也】言及之而不言謂之隱,【匿其情】未見顔色而言謂之瞽,【不能察顔色】此之謂三愆也.

三愆之名, 出《論語》.【〈季氏〉篇】

'삼건'이란 일반 사람들의 허물이다. 상대방의 말이 끝나지 않았는데 말을 꺼내는 것은 조급한 허물이다. 너무 빠르게 말이 나가는 것을 가리킨다. 말이 끝났는데 아무 말도 하지 않는 것은 너무 움츠리는 것이며, 상대방에게 감정을 숨기는 태도이다. 상대방의 얼굴빛을 살피지 않고 자기 할 말만 하는 것은 눈먼 사람과 같다. 이를 '삼건'이라 한다.

'삼건'이란 말은『논어』「계씨」편에 나온다.

삼계三戒

三戒者, 所以持志也. 少也戒之在色,【以血氣未定】壯也戒之在鬪,【以血氣方剛】老也戒之在得,【血氣旣衰, 必貪得】此之謂三戒也.

三戒之名, 出《論語》.【〈季氏〉篇】

'삼계'란 의지로 지켜야 하는 계율이다. 어릴 적에는 색정을 경계해야 하고(혈기가 정해지지 않았으므로), 커서는 싸움을 경계해야 하고(혈기가 바야흐로 왕성할 때), 늙어지면 혈기가 이미 쇠퇴했기 때문에 이득을 경계해야 한다(정력이 쇠퇴하게 되어 이익을 가까이하려는 때). 이를 '삼계'라 한다.

'삼계'라는 말은『논어』「계씨」편에 나온다.

❀ 삼외 三畏 ❀

三畏者, 君子之愼也. 畏天命,【天所賦曰命】畏大人,【當世之王公】畏聖人之言,【往哲之訓戒】此之謂三畏也.
三畏之名, 出《論語》.【〈季氏〉篇】

'삼외'란 군자가 신독함이다. 천명을 경외하고(하늘이 부여한 것을 명이라 함), 대인을 경외하고(왕과 높은 벼슬을 하는 사람), 성인의 말씀을 경외한다(옛 성현의 훈계). 이를 '삼외'라 한다.
'삼외'란 말은『논어』「계씨」편에 나온다.

❀ 삼변 三變 ❀

三變者, 君子之威儀也.【變, 化也】望之儼然,【威可畏】卽之也溫,【卽, 就也】聽其言也厲,【誨之也更嚴】此之謂三變也.
三變之名, 出《論語》.【〈子張〉篇】

'삼변'이란 군자의 위엄 있는 태도이다('변'이란 맞게 되어지는 것이다). 바라보면 위엄이 스스로 나타나고('위'란 경외이다), 그 앞에 나아가면 온화하고('즉'은 나아가다라는 뜻), 말을 들으면 엄격하다(가르침이 항상 엄숙하다). 이를 '삼변'이라 한다.

'삼변'이란 말은 『논어』 「자장」 편에 나온다.

| 역자 해설 |

『논어』 「자장」 편에 나오는 자하子夏의 말로, "군자는 세 가지 변함이 있으니, 바라보면 엄연하고, 그 앞에 나아가면 온화하고, 그 말을 들어보면 명확하다.(君子有三變, 望之儼然, 卽之立溫, 聽其言也厲.)"라고 하였다.

삼락三樂

三樂者, 君子之所悅也. 父母俱存, 兄弟無故, 一樂也. 仰不愧於天, 俯不怍於人, 二樂也.【所行無自歉】得天下英才而教育之, 三樂也.
三樂之名, 出《孟子》.【〈盡心〉篇. 《論語·季氏》篇, 又有'益者三樂, 損者三樂'】

'삼락'이란 군자의 기쁨이다. 부모가 건강하게 잘 살아 계시고 형제가 별 탈 없는 것이 첫 번째 기쁨이고, 하늘을 우러러 부끄러움이 없으며 인간관계에서 부끄러움이 없는 것이 두 번째 기쁨이며(어떤 일을 하든 후회되지 않음이다), 세상의 뛰어난 제자들을 만나 교육하는 것이 세 번째 기쁨이다. 이를 '삼락'이라 한다.

'삼락'이란 말은 『맹자』「진심」 편에 나온다. 또한 『논어』「계씨」 편에 "유익한 세 가지 기쁨과 손해나는 세 가지 기쁨이 있다."라고 하였다.

| 역자 해설 |

『논어』「계씨」 제5장에 공자가 "유익한 좋아함이 세 가지이고, 손해되는 좋아함이 세 가지이니, 예악을 따르기 좋아하며, 사람의 선함을 말하기 좋아하며, 어진 벗이 많음을 좋아하면 유익하고, 교만함과 방종함을 좋아하며, 편안히 노는 것을 좋아하며, 향락에 빠짐을 좋아하면 손해가 된다.(益者三樂, 損者三樂, 樂節禮樂, 樂道人之善, 樂多賢友, 益矣. 樂驕樂, 樂佚遊, 樂宴樂, 損矣.)"라고 한 부분을 말한다.

삼사 三赦

三赦者, 先王赦罪之法也.【赦, 釋也】一曰幼弱,【年未滿八歲】二曰老耄,【年八十以上】三曰惷愚,【生而癡騃者】此之謂三赦也.
三赦之名, 出《周禮》.【〈秋官 · 司刺〉文】

'삼사'는 선왕들이 죄를 용서하는 법이다. 첫 번째는 8세 미만의 어린아이인 경우, 두 번째는 80세 이상의 노인인 경우, 그리고 세 번째는 태어나면서 바보인 천치 바보의 경우이다. 이를 '삼사'라 한다.

'삼사'란 말은 『주례』「추관」'사자'에 나온다.

❈ 삼유 三宥 ❈

三宥者, 先王宥過之法也.【宥, 寬也. 減等】一曰不識,【仇讎當報甲, 見乙誠以爲甲而殺者】二曰過失,【擧刀欲斫木而軼中人】三曰遺忘,【間帷薄不知有人, 投兵刃中之者】此之謂三宥也.

三宥之名, 出《周禮》.【〈秋官 · 司刺〉文】

'삼유'는 선왕이 죄를 용서하고 감형하는 법이다. 첫 번째로 잘 살피지 못하여 잘못 살인한 경우 즉 원수로 보복할 갑을 찾아가다가 을을 갑으로 보고 살인한 경우, 두 번째는 실수로 살인한 경우 즉 나무를 베다가 사람이 다친 경우, 세 번째는 무심코 살인한 경우 즉 장막에 가려진 사람을 보지 못하고 병기를 휘두른 경우이다. 이를 '삼유'라 한다.

'삼유'란 말은 『주례』「추관」'사자'에 나온다.

삼절三絶

三絶者, 鄭虔之文藝也.【超絶於凡流】一曰詩絶, 二曰書絶,【筆藝也】三曰畫絶,【圖繪也】此之謂三絶也.

三絶之名, 出《唐書》.【〈鄭虔傳〉. 又宋之問父令文富文·工書·有力, 謂之三絶. 又李白歌詩, 裵旻劍舞, 張旭草書, 世稱三絶. 又《晉書》顧愷之〈傳〉:"愷之有三絶, 才絶·畫絶·癡絶."】

'삼절'이란 정건의 뛰어난 문예를 말한다. 하나는 시의 빼어남이고, 둘째는 붓글씨의 빼어남이며, 셋째는 그림의 빼어남이다. 이를 '삼절'이라 한다.

'삼절'이란 말은 『당서』「정건전」에 나온다. 또 송금문의 아들(원문에는 父令文으로 되어 있는데 令은 슥의 오자로 보인다.) 송지문의 풍부한 문장과 뛰어난 글씨와 힘 있는 문체를 '삼절'이라고도 한다. 또 이백의 가시와 배민의 검무와 장욱의 초서를 세상 사람들이 '삼절'이라 했다. 또 『진서』「고개지전」에 "진나라 고개지는 삼절이 있는데 뛰어난 재주와 빼어난 그림 그리고 어리석음의 극치를 가졌다."라고 하였다.

| 역자 해설 |

정건은 당 현종 때 이름난 화가로 광문관 박사를 지냈다. 시·서·화

에 뛰어나 임금이 그의 작품 끝에 '정건삼절鄭虔三絶'이라는 글씨를 써 넣었다. 『당서』「문예전」에 나온다. 두보가 자기의 벗인 정건을 높여서 광문 선생이라고 불렀다. 당 현종이 정건의 재질을 사랑한 나머지 그를 위해 광문관을 세우고 박사로 임명한 고사가 전한다. 『당서』「정건전」의 정건은 시·서·화 삼절로 일컬어질 만큼 재주가 뛰어났으나 항상 빈궁에 시달렸는데, 두보가 〈취시가醉時歌〉에서 "수많은 고위 관료들이 연이어 관청에 오르는데, 광문 선생은 벼슬자리 홀로 썰렁하다.(諸公袞袞登臺省 廣文先生官獨冷)"라고 읊은 구절이 특히 유명하다.(『두소릉시집杜少陵詩集』 권3)

송지문은 당나라 초기 분주汾州 사람으로 자는 연청延淸이다. 소련少連으로도 불리며, 송금문의 아들이다. 고개지의 자는 장강長康·호두虎頭이고, 강소성 무석에서 태어났다. 생몰연대는 분명하지 않다. 364년, 남경에 있는 와관사라는 절 벽면에 유마상을 그려 처음으로 화가로서 이름을 나타내었다. 초상화와 옛 인물을 잘 그려 중국 회화사상 인물화의 최고봉으로 일컬어진다.

삼단三端

三端者, 君子之所兢畏也. 一文士筆端,【畏譏貶】二武士鋒端,【畏觸刺】三辯士舌端,【畏讒毁】此之謂三端也.
三端之名, 出《韓詩外傳》.

'삼단'이란 군자의 조심하고 두려워함이다. 하나는 문장 하는 선비가 글을 쓸 때 다른 사람의 행실이나 인격을 낮춰 봄을 조심하는 것이고, 둘째는 무사가 다른 사람을 칠 때 칼끝을 조심함이고, 셋째는 말하는 선비가 남을 헐뜯어 죄가 있는 것처럼 고하는 혀끝을 조심함이다. 이를 '삼단'이라 한다.

'삼단'이란 말은 『한시외전』에 나온다.

삼인三仁

三仁者, 殷末之忠臣也. 微子去之,【重絶祀】箕子爲奴,【佯狂故被囚】比干諫而死之, 此之謂三仁也.

三仁之名, 出《論語》.【〈微子〉篇】

'삼인'이란 은나라 말기 세 명의 충신들이다. 미자는 주 임금이 도에서 벗어나는 것을 보고 종묘사직을 보존하고자 떠나가고, 기자는 충심으로 간하다 일이 뜻대로 안 되어 미친 척하고 노예가 되었고, 비간도 충심으로 간하다 죽임을 당했다. 이를 '삼인'이라 한다.

'삼인'이란 말은 『논어』「미자」 편에 나온다.

삼량三良

三良者, 秦 穆公之殉臣也.【從而葬曰殉】長曰奄息, 次曰仲行, 季曰鍼虎, 此之謂三良也.
三良之名, 出《春秋傳》.【又見〈黃鳥〉詩序. 又《左傳》管仲之言, 以叔詹·堵叔·師叔, 爲鄭三良】

'삼량'이란 진 목공과 함께 순장된 신하들이다. 큰아들이 엄식·둘째 중항·셋째 침호로, 이들을 '삼량'이라 한다.

'삼량'이란 말은 『춘추전』에 나온다. 또 『시경』「진풍秦風」〈황조黃鳥〉에 이들 '삼량'이 나온다. 또 『좌전』 관중의 말에 의하면 정鄭나라의 숙첨·도숙·사숙을 '정삼량'이라고 했다.

| 역자 해설 |

진 목공이 죽어 장사 지낼 때 당시의 풍속에 따라 총 177명을 순장하였는데, 이 가운데 '삼량'이 포함되어 있었다. 삼량은 자거씨子車氏의 세 어진 아들로, 목공을 보좌하여 나라의 정사를 살피면서 백성들에게 많은 은혜를 주었기에 '삼량'이라 칭해졌다.

❈ 삼걸三傑 ❈

三傑者, 漢家佐命之臣也. 文成侯 張良, 【封於留】 文終侯 蕭何, 【封於酇】 淮陰侯 韓信, 【本封楚】 此之謂三傑也.
三傑之名, 出《漢書》. 【〈高祖紀〉】

'삼걸'이란 한 고조 유방의 공신들이다. 문성후 장량은 유에 책봉되었고, 문종후 소하는 찬에 책봉되었고, 회음후 한신은 원래 초에 책봉되었다. 이들을 '삼걸'이라 한다.

'삼걸'이란 말은 『한서』「고조기」에 나온다.

| 역자 해설 |

시호가 문성후인 장량은 진승·오광의 난이 일어났을 때 유방의 진영에 속하였으며, 후일 항우와 유방이 만난 '홍문의 회'에서는 유방의 위기를 구하였고, 강소江蘇 패현沛縣 사람으로 시호는 문종후이며 한 고조를 도와 천하를 통일한 소하, 초나라의 항량·항우를 섬겼으나 중용되지 않자 유방의 수하가 되어 대장군이 된 회음후 한신을 말한다.

❈ 삼당三黨 ❈

三黨者, 宋人朋比之別也. 【卽元祐三黨】 一曰洛黨, 【程頤·

貫易等】二曰蜀黨,【蘇軾·呂陶等】三曰朔黨,【劉摯等】此之謂三黨也.
三黨之名, 出《小學紺珠》.

'삼당'이란 송나라 붕당의 구별이다. 즉 '원우삼당'이다. 정이·가이 등의 낙당, 소식·여도 등의 촉당, 유지 등의 삭당을 말한다. 이를 '삼당'이라 한다.

'삼당'이란 말은『소학감주』에 나온다.

| 역자 해설 |

'삼당'은 송나라 철종 원우元祐 연간에 왕안석王安石의 신법新法을 반대한 이들이다. 낙양의 정이를 필두로 한 '낙당', 촉의 소식과 여도를 필두로 한 '촉당', 거기에 삭방朔方의 유지劉摯를 필두로 한 '삭당'을 합쳐 '원우삼당'이라고 불렀다.

삼효三孝

三孝者, 孝道之差等也. 大孝尊親,【舜·周公】其次弗辱,【弗貽患】其下能養,【奉口體】此之謂三孝也.
三孝之名, 出〈祭義〉.【又用力·用勞·不匱爲三孝】

'삼효'란 효도의 차등을 두어 말함이다. 제일 큰 효도는 순임금이나 주공처럼 어버이를 우러러 받드는 일이고, 그 다음가는 효도는 어버이를 근심을 끼쳐 욕보이지 아니하는 일이며, 세 번째의 효도는 어버이가 드시는 것과 몸을 돌보는 등 잘 봉양하는 일이다. 이를 '삼효'라 한다.

'삼효'라는 말은『제의』에 나온다. 또 어버이를 모시는 때에 힘을 다하고, 일에 열심히 임하고, 모자람이 없게 하는 것을 '삼효'라고 한다.

삼교 三教

三教者, 道術之分也.【術道也】儒教尚仁義,【尊孔子】道教尚虛無,【尊老子】佛教尚寂滅,【尊釋迦如來】此之謂三教也. 三教之名, 出《唐書》.【〈李適傳〉】

'삼교'란 도를 닦는 유교, 도교, 불교를 말한다. 유교는 공자를 따라 인의를 숭상하고, 도교는 노자를 따라 허무를 숭상하고, 불교는 부처를 따라 적멸을 숭상한다. 이를 '삼교'라 한다.

'삼교'란 말은『당서』「이적전」에 나온다.

삼감 三鑒

三鑒者, 人主之至寶也. 以銅爲鑒, 可正衣冠, 以古爲鑒, 可知興替, 以人爲鑒, 可明得失, 此之謂三鑒也.
三鑑之名, 出《唐書》.【〈魏徵傳〉.《荀子》曰:"君子有三鑑, 前惟順鑑, 人惟賢鑑, 鏡惟明鑑, 太宗之言, 盖本於此."】

'삼감'이란 군주의 지극한 보물이다. 구리를 거울로 삼으면 의관을 바르게 할 수 있고, 옛일을 거울로 삼으면 흥망성쇠를 알 수 있고, 사람을 거울로 삼으면 득실을 밝힐 수 있는 법이다. 이를 '삼감'이라 한다.

'삼감'이란 말은『당서』「위징전」에 나온다.『순자』에서 "군자는 삼감이 있는데, 조정에서 앞에 나아가서는 따름으로 귀감을 삼고, 사람에게는 현명함으로 귀감을 삼고, 거울을 대함에는 밝음으로 귀감을 삼는다는 태종의 말은 모두 근본이 이와 같다."라고 하였다.

| 역자 해설 |

당 태종 때의 충신인 위징魏徵은 임금을 보좌하며 직간을 잘하였는데, 그가 죽은 뒤에 태종이 탄식하여 말하기를 "구리를 거울로 삼으면 의관을 바르게 할 수 있고, 옛일을 거울로 삼으면 흥망성쇠를 알 수 있고, 사람을 거울로 삼으면 득실을 밝힐 수 있는 법인데, 내가 일찍이 이 세 가지 거울을 다 가져 안에서 나의 과실을 방지했지만, 지

금은 위징이 죽고 없으니, 하나의 거울이 없어진 것이다.(以銅爲鑑 可正衣冠 以古爲鑑 可知興替 以人爲鑑 可明得失 朕嘗保此三鑑 內防己過 今魏徵逝 一鑑亡矣)"라고 한 데서 온 말로, 어진 재상의 죽음을 비유한다. 『신당서』 권97 「위징열전」에 나온다.

삼여三餘

三餘者, 勤學之時也. 冬者歲之餘, 夜者日之餘, 雨者時之餘, 此之謂三餘也.
三餘之名, 出《魏略》.【董遇所以教弟子】

'삼여'란 학문에 힘쓸 시간이다. 겨울이 계절 중에 가장 여유로운 시절이고, 밤이 낮보다 한가하고, 비 오는 날이 맑은 날보다 한가하여 이를 '삼여'라 한다.

'삼여'란 말은 『위략』에 위나라 학자인 동우가 제자가 공부할 날짜가 없음을 한탄하자 '삼여'를 이용하라고 말한 대목에서 등장한다.

| **역자 해설** |

'삼여'에 대한 다산의 시를 음미해 보자.

겨울에 권순백의 강변 정자에서 제공과 함께 모여(冬日權純百水亭

同諸公集) 이때 사육문을 지었다. 정자는 마포麻浦에 있었는데, 12월 이었다.

권공이 소유하신 강변 정자는 權公水邊榭
삼여라 한가로운 시간 보낼 만 可以度三餘
눈 기슭 붉은 물새 날아다니고 雪岸飛朱鷺
언 못엔 흰 고기가 모여 있고녀 氷潭聚白魚
조용히 연객[1] 그림 품평을 하고 靜評煙客畫
한가히 표암[2] 글씨 살펴본다네 閑批豹菴書
객지 생활 언제나 바쁘다지만 旅游殊未倦
고향의 내 집보다 맑고 외지네 淸僻勝吾廬

삼조三條

三條者, 中國之山脈也. 岍岐曰北條,【爲太行·王屋】西傾曰中條,【爲太華·陪尾】嶓冢曰南條,【爲荊山·大別】此之謂三條也.

1 연객: 영조 때 시·서·화에 뛰어나 삼절로 이름났던 허필(許佖)의 호이다. 자는 여정(汝正), 본관은 양천(陽川)으로 진사시에 합격했으나 벼슬보다 학문에 열중하였다.
2 표암: 다산 당시 시·서·화 삼절로 이름이 높았던 강세황(姜世晃)의 호이다. 자는 광지(光之), 본관은 진주로 이때 73세였다.(『다산시문집』—한국고전종합DB 참조)

三條之名, 出〈禹貢〉註.【馬融說】

'삼조'란 중국의 산맥 이름이다. 견산과 기산은 북쪽으로 뻗은 산맥들로 태항과 왕옥에 이른다. 중국 서북지구 황하강 상류에 있는 서경산은 중조인데 태화산과 배미산에 이른다. 파총산은 남조로 불리는데 형산과 대별산에 이른다. 이를 '삼조'라 한다.

'삼조'란 말은 마융이 주석한『서경』「우공」에 나온다.

| 역자 해설 |

다산은『지리책地理策』에서 정조의 질문에 답하기를 "중국의 북쪽 경계는 서쪽의 삼위三危로부터 동쪽으로 예맥에 이르고, 중국의 남쪽 경계는 서쪽의 민산과 파총산으로부터 동쪽으로 동구와 민중에 이르니, 이는 천상으로 남북을 나눈 것입니다. 그리고 음렬陰列의 산맥은 정음렬正陰列의 견산岍山·기산岐山에서 차음렬次陰列의 서경산西傾山까지이고, 양렬陽列의 산맥은 정양렬正陽列의 민산에서 차양렬次陽列의 파총산까지이니, 이는 지면地面을 네 조각으로 나누어 말한 것입니다. 다만 그 의론은 지역에 국한되었으니, 정확히 따질 것이 못 됩니다."라고 하였다.

또한 다산은 성호 이익의 종손이고, 스승 같은 절친이었던 정헌 이가환의 묘지명에 이렇게 적고 있다. "공은 이『주례』의 글을 욀 적에 빠름이 마치 나는 물굽이와 세찬 물줄기 같아서 모든 듣는 이들이 시원스러워했다. 하루는 당시 이름 있는 학사가 편지를 보내왔는데, '대내大內에서 내리신 지리책地理策에 두 한계(兩戒)와 사열四列을 물으셨는데, 그 출전出典을 알 수 없으니 가르쳐 주기 바란다' 하였다. 이때 내가 그 자리에 있었는데, 공이 말하기를, '『당서唐書』 천문지天文志에 '일행이 천하 산하의 형상이 두 한계가 있으니 북으로는 융적戎狄을 한계하고 남으로는 만이蠻夷를 한계한 것이다' 하였으니, 이른바 두 한계란 강하江河를 이르는 말이다. 이는 진실로 그러하다. 사람들은 무던히도 글을 읽지 않는다. 읽는다 해도 주소注疏를 읽지 않고 또 대전大全도 읽지 않는다. 대전을 읽어 보니, 『서경』「우공」 채씨蔡氏 전傳(도견장導岍章)에 '왕숙王肅과 정현鄭玄이 삼조三條·사열四列의 명칭을 말한 것은 모두 타당치 않다'라 하고 그 소주小註에 신안 진씨新安陳氏는 '사열에 대한 설은 정현에게서 나온 것인데, 그는 견산岍山·기산岐山이 정음열正陰列, 서경산西傾山이 차음열次陰列, 파총嶓冢이 차양열次陽列, 민산岷山이 정양열正陽列이라 하였으니, 사열이 비록 옳다고 할지라도 음양 정차陰陽正次로 명칭한 것은 타당치 않다' 하였다. 이 말이 어찌 벽서僻書에서 나온 것인가."

삼강三江

三江者, 南紀之大浸也. 一曰浙江, 二曰浦陽江, 三曰剡江, 此之謂三江也.

三江之名, 出《吳越春秋》.【又見韋昭《國語》注. 〈地理志〉以

南江 · 中江 · 北江爲三江. 庾仲初〈吳都賦〉注以松江 · 婁江 · 東江爲三江. 郭璞說以岷江 · 浙江 · 吳江爲三江. 又一說以吳江 · 松江 · 錢唐江爲三江. 又蜀有三江, 卽岷江 · 涪江 · 沱江. 《漢 · 志》以烏江 · 蜂江 · 烏白江 · 嘉靡江 · 眣江 · 源江 · 廩江 · 提江 · 箘江爲九江】

'삼강'이란 남쪽 지방의 큰 물줄기이다. 하나는 '절강'이고, 두 번째는 '포양강'이고, 세 번째는 '섬강'이다. 이를 '삼강'이라 한다.

'삼강'이란 말은 『오월춘추』에 나온다. 또 『국어』 위소의 주석에도 보인다. 『한서』「지리지」에 남강 · 중강 · 북강을 삼강이라 한다. 유중초의 〈오도부〉 주에 송강 · 루강 · 동강을 삼강이라고 했다. 곽박은 민강 · 절강 · 오강을 삼강이라 했고, 또 일설에 오강 · 송강 · 전당강을 삼강이라고도 한다. 또 촉땅에 삼강이 있는데, 즉 민강 · 부강 · 타강을 말한다. 『한서』「지리지」에 오강 · 방강 · 오백강 · 가미강 · 견강 · 원강 · 름강 · 제강 · 균강을 구강이라 했다.

| 역자 해설 |

위소는 삼국시대 오吳나라의 정치가이자 저명한 사학자이다. 자는 홍사弘嗣이다. 상서랑尙書郞을 지냈고, 고릉정후高陵亭侯에 봉해졌다. 『오서吳書』의 편찬에 주도적으로 참여했다. 『국어』에 대한 주석은 후대의 연구자들에게 큰 영향을 주었다.

유중초는 이름이 천闡으로 동진東晉의 영천潁川 언릉鄢陵 사람이다.

자가 중초仲初인데, 〈오도부吳都賦〉의 주석에서 송강이 70리에서 갈라져 흐르다 동북으로 흘러 바다로 들어가는 루강婁江, 동남으로 흐르는 동강東江 그리고 송강을 합하여 '삼강'이라고 했다.

곽박은 자가 경순景純이며 하동 문희聞喜 사람이다. 그는 박학다식하고 경학·고문에 정통하며, 『이아』·『산해경』·『초사』 등을 주석하였고, 점성술에도 뛰어났다.

다산은 『지리책』에서 "삼강을 어떤 이는 누강婁江·동강東江·송강松江으로 해당시키기도 하였고, 어떤 이는 민산강岷山江·파총강嶓冢江·예장강豫章江으로 해당시키기도 하였으며, 어떤 이는 한 원류로서 강 이름만 다를 뿐이라고도 하였습니다. 구강九江을 어떤 이는 원수沅水·점수漸水·진수辰水·유수酉水 등으로 해당시키기도 하였고, 어떤 이는 오백강烏白江·오강烏江·방강蚌江·균강箘江 등으로 해당시키기도 하였고, 어떤 이는 한 원류로서 물 구비만 다를 뿐이라고도 하였으며, 구천九川과 구택九澤은 혹 구주九州의 천택들을 통틀어 논한 것 같기도 하고, 혹 천택들의 일정한 수를 실지로 지칭한 것 같기도 하니, 이는 모두 우공禹貢에 보이는 산천들을 다르게 해석한 것들입니다. 신은 생각하건대, 삼강과 구강 등은 아마 원류가 하나라는 말이 이치에 가까운 듯싶고, 구천과 구택 등은 아마 통틀어 논하였다는 말이 맞는 듯싶습니다. 그러나 대지가 아득하고 산천들이 빙 둘러 있어서 그 지리를 진정 다 연구할 수 없습니다. 주자는 대현이요, 소식蘇軾·귀유광歸有光·왕세정王世貞 등은 모두 대유에 중국에서 태어났어도 오히려 일치된 의론이 있지 않은데, 하물며 우리나라 선비들은 어떻겠습니까? 그러므로 신은 감히 억측으로써 밝으신 질문에 누를 끼쳐드리지 않겠습니다."라고 쓰고 있다.

삼산 三山

三山者, 所謂神仙之居也. 一曰蓬萊, 【亦名曰蓬壺】 二曰方丈, 【亦名曰方壺】 三曰瀛洲, 【亦名曰瀛壺】 此之謂三山也. 【云在渤海中】

三山之名, 出《史記·封禪書》.

'삼산'이란 신선이 거처하는 곳이다. 첫 번째는 '봉래'로 다른 이름으로 봉호라고도 한다.(중국에서 동방의 해상에 있어서 선인이 사는 불로불사의 땅이라는 영산을 봉래산이라고 하는데, 이 봉래산을 본뜬 장식을 봉래 또는 봉래장식이라고 한다.) 두 번째는 '방장'으로 방호라고도 한다.(동해에 있다고 전해진다.) 세 번째는 '영주'로 영호라고도 한다.(발해에 있다고 전해지는, 중국의 진시황과 한 무제가 불사의 약을 구하러 사람을 보냈다는 전설의 산이다.) 이를 '삼산'이라 한다.

'삼산'이란 말은 『사기』「봉선서」에 나온다.

삼보 三輔

三輔者, 西漢之京邑也.【車之兩旁木曰輔】右曰扶風,【在西偏】左曰馮翊,【在東偏】中曰京兆, 此之謂三輔也.
三輔之名, 出《漢書 · 百官表》.

'삼보'란 서한 시대에 장안의 서쪽을 부풍, 동쪽을 풍익, 그리고 가운데를 경조라 하여 세 구역으로 가른 것이다. 보란 수레의 양쪽 가장자리에 덧대는 나무란 뜻으로(도성을 좌우에서 보호하는 도성 수비대의 역할을 하는 지역이었다.) 이를 '삼보'라 한다.

'삼보'란 말은 『한서』「백관표」에 나온다.

삼도 三都

三都者, 漢末之三國也. 曹操都魏,【卽鄴下】孫權都吳,【卽金陵】劉備都蜀,【卽成都】此之謂三都也.
三都之名, 出左思〈三都賦〉.

'삼도'란 한나라 말의 삼국이다. 조조가 업하(지금의 하남성)에 위나라를 세웠고, 손권은 금릉에 오나라를 세웠고, 유비는 성도(지금의 사천성 청두시)에 촉나라를 세웠다. 이를 '삼도'라 한다.

'삼도'란 말은 진나라 좌사가 지은 〈삼도부〉에 나온다.

| **역자 해설** |

조조의 자는 맹덕孟德, 아명兒名은 아만阿瞞·길리吉利이다. 패국 초현譙縣(지금의 안휘성 박주시) 사람으로 후한 헌제獻帝(재위 189~220) 때에 승상을 지냈으며, 위왕으로 봉해졌다. 아들인 조비曹丕가 위나라 황제의 지위에 오른 뒤에는 무황제武皇帝로 추존되었다.

손권은 중국 남경에 오나라를 세웠다. 자는 중모仲謀, 시호諡號는 대황제大皇帝이다. 손견孫堅의 둘째 아들로 200년에 형 손책孫策이 죽자 그 뒤를 이어 주유 등의 보좌를 받아 강남의 경영에 힘썼다. 208년 유표가 죽고 그 아들 유종劉琮이 조조에게 항복하자, 조조의 압력은 더욱 강화되어 국내에서도 화전 양론이 대립했으나 주유 등의 주전론이 승리하였다. 이에 손권은 유비와 손잡고 남하한 조조의 대군을 적벽에서 격파함으로써 강남에서 위상을 확고히 하였다. 그 뒤 형주의 귀속 문제를 둘러싸고 유비와 대립하였으며, 이 때문에 219년 조조와 결탁하여 유비의 용장 관우를 격파하고 형주를 공략하였다. 이때 손권은 관우의 목을 베어 조조에게 보냈다.

유비의 자는 현덕玄德이고, 유주幽州 탁군涿郡 출신이다. 유명한 도원결의를 통해 관우·장비와 함께 제갈량을 얻어 철저하게 신임하면서 땅도 좁고 백성도 적은 촉땅에서 위·오와 정립하는 시대를 만들 수 있었다. 215년 형주 땅의 영유 문제를 놓고 손권과 대립하였으며 결국 형주 동부의 강하, 장사, 계양을 오나라에 넘기게 된다. 219년 유비는 한중을 공격하여 한중왕이 되었으며, 관우는 전장군에 임명되었으나 손권의 공격을 받아 죽게 된다. 220년 조비曹丕가 위나라의 황제가 되자, 221년 유비도 제위에 올라 한의 정통을 계승한다는 명분으로 국호를 한漢(蜀漢)이라 하였다. 이듬해 장비의 부하인 범강과 장달이 장비를 살해한 뒤 목을 가지고 오나라로 달아나자 유비는 형주의 탈환과 관우와 장비의 복수를 위해 오나라 손권을 공격하였다. 그러나 이릉夷陵의 싸움에서 대패하여 백제성白帝城에서 후사를 제갈량에게 위탁하고 223년 4월 63세의 나이로 병사하였다.

삼환三桓

三桓者, 魯國之公族也.【桓公三子之族也】孟曰仲孫,【仲慶父之族】次曰叔孫,【公子牙之族】次曰季孫,【公子友之族】此之謂三桓也.

三桓之名, 出《論語》.

'삼환'이란 춘추시대 노나라 공족들로 환공의 세 아들의 자손들이다. 중계(맹손씨)는 중경보의 일족이다. 숙손은 공자아의 일족이며, 계손은 공자우의 일족이다. 이들을 '삼환'이라고 한다.

'삼환'이란 말은 『논어』에 나온다.

| 역자 해설 |

노나라의 맹손, 숙손, 계손씨의 3가는 노 희공魯僖公(B.C. 659~627) 초년에 공자 경보慶父의 난을 진압한 공으로 각각 성읍成邑(맹손씨孟孫氏), 후읍郈邑(숙손씨叔孫氏), 비읍費邑(계손씨季孫氏)에 분봉해 주면서 시작되었다. 이후 삼환씨 세력이 계속 커져 소공昭公 시기에는 노나라의 주인인 소공이 삼환씨의 하나인 계손씨에 의해 국외로 추방되는 사태까지 발생했다고 한다. 이어 정공定公, 애공哀公 시기에는 그들의 가신들까지도 강성해져 3가도 제어하지 못할 지경이 되면서 나라를 망치는 권문세족을 뜻하게 되었다.

❈ 삼진三晉 ❈

三晉者, 強臣之竊國者也. 一曰魏斯, 【畢萬後】 二曰趙籍, 【趙衰後】 三曰韓虔, 【韓萬後】 此之謂三晉也.

三晉之名, 出《戰國策》.

'삼진'이란 강한 신하들이 나라를 갈라서 절국한 것이다. 첫 번째가 필만의 후손인 위사이고, 두 번째가 조쇠의 후손인 조적이고, 세 번째가 한만의 후손인 한건이다. 이를 '삼진'이라 한다.

'삼진'이란 말은 『전국책』에 보인다.

위사는 위도魏都라고도 한다. 필만의 후예로 위 환자魏桓子의 손자다. 일설에는 아들이라고도 한다. 일찍이 공자의 제자 자하에게 학문을 배웠다. 기원전 403년 조나라·한나라와 함께 주나라 위열왕威烈王으로부터 정식으로 제후에 책봉, 위나라의 군주가 되었다. 법가의 창설자가 된 이극李克을 등용하여 법률을 반포하여, 중국 성문법의 기본을 정했다. 조나라는 진晉나라 육경六卿의 하나인 지백, 즉 지양자智襄子의 요구를 조양자가 들어주지 않자, 지백이 한씨韓氏·위씨魏氏와 연합하여 조양자를 공격하였으나, 조양자가 한씨와 위씨를 회유한 뒤에, 밤에 제방의 물을 갑자기 터뜨리며 수공 작전을 펴서 지백의 군대를 혼란에 빠뜨리고, 그 틈을 타서 한씨와 위씨가 협공하여 대승을 거둔 고사가 『전국책』「조책趙策」에 나온다. 조양자의 손자인 조적 때에 이르러 주나라 위열왕으로부터 정식으로 제후의 인정을 받아 조나라가 탄생한다. 한건은 한나라를 세웠는데 영토는 북쪽으로는 지금 중국의 하남성, 서쪽으로는 지금의 호북성에 이르고, 영토의 길이가 구백 리에 달했다고 했다. 또한 갑병 30만을 낼 수 있고, 무기가 뛰어났다고 한다.

위·조·한의 삼국은 원래 진나라의 대부 출신으로서 나중에 진나라에서 분리하여 나라를 세웠으므로 삼진三晉이라고 칭한다. '삼가분진三家分晉'이라고 불리는 이 사건은 주나라 왕권을 지탱해 왔던 봉건제의 명분이 해체되었음을 드러낸 것으로 춘추시대에서 전국시대로 전환되는 분기점으로 여겨진다.

삼한 三韓

三韓者, 我邦之中古也.【韓, 大也. 方言謂大曰韓】一曰辰韓,【今之慶尙道】二曰馬韓,【今湖西·湖南】三曰弁辰,【古之迦羅國】此之謂三韓也.
三韓之名, 出《後漢書》.【〈東夷傳〉】

'삼한'이란 우리나라의 옛날 부족국가이다. 한은 크다는 뜻으로 사투리로 한이라 했다. 첫 번째가 진한으로 지금의 경상도 지방이다. 두 번째가 마한으로 지금의 충청·전라 지방이다. 세 번째가 변진으로 옛날 가라국이다. 이를 '삼한'이라 한다.

'삼한'이란 말은 『후한서』「동이전」에 나온다.

| 역자 해설 |

가라국은 가야(가락)를 뜻한다. 한국·일본에 남아 있는 기록에는 가라·가랑·가야·구사·가락 등으로 다양하게 표기되어 있다. 변진은 변한으로 표기되기도 한다.

삼국 三國

三國者, 三韓之繼也. 東南曰新羅,【今之慶尙道】西南曰百濟,【今京畿·忠清·全羅】西北曰高句麗,【今黃海·平安, 西至遼東】此之謂三國也.
三國之名, 出金富軾《三國史》.

'삼국'이란 삼한 이후 계승된 나라들이다. 한반도의 동남쪽은 신라로 경상도 지방이고, 서남은 백제로 경기도·충청도·전라도 지방이다. 서북지방은 고구려로 황해도·평안도 지방이며 서쪽으로 요동지역에 이른다. 이를 '삼국'이라 한다.

'삼국'이란 김부식이 지은 『삼국사기』에 나온다.

삼사 三司

三司者, 我朝之言官也. 司諫曰薇院, 司憲曰柏府, 弘文曰瀛館,【卽玉堂】此之謂三司也.
三司之名, 出《國朝寶鑑》.

'삼사'란 우리 조정의 언론을 주관하는 관청들이다. 사간원은 미원이라 하고, 사헌부는 백부라 하며, 홍문관은 영관이라 한다. 이를 '삼사'라 한다.

'삼사'라는 말은 『국조보감』에 나온다.

| 역자 해설 |

사간원은 미원, 혹은 간원懇願이라고도 한다. 그 관원은 간관諫官이라고 한다. 사헌부는 조선시대 언론 활동, 풍속 교정, 백관에 대한 규찰과 탄핵 등을 관장하던 관청으로 고려 말부터 상대霜臺·오대烏臺·백부라고도 했다. 사헌부의 관원은 대관臺官이라 한다. 홍문관은 조선시대에 궁중의 경서·사적의 관리, 문한文翰의 처리 및 왕의 자문에 응하는 일을 맡아 보던 관청이다. 옥당玉堂·옥서玉署·영각瀛閣이라고도 한다. 이를 '삼사'라 한다.

사지류四之類【사십조四十條】

사시四時

四時者, 天氣之變也. 春曰青陽,【陽始舒】夏曰朱明,【火之色】秋曰白藏,【收斂也】冬曰玄英,【英, 淸也】此之謂四時也. 四時之名, 出《爾雅》.【〈釋天〉文】

'사시'란 계절의 변화이다. 봄은 청양으로 따뜻한 기운이 비로소 펴지고, 여름은 주명으로 태양이 붉게 빛난다는 뜻에서 유래했다. 가을은 백장으로 거두어 들임이고, 겨울은 현영으로 순 흑색의 시기이다. 이를 '사시'라 한다.

'사시'란 말은『이아』「석천」에 나온다.

사천四天

四天者, 四時之天也. 春曰蒼天, 夏曰昊天,【氣廣大】秋曰旻天,【旻, 愍也. 愍萬物凋落】冬曰上天,【寒天高】此之謂四天也.

四天之目, 見《爾雅》.【〈釋天〉文】

'사천'은 사계절의 하늘이다. 봄은 창천이라 하고, 여름은 훤하게 큰 호천, 가을은 만물이 시들어 감을 가엽게 여기는 민천, 겨울은 추위가 하늘 높은 상천이다. 이를 '사천'이라 한다.

'사천'의 목록은『이아』「석천」에 보인다.

사제四祭

四祭者, 王公之廟事也. 春祭曰祠,【飼也. 用食禮】夏祭曰礿,【汋菜也. 薄祭】秋祭曰嘗,【嘗新穀】冬祭曰烝,【衆也. 衆物皆薦】此之謂四祭也.

四祭之目, 見《爾雅》.【〈釋天〉文. 春·夏二祭之目見《周禮·王制》,《春秋傳》者, 皆參錯不同】

'사제'란 임금과 높은 관리의 사당에 대한 제사이다. 봄 제사는 사라 한다. 밥을 말한다. 식례를 행한다.('사례食禮'로 밥이 있고 고기가 있으며 비록 술을 올리나 마시지 않고, 밥을 위주로 하기 때문에 '사례'라고 한 것이다.) 여름 제사는 약이라 하는데, 채소를 위주로 하는 검소한 제사이다. 가을 제사는 상이라 하고, 햇곡식을 올린다. 겨울 제사는 증이라 하는데, 많은 재물이 있다. 이를 '사제'라 한다.

'사제'의 목록은 『이아』「석천」에 보인다. 봄, 여름 두 제사는 『주례』「왕제」와 『춘추전』에 있는데 모두 더하고 뺀 항목이 있어 같지 않다.

사천四薦

四薦者, 庶人之禮也.【祭無牲日薦】春薦韭,【輔以卵】夏薦麥,【輔以魚】秋薦黍,【輔以豚】冬薦稻,【輔以鴈】此之謂四薦也.
四薦之目, 見〈王制〉.

'사천'이란 백성의 제례로 희생(제례용 동물)이 없는 제사이다. 봄에는 알을 곁들인 부추를 바치고, 여름에는 물고기를 곁들여 보리를 바치고, 가을에는 돼지를 곁들인 기장을 바치고, 겨울에는 기러기고기를 곁들인 벼를 바친다. 이를 '사천'이라 한다.

'사천'의 목록은 『주례』「왕제」에 보인다.

사전四畋

四畋者, 所以習戎事也. 春田日蒐,【擇也. 擇其不孕者】夏田曰苗,【爲田苗除害】秋田曰獮,【殺也. 順時以殺】冬田曰狩,【圍守也】此之謂四畋也.
四畋之目, 見《爾雅》.【〈釋天〉文. 《左傳》隱五年亦云】

'사전'이란 군사 훈련을 위한 사냥이다. 봄 사냥은 수라 하는데, 새끼를 밴 짐승은 잡지 않는다. 여름 사냥은 묘라 하는데, 곡식을 해치는 짐승을 잡는다. 가을 사냥은 선이라 하는데, 죽인다는 뜻으로 때에 맞는 짐승을 잡는다. 겨울 사냥은 수라 하는데, 동물이 모두 크기 때문에 잡히는 대로 사냥하고 선택이 없다. 이를 '사전'이라 한다.

'사전'의 목록은 『이아』「석천」에 보인다. 『춘추좌씨전』 노나라 「은공 5년」의 글에도 나온다.

사현 四見

四見者, 朝會之禮也.【諸侯朝於王】春見曰朝,【其來早】夏見曰宗,【宗, 尊也】秋見曰覲,【覲, 勤也】冬見曰遇,【不爲期】此之謂四見也.
四見之目, 見《周禮》.

'사현'이란 제후가 천자에게 조회하는 것이다. 봄에 조회하는 것을 일찍 온다는 뜻의 조라고 하고, 여름에 조회하는 것을 존중한다는 뜻의 종이라고 하며, 가을에 조회하는 것을 근면히 한다는 뜻의 근이라고 하고, 겨울에 조회하는 것을 기한을 두지 않는다는 뜻의 우라고 한다. 이를 '사현'이라 한다.

'사현'의 목록은 『주례』에 보인다.

❈ 사술四術 ❈

四術者, 樂正之教法也. 春學樂, 秋學《禮》,【順天氣】冬讀《書》, 夏讀《詩》, 此之謂四術也.

四術之名, 出〈王制〉.

'사술'이란 시·서·예·악을 말한다. 악정(악관樂官의 책임자)이 가르치는 규칙이다. 봄에는 악을 가르치고, 가을에는 예를 가르치고, 겨울에는 서를 익히고, 여름에는 시를 가르쳤다. 이를 '사술'이라 한다.

'사술'이란 말은 『예기』「왕제」에 나온다.

| 역자 해설 |

악정은 사계절에 맞게 네 가지 술을 숭상하고 네 가지 가르침을 세우며, 선왕의 시·서·예·악을 좇아 가르치는데, 하늘의 기운에 따라

서 행했다.

사우四隅

四隅者, 室中之廉角也. 西南曰奧,【深隱處】西北曰屋漏,【漏隱也】東北曰宧,【人之所頤養】東南曰窔,【明暗交】此之謂四隅也.
四隅之目, 見《爾雅》.【〈釋宮〉文】

'사우'란 실내의 네 군데 모퉁이를 말한다. 서남은 '오'로 깊이 숨은 곳이다. 서북은 '옥루'로 방에서 가장 으슥한 모퉁이다.(사람들의 눈에 잘 뜨이지 않는 곳을 말한다.) 동북은 '이'로 햇볕이 잘 드는 양육하기 좋은 모퉁이다. 동남은 '요'로 명암이 교차한다. 이를 '사우'라 한다.

'사우'의 목록은 『이아』「석궁」에 보인다.

사택四宅

四宅者, 羲·和之所居也. 東曰暘谷,【羲仲宅】西曰昧谷,【和仲宅】南曰明都,【羲叔宅】北曰幽都,【和叔宅】此之謂四宅也.

四宅之目, 見〈堯典〉.

'사택'이란 희중·희숙과 화중·화숙이 거처하는 곳이다. 동쪽 고을은 양곡으로 희중이 있었고, 서쪽 고을은 매곡으로 화중이 있었고, 남쪽 고을은 명도로 희숙이 있었고, 북쪽 고을은 유도로 화숙이 있었다. 이를 일러 '사택'이라 한다.

'사택'의 목록은『서경』「요전」에 보인다.

| 역자 해설 |

'사택'이란 요임금 때 희중·희숙과 화중·화숙이 있었던 고을이다. 양곡은 동쪽에 있는 고을로 희중에게 뜨는 해를 공경히 맞이하여 봄 농사를 고르게 하도록 하였고, 매곡은 서쪽에 있는 고을로 화중에게 들어가는 해를 공경히 전송하여 가을 수확을 고르게 하도록 하였고, 명도는 남쪽에 있는 고을로 희숙에게 여름 기후를 고르게 하도록 하였고, 유도는 북쪽에 있는 고을로 화숙에게 겨울철 기후를 고르게 하도록 하였다.

사극四極

四極者, 中國之疆域也.【極所至】東至泰遠, 西至邠國, 南至濮鉛, 北至祝栗, 此之謂四極也.
四極之名, 出《爾雅》.【〈釋地〉文】

'사극'은 중국의 변방 나라들이다. 극은 '멀리 이르다'라는 뜻이다. 동쪽 끝에 있는 나라를 '태원'이라 하고, 서쪽 끝에 있는 나라를 '빈국'이라 하고, 남쪽 끝에 있는 나라를 '복연'이라 하고, 북쪽 끝에 있는 나라를 '축률'이라 한다. 이를 '사극'이라 한다.

'사극'이란 말은 『이아』「석지」에 나온다.

사황 四荒

四荒者, 荒遠之地也.【在四極之外】東曰日下,【東海上】西曰王母,【卽弇山】南曰北戶,【在日南, 故戶北向】北曰觚竹,【在遼西】此之謂四荒也.
四荒之名, 出《爾雅》.【〈釋地〉文】

'사황'이란 멀리 떨어진 '사극'의 밖에 있는 지역이다. 동쪽은 동해상에 있다는 '일하', 서쪽은 감산이라는 '왕모', 남쪽은 해가 남쪽에 있어 북쪽으로 창을 내는 데서 유래한 '북호', 북쪽은 요서 지방에 있다는 '고죽'이다. 이를 '사황'이라 한다.

'사황'이란 말은 『이아』「석지」에 나온다.

사이四夷

四夷者, 四海之外藩也.【在四荒之外】東曰九夷,【夷, 觝也】西曰七戎,【戎, 兇也】南曰六蠻,【蠻, 慢也】北曰八狄【狄, 辟也】此之謂四夷也.
四夷之名, 出《爾雅》.【〈釋地〉文】

'사이'란 사해 밖의 오랑캐를 말하는데, '사황'의 밖에 있는 지역이다. 동방에는 '구이(뒤의 9지류에 나온다.)'가 있다. '이'는 다다른다는 '저'의 뜻이다. 서방에는 '칠융'이 있는데, '융'은 흉포하다는 뜻이다. 남방에는 '육만'이 있는데, '만'은 게으르다는 뜻이다. 북방에는 '팔적'이 있는데, '적'은 사악하다는 뜻이다. 이를 '사이'라 한다.
'사이'란 말은『이아』「석지」에 나온다.

사지四至

四至者, 大瀛之外地也.【至於盡】南戴日曰丹穴,【其人智】北戴斗極曰空桐,【其人武】東至日出曰太平,【其人仁】西至日入曰大蒙,【卽蒙汜也. 其人信】此之謂四至也.
四至之目, 見《爾雅》.【〈釋地〉文】

'사지'란 큰 바다 밖의 땅이다. 남쪽 바다의 해가 떠 있는 곳을 '단혈'이라 하고 그 사람들이 지혜롭다고 한다. 북쪽 바다의 북두성을 이고 있는 곳이 '공동'으로 그 사람들이 강하다고 한다. 동쪽의 해가 뜨는 곳을 '태평'이라 하는데 그 사람들이 인자하다고 하고, 서쪽 해가 지는 곳을 '대몽'이라 하는데 그 사람들이 신의가 있다고 한다. 이를 '사지'라 한다.

'사지'의 목록은 『이아』「석지」에 보인다.

| 역자 해설 |

'대몽'은 "해는 우연의 늪(몽사)에 들어가, 몽곡의 못에서 새벽을 밝힌다.(日入于虞淵之汜, 曙於蒙谷之淵.)"(『회남자』「천문훈天文訓」)에 설명이 있다.

사역四譯

四譯者, 方言之遞傳也.【譯, 驛也. 如驛遞然】東方曰寄,【寓風俗之異】南方曰象,【倣風俗之異】西方曰狄鞮,【別服飾之異】北方曰譯,【辨言語之異】此之謂四譯也.
四譯之目, 見〈王制〉.

'사역'이란 외국과 통역을 하는 역할을 하는 통역관이다. 동방을

'기'라 하는데 풍속이 다르다. 남방을 '상'이라 하는데 역시 풍속이 다르다. 서방을 '적제'라 하는데 복식이 다르다. 북방을 '역'이라 하는데 언어가 특이하다. 이를 '사역'이라 한다.('사역관'은 청나라 때 설치되었는데, 사방 이웃 나라에서 공물을 싣고 온 사신을 접대하고 변방 민족과 이웃 나라의 언어나 문자를 번역하는 일을 관장했던 기구이다.)

'사역'의 목록은『예기』「왕제」에 보인다.

사덕四德

四德者, 君子所行也. 體仁曰元, 【善之長】 合禮曰亨, 【嘉之會】 和義曰利, 【物之遂】 幹事曰貞, 【事之固】 此之謂四德也. 四德之名, 出《周易》. 【乾〈文言〉】

'사덕'이란 군자가 행하는 것들이다. 인을 체득하여 선을 확장하는 것을 '원'이라 하고, 예에 합당하여 기쁨을 나누는 것을 '형'이라 하며, 의에 화합하여 만물이 따르는 것을 '이'라 하고, 일과 더불어 줄기가 되어 항상 참으로 이루어지는 것을 '정'이라 한다. 이를 '사덕'이라 한다.

'사덕'이란 말은『주역』「문언」에 나온다.

사단四端

四端者, 心之感發也.【端, 緒也】惻隱之心, 仁之端,【隱者, 痛之深】羞惡之心, 義之端,【羞者, 恥己之不善】辭讓之心, 禮之端,【讓者, 推與人】是非之心, 知之端,【是者, 知其善】此之謂四端也.
四端之名, 出《孟子》.【〈公孫丑上〉】

'사단'이란 마음의 감정이 일어나는 것이다. '단'은 처음의 실마리이다. 측은지심은 인의 실마리로 '은' 자는 아픔이 심하다는 뜻이다. 수오지심은 의의 실마리로 '수' 자는 선하지 못함을 부끄러워하는 것이다. 사양지심은 예의 실마리로 '양' 자는 다른 사람의 입장이 되어 본다는 뜻이다. 시비지심은 지의 실마리로 '시' 자는 선함을 안다는 뜻이다. 이를 '사단'이라 한다.

'사단'이란 말은 『맹자』「공손추 상」에 나온다.

| 역자 해설 |

다산은 인간에 내재한 인의예지의 증명으로서의 사단이 아니라 인의예지를 실천을 통해 성취하는 처음 실마리로서의 사단을 해설한다. 측은, 수오, 사양, 시비의 마음이 적절하고 바르게 표출되어 행위의 결과가 선하게 되었을 때 이를 인의예지라 할 수 있다고 본다. 다산은 이것이 공맹의 본래 뜻이라고 주장하며, 인간에게 인의예지가

본래 내재한다는 관점과 다른 관점을 유지한다.

사례四禮

四禮者, 私家之禮也. 冠禮以成人, 昏禮以合姓,【行禮在昏時】喪禮以愼終, 祭禮以追遠, 此之謂四禮也.
四禮之名, 出《朱子家禮》.【本出於〈王制〉六禮】

'사례'는 민가의 예절을 말한다. 관혼은 성인이 되는 의식이고, 혼례는 결혼을 말하며, 상례는 마지막 가는 길을 신중하게 치르는 것이며, 제례는 먼 조상을 추모하는 것이다. 이를 '사례'라 한다.

'사례'라는 말은 『주자가례』에 나온다. 원래 『예기』「왕제」 편에 '육례'가 있다.(육례는 관례·혼례·상례·제례·향례·상견례이다.)

사악四樂

四樂者, 蕃國之樂也. 東方曰韎,【持矛舞】南方曰任,【持弓舞】西方曰侏離,【持鉞舞】北方曰禁,【持楯舞】此之謂四樂也.
四樂之名, 出《周禮》.【鞮鞻氏所掌也. 其目見鄭〈註〉】

'사악'은 변방 국가들의 음악이다. 동방의 것은 창을 가지고 추는 지모무로 '말'이라 하고, 남방의 것은 활을 들고 추는 지궁무로 '임'이라 하고, 서방의 것은 도끼를 들고 추는 지월무로 '주리侏離'라 하고, 북방의 것은 방패를 들고 추는 지순무로 '금'이라 한다. 이를 '사악'이라 한다.

'사악'이란 말은 『주례』에 나오는데, 제루씨는 주나라 때 사이四夷의 음악과 그 노래를 관장하던 관원이다. 그 목록이 정현의 주석에 보인다.

사고四庫

四庫者, 書籍之藏也. 載道曰經, 紀事曰史, 垂敎曰子, 【諸子之所作】 聚文曰集, 此之謂四庫也.
四庫之名, 出《唐書》. 【〈藝文志〉. 後人以經·史·子·集爲四部, 非也. 四部者, 甲·乙·丙·丁部也】

'사고'는 중국 고대에 궁중에서 서책을 보관하던 장소를 말한다.(경·사·자·집으로 나누어서 보관하였으므로 사고라고 하였다.) 도를 담는 그릇을 '경'이라 하고, 역사를 기록한 것을 '사'라 하고, 제자백가의 가르침을 받는 것을 '자'라 하고, 문장을 모은 것을 '집'이라 한다. 이를 '사고'라고 한다.

'사고'란 말은 『당서』「예문지」에 나온다. 후에 사람들이 경·사·자·집을 '사부'라고 했는데, 이는 틀렸다. 갑부·을부·병부·정부가 '사부'이다.

| 역자 해설 |

『신당서』 권57 「예문지」 권1과 『구당서』 권47 「경적지 하」에 따르면 경·사·자·집을 각각 갑부·을부·병부·정부의 순서대로 정리하였으며, 양경兩京(전한의 수도인 장안長安과 후한의 수도인 낙양洛陽을 가리킨다.)에 각각 1본씩 두어 모두 12만 5,960권이 되었다고 한다. 경·사·자·집의 각각의 1고에 갑·을·병·정의 순서로 정리가 된다는 뜻이다.

사시四始

四始者, 《詩》教之本也. 〈關雎〉爲〈國風〉之始, 〈鹿鳴〉爲〈小雅〉之始, 〈文王〉爲〈大雅〉之始, 〈清廟〉爲三〈頌〉之始, 此之謂四始也.
四始之名, 出《詩·大序》. 【衛宏之所傳】

'사시'는 『시경』을 가르치는 근본이다. 〈관저〉는 「국풍」의 시작이고, 〈녹명〉은 「소아」의 시작이고, 〈문왕〉은 「대아」의 시작이고, 〈청묘〉는 「송」의 시작이라는 뜻이다. 이를 '사시'라 한다.

'사시'란 말은 『시경』 「대서」에 나오는데, 위굉이 전하고 있다.

| 역자 해설 |

현존하는 「모시서毛詩序」를 줄여서 시서詩序라고 한다. 이 시서는 대서大序와 소서小序의 구별이 있는데, 이에 대한 구분은 학설이 분분하다. 주희는 「모시서」 〈주남周南 관저〉의 서 가운데 『시경』의 '육의六義' 전체의 뜻을 풀이한 부분을 대서로 보고, 그 나머지 앞뒤 부분과 그 뒤의 각 편에 딸린 서를 소서라고 하였다. 시서의 작자에 대해서도 대서는 자하子夏·위굉 등의 설이 있고, 소서는 자하와 모공毛公의 합작이라고 하는 등 역시 학설이 갈린다.

四之類

사조四兆

四兆者, 龜書之部分也. 【灼龜而坼曰兆】 一曰方兆, 二曰功兆, 三曰義兆, 四曰弓兆, 【鄭云:"方·功·義·弓之義未聞."】 此之謂四兆也.
四兆之名, 出《周禮》. 【〈卜師〉文】

'사조'란 귀서의 일부분이다. 거북점에서 거북 껍데기를 불로 구울 때 나타나는 갈라진 금을 '조'라 한다. 방조·공조·의조·궁조가 있다. 『주례』 정현의 주석에 "방·공·의·궁의 뜻을 아직 듣지 못

했다."라고 되어 있다. 이를 '사조'라 한다.

'사조'란 말은 『주례』「복사」에 나온다.

❈ 사물四勿 ❈

四勿者, 克己之戒也.【勿, 禁止之辭】非禮勿視, 非禮勿聽, 非禮勿言, 非禮勿動, 此之謂四勿也.

四勿之目, 見《論語》.【〈顏淵〉篇. 程子作〈四勿箴〉】

'사물'이란 극기의 계율이다. 물勿이란 금지라는 말이다. (안연이 극기복례克己復禮를 통하여 인을 이루는 조목을 물었을 때, 공자가) "예가 아니면 보지 말며, 예가 아니면 듣지 말며, 예가 아니면 말하지 말며, 예가 아니면 움직이지 말라."라고 했던 것을 말한다. 이를 '사물'이라 한다.

'사물'의 목록은 『논어』「안연」 편에 보인다. 송나라 정이가 「사물잠」을 지었다.

| 역자 해설 |

정이程頤는 북송北宋 중기의 유학자로 호는 이천이다. 형인 정호程顥와 함께 '이정자二程子'라 불리며 정주학程朱學의 원조다. '이기이원론理氣二元論'의 철학을 수립했다.

사유 四維

四維者, 立國之綱紀也. 禮不踰節,【下不僭】義不自進,【士待薦】廉不蔽惡,【淸者, 惡人濁】恥不從枉,【直者, 羞人曲】此之謂四維也.
四維之名, 出《管子》.【〈牧民〉篇】

'사유'란 나라를 유지하는 네 가지 중요한 강령이다. '예'가 무너지면 아랫사람이 분수를 지키지 않고, '의'가 무너지면 선비들이 스스로 관직에 천거하고, '염'이 지켜지지 않으면 악한 행동을 막을 수 없고, '치'를 모르면 곧음을 버리고 부끄러운 굽은 행동을 한다. 이를 '사유'라 한다.

'사유'란 말은 『관자』 「목민」 편에 나온다.

사과 四科

四科者, 孔門之教法也.【科, 程也】一曰德行,【顔淵·閔子騫·冉伯牛·仲弓】二曰言語,【宰我·子貢】三曰政事,【冉有·季路】四曰文學,【子游·子夏】此之謂四科也.
四科之名, 出《論語·疏》.【〈先進〉篇. 又《漢官儀》, 以四科辟士,《宋史》以四科取士, 與此不同】

'사과'란 공자의 제자들을 그 장점에 따라 가르치는 교육 방법이다. 첫째 덕행에는 안연·민자건·염백우·중궁이고, 둘째 언어에는 재아와 자공이고, 셋째 정치에는 염유와 계로이고, 넷째 문학에는 자유와 자하이다. 이를 '사과'라 한다.

'사과'란 말은 『논어·소』「선진先進」에 나온다. 또 『한관의』(후한 말의 학자인 응소가 기록한 한나라 관제)에는 (한나라 문제가 현량賢良·방정方正·문학文學·재력材力의) '사과四科'를 두어 재주 있는 선비를 등용하였다고 했다. 『송사』에서도 '사과'를 두고 선비를 등용한 기록이 있다.

| 역자 해설 |

『논어』「선진先進」에서 사과의 제자 10명을 거론하면서 모두 자字로 지칭하는데, 스승은 이름으로 말하지 않는다는 범례로 볼 때 공자의 직접적인 말이 아닐 수 있다. 그러나 「선진」에 "효성스럽구나, 민자건이여.(孝哉, 閔子騫.)"라고 하여 공자가 제자를 자字로 부른 경우가 있으므로, 자로 지칭한 것이 공자의 말이 아니라는 증거는 될 수 없다.

사교四教

四教者, 婦人之學也. 貞順曰婦德, 和柔曰婦言, 婉娩曰婦容,【娩, 順也】絲麻曰婦功,【蠶所吐曰絲】此之謂四教也.

四教之名, 出〈昏義〉.【又文·行·忠·信, 爲孔門四教】

'사교'란 부녀자가 배울 덕목이다. 마음이 곧고 순함을 부덕이라 하고, 조화롭고 부드러운 말을 부언이라 하며, 순하고 아름다운 용모를 부용이라 하며, 명주와 삼베 실로 일하는 것을 부공이라 한다. 이를 '사교'라 한다.

'사교'란 말은『예기』「혼의」에 나온다. 또 문·행·충·신을 공자 문하의 '사교'라고도 한다.

사린 四鄰

四鄰者, 天子之佐也. 在前曰疑,【有疑則問之】在後曰丞,【丞佐也】在左曰輔,【如車有旁木】在右曰弼,【正弓弼弼, 正君之乖戾】此之謂四鄰也.

四鄰之名, 出〈虞書〉.【其目見《書大傳》. 又〈文王世子〉以師·保·疑·丞爲四輔】

'사린'이란 고대 천자를 보필하는 신하들이다. 앞에 있는 신하를 의라 하는데, 물어보는 역할을 맡았다. 뒤에 있는 신하를 승이라 하는데, '좌승'과 같다. 좌측에는 보가 있는데, 수레의 양 날개 역할을 하는 방목처럼 보좌한다. 우측에는 필이 있는데, 활을 바르게 쏘도록 돕듯이 군주의 어긋남을 바로잡도록 돕는 역할을 한다. 이를 '사린'이라 한다.

'사린'이란 말은 『서경』「우서」에 나온다. 그 목록은 『상서대전』에 나온다. 또 『예기』「문왕세자」에 "(우·하·상·주에는) 사師·보保·의疑·승丞의 '사보'가 있었다."라고 하였다.

| 역자 해설 |

『서경』「대전大傳」에 "옛날에 천자는 반드시 사린이 있었으니, 앞에는 의이고, 뒤에는 승이고, 왼쪽에는 보이고, 오른쪽에는 필이다. 천자가 묻는데 대답이 없으면 의를 책하고, 뜻이 있어야 하는데 뜻이 없으면 승을 책하고, 바르게 해야 하는데 바르게 하지 않으면 보를 책하고, 드날려야 하는데 드날리지 않으면 필을 책한다. 그 작위는 경卿과 같고, 그 녹봉은 대국의 군君과 같다."라고 하였다.

사감四監

四監者, 掌材木禽獸之官也. 一曰山虞, 二曰澤虞,【虞, 備也】三曰林衡, 四曰川衡,【衡, 平也】此之謂四監也.
四監之名, 出〈月令〉.【其目見鄭〈注〉】

'사감'이란 목재, 가축(산림, 천택)에 관한 법을 관장하는 관직이다.

첫째가 '산우'로 산림에 관한 정령을 관장하고, 둘째가 '택우'로 하천과 호수를 관장하던 관리이다. '우' 자는 대비하다라는 뜻이다. 셋째가 '임형'으로 숲을 관리하고, 넷째가 '천형'으로 하천을 관장했다. 이를 '사감'이라 한다.

'사감'이란 말은 『예기』「월령」에 나오며, 그 목록은 정현의 주석에 나온다.

| **역자 해설** |

다산은 『경세유표』에서 다음과 같이 설명하고 있다. "살피건대, 『주례』에 '택우는 나라 안 천택川澤에 관한 정령政令을 관장하여 범법하는 것을 금하여, 생산되는 재물을 그 지역 사람에게 지키게 하였다가 수시로 왕부王府에 납입納入하도록 하고, 천형川衡도 천택에 대한 금령禁令을 맡아서, 범금犯禁한 자는 잡아서 처벌하였다.' 하였는데, 산우와 택우는 모두 중사로 장長을 삼았고, 임형과 천형은 모두 하사로 장을 삼았으니, 이것은 택은 크고 천은 작기 때문이다. 그러나 산우는 큰 산마다 관원이 12명이며, 임형林衡도 큰 숲에는 관원이 12명이다. 택우도 큰 소택沼澤마다 관원이 12명이며, 천형도 큰 하천에는 관원이 12명이다. 그런즉 천하에 모든 큰 산과 큰 숲, 큰 소택과 큰 하천은 왕공이 주인이 되어서 거기에서 생산되는 산물을 거두었던 까닭에 국가가 풍족했었다."

사민四民

四民者, 黎民之分業也. 學道曰士,【居閒燕】治地曰農,【居田野】制器曰工,【居官府】通貨曰商,【居市井】此之謂四民也.
四民之名, 出《管子》.【又見〈齊語〉及《周官》注】

'사민'이란 백성의 직업에 따른 분류이다. 도를 닦는 사람을 '사'라 하고 한가한 곳에 거처한다.(『국어』「관자管子」에 "옛날에 성왕이 사士를 처우함에, 한가한 곳에 있게 하였다."라는 말이 있다.) 땅을 다스리는 사람은 '농'이라 하며 전야에 거처한다. 기구와 그릇을 만드는 사람은 '공'이라 하고 관청이나 기관에 거처한다. 장사하고 화폐를 유통하는 사람은 '상'이라 하며 시장에 거처한다. 이를 '사민'이라 한다.

'사민'이란 말은 『국어』「관자管子」에 나온다. 또 『제어』와 『주관(주례)』에도 보인다.

사우四友

四友者, 文房之相須也. 紙曰楮生,【會稽公】筆曰毛穎,【管城子】墨曰陳玄,【松滋侯】硯曰陶泓,【石虛中】此之謂四友也.
四友之名, 出《謝翺文集》.【〈文房四友序〉】

'사우'란 문방사우를 말한다. 종이는 '저생(저선생)'이라 하는데, 회계공이다. 붓은 '모영'이라 하는데, 관성자이다. 먹은 '진현'이라 하며, 송자후이다. 벼루는 '도홍'이라 하는데, 석허중이다. 이를 '사우'라 한다.

'사우'란 말은『사고문집』「문방사우서」에 나온다.

| 역자 해설 |

회계공은 회계 지역이 종이로 유명하여 의인화한 것이다. 관성자는 한유의「모영전毛穎傳」에 "진시황이 장군 몽염蒙恬으로 하여금 붓에게 탕목읍을 내리고 관성에 봉해 주게 하여 관성자라 호칭했다.(秦皇帝使恬, 賜之湯沐而封諸管城, 號曰管城子.)"라고 한 데서 온 말이다. 또 "모영이 강주絳州 사람 진현과 홍농弘農 사람 도홍과 회계 사람 저선생과 벗으로 친하게 지냈다."라는 말이 나온다. 송자후는 먹을 의인화한 것으로, 소나무를 태운 그을음으로 먹을 만들기 때문에 이런 명칭을 붙인 것이다. 강주는 먹의 명산지이고 모영과 진현은 붓과 먹을 의인화해서 붙인 별칭이다. 홍농은 와연瓦硯의 명산지이다. 석허중은 당唐나라 사람 문숭文嵩이 벼루를 의인화하여「즉묵후석허중전卽墨侯石虛中傳」을 지은 고사에서 유래한 것인데, 송宋나라 소이간蘇易簡의『문방사보文房四譜』「연보硯譜」에 이 내용이 나온다.(『고산유고』—한국종합고전DB 참조)

『사고문집』을 지은 사고謝翶는 송나라 사람으로 원나라에 대항하다 송나라가 망하자 유랑을 떠나다니게 되었다. 그에 관한 다음과 같은 일화가 있다. 경인년(1290)에 엄탄嚴灘을 지나게 되었는데 거기에 자릉대子陵臺라는 곳이 천 길 높이였다. 날씨는 춥고 바람이 거셌다. 사고가 술을 가지고 올라가 '문천상'의 신주를 무너지는 정자 모퉁이에 두고, 두 번 절하고 꿇어앉아 통곡하였다. 강신降神술을 따르고, 세 차례 통곡한 다음 다시 두 번 절하고 꿇어앉아서 죽여의竹如意(대나무로 만든 단장으로 등을 긁는 기구)로 돌을 치며 초가楚歌를 지어 혼魂을 부르는 노래를 했다.

> "혼이 아침에 갈 때 끝없이 가고, 저물어 돌아올 때는 관수關水가 검다. 죽어서 주조朱鳥가 되었으니, 부리 있은들 어떻게 먹을쏘냐?"

노래가 끝나자 대와 돌이 다 부서지니, 이에 서대통곡기西臺慟哭記를 지었다고 한다. 그는 나이 40세에 요절했다.

사흉四凶

四凶者, 唐·虞之小人也. 流者共工,【卽窮奇】放者驩兜,【卽渾敦】竄者三苗,【卽饕餮】殛者伯鯀,【卽檮杌】此之謂四凶也.
四凶之名, 出《春秋傳》.【魯 史克之言, 本出〈舜典〉】

'사흉'이란 당우(요순) 시대의 악인들이다. 순임금이 요임금의 신하로 있을 때 유주幽洲로 귀양 보낸 악인이 공공으로 궁기라고도 한다. 숭산崇山으로 추방한 악인이 환도로 혼돈이라고도 한다. 삼위三危로 쫓아낸 악인이 삼묘로 도철이라고도 한다. 우산羽山에서 죽게 한 악인이 백곤으로 도올이라고도 한다. 이를 '사흉'이라 한다.

'사흉'이란 말은 『춘추전』에 나온다. 노나라 사관인 사극의 말인데, 원래 「순전」에 나온다.

사신四臣

四臣者, 文王之股肱也. 一曰疏附,【使遠者來附】二曰先後,【導迪也】三曰奔奏,【使人趨承之】四曰禦侮,【效武力】此之謂四臣也.

四臣之目, 見〈大雅〉.【〈緜〉卒章. 其名出《書傳》】

'사신'이란 문왕의 고굉으로, 팔과 다리로 좌우에서 보좌하는 신하를 비유한 것이다. 첫째는 소부로 백성을 이끌고 들어오는 신하이고, 둘째 선후는 앞뒤에서 인도하는 신하이고, 셋째 분주는 왕의 덕과 명성을 널리 알리는 신하이고, 넷째 어모는 적의 침략을 꺾는 신하이다. 이를 '사신'이라 한다.

'사신'의 목록은 『시경』「대아」〈면〉 장의 마지막에 보인다. 이름이 나온 것은 한나라 때 복승伏勝이 편찬한 『상서대전尙書大傳』에서이다.

사호四皓

四皓者, 秦·漢之隱士也.【謂鬚眉皓白】一曰東園公,【唐宜明】二曰綺里季, 三曰夏黃公,【崔少通】四曰角里先生,【周元道】此之謂四皓也.

四皓之名, 出《漢書》.【〈張良傳〉. 其姓名見《陶靖節集·陳留記〉】

'사호'란 진·한의 숨어 살던 선비를 말한다.(서한의 상산사호商山四皓인 동원공·기리계·하황공·녹리선생을 말한다.) 이 네 사람은 수염과 눈썹이 모두 하얗기 때문에 사호라고 부른 것이다. 첫째가 동원공으로 성은 유庾, 자는 선명이다. 둘째는 기리계로 기옹이라고도 한다. 셋째가 하황공으로 성은 최, 이름은 확廓, 자는 소통이다. 넷째가 녹리선생인데, 성은 주周, 이름은 술術이며, 각리선생角里先生이라고도 한다. 이를 '사호'라 한다.

'사호'란 말은 『한서』「장량전」에 나온다. 그 이름들은 중국 진晉나라 시인 도잠陶潛의 시문집인 『도정절집』「진유기」에 있다.

사호四豪

四豪者, 戰國之權臣也. 齊有孟嘗,【卽田文】趙有平原,【卽趙勝】魏有信陵,【卽公子無忌】楚有春申,【卽黃歇】此之謂四豪也.
四豪之名, 出《漢書》.【〈游俠傳〉】

'사호'란 전국시대에 권력을 휘두른 신하들로 '사군四君 혹은 사공자四公子'라고도 한다. 제나라에는 맹상이 있었는데, 이름은 전문이다. 조나라에는 평원이 있었는데, 이름은 조승이다. 위나라에는 신릉이 있었는데, 공자로 이름은 무기이다. 초나라에는 춘신이 있었는데, 이름은 황헐이다. 이를 '사호'라 한다.

'사호'란 말은 『한서』「유협전」에 나온다.

| 역자 해설 |

'사호'는 맹상, 평원, 신릉, 춘신을 말한다. 제나라에는 맹상이 있었는데, 전영田嬰의 아들이고, 이름은 문이다. 그는 어진 인재들을 모아 식객이 3천 명에 달하였는데, 일찍이 조趙나라에 들렀을 적에 조나라 사람들이 그를 비웃자, 분노하여 동행자와 함께 수백 명을 쳐 죽이고 한 현縣을 멸하였다. 조나라에는 평원이 있었는데, 이름이 조승이다. 인품이 어질고 빈객을 좋아하여 그를 추종하는 빈객이 수천 명에 이르렀다고 한다. 사마천은 『사기』「평원군열전」에서 "평원군은

혼탁한 세상에 고결한 풍도를 지닌 아름다운 공자였다."라고 논평하였다. 위나라에는 신릉이 있었는데, 공자로 이름은 무기이다. 신릉군은 본디 조나라의 평원군과는 처남과 매부 사이였다. 진나라의 침입으로 인해 조나라에서 위나라에 구원해 주기를 요청하자, 위나라 임금이 진나라를 두려워하여 군사를 파견하지 않으려고 하였다. 그런데도 신릉군은 자신의 매부인 평원군과 한 약속을 지키기 위해 군사를 파견하여 조나라를 도와 진나라를 물리쳤다.(『사기』 권77 「위공자열전」) 초나라에는 춘신이 있었는데, 이름은 황헐이다. 초나라 태자 완完과 진나라에 볼모로 잡혀 있다가 초나라 경양왕이 병이 나자 태자를 왕위에 오르도록 밀입국시키고 자신은 남아 죽기를 자청하였다. 완이 고열왕이 되자 재상에 추대되어 춘신군이라 칭했으며, 20여 년간 내치와 외교를 맡아 막강한 진에 대항하며 초나라의 전성기를 구축했다. 3천의 식객이 모여들었으며, 순자도 그를 찾아갔다고 한다.

사걸四傑

四傑者, 儷文之才子也. 王勃爲首, 楊炯次之, 盧照鄰次之, 駱賓王次之, 此之謂四傑也.

四傑之名, 出《唐書》. 【〈王勃傳〉】

'사걸'이란 당나라 초기에 변려문을 잘 지은 특출한 문호들이다. 왕발이 제일 훌륭하고, 그다음이 양형이며, 그다음이 노조린이고, 그다음이 낙빈왕이다. 이들을 '사걸'이라 한다.

'사걸'이란 말은 『당서』「왕발전」에 보인다.

사궁 四窮

四窮者, 下民之無告者也. 老而無妻曰鰥, 【魚名, 夜不能眠者】 老而無夫曰寡, 【與者少】 幼而無父曰孤, 【子立也】 老而無子曰獨, 【單身也】 此之謂四窮也.

四窮之名, 出《孟子》. 【〈梁惠王下〉】

'사궁'이란 하층 백성으로 하소연할 곳 없는 사람들이다. 늙고 아내가 없는 남자를 환이라 한다. 환이란 전설상의 물고기로 밤에 잠을 이루지 못한다고 하는 데서 비유한 것이다. 늙고 남편이 없는 여자를 과라 하는데, 부족하다는 뜻이다. 어리고 어버이가 없는 자를 고라 하는데, 홀로 서야 하는 어려움이 있는 사람이다. 늙고 자식이 없는 홀로 된 사람을 독이라 한다. 이를 '사궁'이라 한다.

'사궁'이란 말은 『맹자』「양혜왕 하」 편에 나온다.

『목민심서』「애민 6조」, 제3조 진궁振窮에 "홀아비·과부·고아·늙어 자식 없는 사람을 사궁이라 하는데, 궁하여 스스로 일어날 수 없고, 남의 도움을 받아야 일어날 수 있다. 진振이란 일으켜 주는 것이다." 라는 수령의 임무가 분명하게 나와 있다.

사령四靈

四靈者, 昆蟲之長也. 麟長毛蟲,【一角獸】鳳長羽蟲,【五彩鳥】龜長介蟲,【灼以卜】龍長鱗蟲,【興雲雨】此之謂四靈也. 四靈之名, 出〈禮運〉.

'사령'이란 전설에 나오는 모든 동물 중의 으뜸인 네 가지 것들이다. 기린은 털이 난 것 중에 으뜸으로 뿔이 하나이다. 봉황은 깃털이 있는 것 중에 으뜸으로 다섯 빛깔의 새이다. 거북은 껍질이 있는 것 중에 으뜸으로 껍질을 불에 그을려 점을 본다. 비룡은 모든 동물 중에 으뜸으로 구름과 비를 만든다. 이를 '사령'이라 한다.

'사령'이란 말은『예기』「예운」에 나온다.

사재四載

四載者, 夏禹治水之所乘也.【受人乘曰載】山行乘樏,【一作輂】泥行乘橇,【一作毳】水行乘舟, 陸行乘車, 此之謂四載也.【樏音蘽, 橇音絶】

四載之名, 出〈虞書〉.【其目見〈河渠書·溝洫志〉. 樏橇二字, 諸本不同, 今略之】

'사재'란 하나라 우왕이 치수를 위해 타던 것들이다. 산에서는 나막신을 신는데 혹은 가마라고도 한다. 진흙에서는 썰매를 타고, 물에서는 배를 타고, 육지에서는 수레를 탄다. 이를 '사재'라 한다. 나막신 류는 '류'로 읽어야 하고, 썰매 취라는 글자는 '절'로 읽어야 한다.

'사재'란 말은『서경』「우서」에 나온다. 그 목록은『사기』「하거서」'구혁지'에 있다. 류와 취 두 글자는 판본마다 달라서, 여기서는 간단히 정리했다.

사보四寶

四寶者, 中國之奇珍也. 周有砥厄,【美玉名】宋有結綠,【青黃色】梁有懸黎,【玄玉也】楚有和璞,【和氏玉】此之謂四寶也.

四寶之名, 出《戰國策》.【〈范雎說秦王〉】

'사보'란 중국의 진귀한 물건들이다. 주나라에는 아름다운 옥돌인 지액이 있고, 송나라에는 청황색의 결록이라는 구슬이 있고, 양나라에는 검은 옥인 현려가 있으며, 초나라에는 화박이라는 옥이 있다. 이를 '사보'라 한다.

'사보'란 말은 『전국책』 「범저설진왕」에 나온다.

| 역자 해설 |

'화박'에 관련된 고사가 있는데 초나라 변화卞和의 이야기이다. 춘추시대였다. 변화가 형산에서 거대한 박옥을 얻어 초나라 여왕厲王에게 바쳤다. 그러나 옥인이 감정을 잘못해서 평범한 돌이라고 말하는 바람에 왕을 속인 죄로 한쪽 발이 잘렸다. 초나라 무왕武王이 즉위한 뒤, 변화가 이를 다시 바쳤다가 나머지 발마저 잘렸다. 그 후 문왕文王이 즉위하자 변화는 형산 아래서 박옥을 안고 3일을 울어 피눈물이 흘렀다. 문왕이 이 사실을 듣고 사람을 보내어 "천하에 발이 잘린 사람이 너만 있는 것은 아닌데, 너만이 유독 그렇게 우는 것은 무슨 이유인가?" 하고 물었다. 변화가 "제가 발이 잘린 것을 슬퍼하는 게 아니라 보배로운 옥을 돌이라 하고 곧은 선비를 미치광이라 하니, 이 때문에 슬피 우는 것입니다." 하였다. 이에 왕이 옥공을 시켜 박옥을 다시 다듬어 보니 지름이 한 자나 되고 티 한 점 없는 큰 옥이 나왔다고 한다.(『한비자』 「화씨」)

사독四瀆

四瀆者, 發源注海之水也.【瀆, 濁也】江出岷山,【在梁州】河出崑崙,【在西蕃】淮出胎簪,【在南陽】濟出王屋,【在河東】此之謂四瀆也.
四瀆之名, 出《爾雅》.【〈釋水〉文】

'사독'은 작은 개울들로 바다로 흘러가는 큰 강의 발원이 된다. '독' 자는 탁하다는 뜻이다. 양주에 있는 민산에서 시작한 양자강, 서번에 있는 곤륜산에서 시작하는 황하, 남양(하남성 근처)에 있는 태잠산에서 출발하는 회수, 하동의 왕옥산에서 시작한 제수를 말한다. 이를 '사독'이라 한다.

'사독'이란 말은『이아』「석수」에 나온다.

| 역자 해설 |

'사독'은 나라의 운명과 깊은 관계가 있다 하여 해마다 제사를 지내던 네 강이다. 『서경』「순전舜典」에 "산천을 바라보고 차례를 정하여 제사한다.(望秩于山川)"라는 대목이 있다. 채침의 주에 "망望은 바라보고 차례를 정하여 산천에 제사하는 것이고, 질秩은 희생과 폐백과 축호의 차례다. 비유하면 오악은 삼공에 비유하고, 사독은 제후에 비유하며, 그 나머지는 백·자·남에 비유하는 것과 같다."라고 하였다.

사군 四郡

四郡者, 衛滿朝鮮之所分也. 一曰樂浪, 【今之平安道】 二曰玄菟, 【今之咸鏡道】 三曰臨屯, 【今浿南洌北之地】 四曰眞番, 【今鴨水之北】 此之謂四郡也.

四郡之名, 出《史記》. 【〈朝鮮列傳〉. 東人以玄菟·臨屯謂在今邦域之外, 非也. 又閭延·茂昌·虞芮·慈城爲江界之廢四郡. 又丹陽·淸風·堤川·永春, 山水絶勝, 亦名四郡】

'사군'이란 한 무제가 위만조선을 멸망시키고 그 땅에 설치한 4개의 행정 구역이다. 첫 번째 낙랑은 지금의 평안도이고, 두 번째 현도는 지금의 함경도이며, 세 번째 임둔은 지금의 패수(청천강) 남쪽, 한강 이북 지역을 말하고, 네 번째 진번은 지금의 압록강 이북을 말한다. 이를 '사군'이라 한다.

'사군'이란 말은 『사기』「조선열전」에 나온다. 동인 계열(동·서인 붕당을 말함)에서 현도군과 임둔군이 있던 곳이 우리나라 영토 밖이라고 하는데, 이는 틀린 것이다. (또 두만강·압록강 건너편의 여진족이 침입하는 것을 방비하기 위해서, 조선 세종 때에 최윤덕崔潤德을 시켜서 설치했던) 여연·무창·우예·자성 강가에 있던 고을의 군사시설을 단종 때에 폐지했으므로 '폐사군'이라 한다. 또 단양·청풍·제천·영춘(지금의 영동)을 산수풍경이 아름다워서 역시 '사군'이라 한다.

오지류五之類【사십조四十條】

오교五教

五教者，天倫之彝典也．父義母慈，兄友弟恭，子承以孝，此之謂五教也．

五教之名，出〈虞書〉．【其目見《春秋傳》．漢儒以此爲五，亦名五典．《書集傳》以五倫爲五教．又父母兄弟妻子謂之六親，見《春秋傳》】

'오교'란 '오상五常'이라고도 하며, 천륜의 떳떳한 도리이다. 아버지는 의로워야 하고, 어머니는 자애로워야 하며, 형은 우애로워야 하고, 아우는 공손해야 하고, 아들은 효도해야 한다. 이를 '오교'라 한다.

'오교'란 말은 『서경』「우서」에 나온다. 그 목록은 『춘추전』(『춘추』에 관한 주석서를 통틀어 말한다. 『춘추』 삼전 이외에 한대에 나온 협씨전夾氏傳·추씨전鄒氏傳과 송대의 호안국胡安國이 지은 호씨전胡氏傳 등이 있다.)에 보이는데 한나라 학자들은 이 다섯 가지를 '오전'이라 하였다. 또한 『서집전』(『서경』의 주석 책. 송의 채침蔡沈이 그의 스승 주희의 가르침을 받아 편술한 것)에는 오륜이 오교라 하였고 또 부모, 형제, 아내와 자식을 육친이라 하였다. 『춘추전』에도 보인다.

오륜五倫

五倫者, 人紀之達道也. 父子有親, 君臣有義, 夫婦有別, 【配耦一定, 不相亂】長幼有序, 朋友有信, 此之謂五倫也. 五倫之目, 見《孟子》. 【〈滕文公上〉. 〈禮運〉, 去朋友而加兄弟謂之十義】

'오륜'은 사람이 떳떳하게 지켜야 할 올바른 도리이다. 부자 사이는 친애하고, 군신 사이는 의리로 대해야 하며, 부부 사이에는 서로의 역할에 대한 분별이 있어야 하고, 장유 사이에는 순서와 질서가 있어야 하고, 붕우 사이에는 신의가 있어야 한다는 것이다. 이를 '오륜'이라 한다.

'오륜'의 목록은 『맹자』「등문공 상」 편에 보인다. 『예기』「예운」에 붕우와 형제를 더하여 모두 열 사람이 지켜야 할 도리를 '십의'라 한다.

오례五禮

五禮者, 邦國之儀文也. 祭祀曰吉禮, 【其別有十二】 喪荒曰凶禮, 【荒謂饑饉癘疫】 朝覲曰賓禮, 【其別有八】 師旅曰軍禮, 【其別有五】 冠昏飮射曰嘉禮, 【其別有六】 此之謂五禮也.

五禮之目, 見《周禮》. 【〈大宗伯〉】

'오례'란 나라에서 지내던 다섯 가지 의례이다. 제사는 길례로 열두 가지가 있으며, 상사와 흉년·기근·전염병 등에 대한 흉례, 제후나 속국이 황제를 알현하는 빈례로 여덟 가지가 있으며, 전쟁과 사師(5여旅)와 여旅(군대 500명)의 군례는 다섯 가지가 있으며, 성인식의 관례, 혼례, 음식을 대접하고, 활쏘기 등을 하는 향사례로 여섯 가지로 구별되는 가례이다. 이를 '오례'라 한다.

'오례'의 목록은 『주례』「대종백」에 보인다.

오형五刑

五刑者, 討罪之用也. 黥面曰墨, 割鼻曰劓, 刖足曰剕, 去勢曰宮, 【卽腐刑】 死曰大辟, 此之謂五刑也.

五刑之名, 出〈虞書〉. 【其目見〈呂刑〉. 《國語》以甲兵·斧鉞·刀鋸·鑽笮·鞭扑爲五刑. 〈大司寇〉以野刑·軍刑·鄕

刑·官刑·國刑爲五刑.《唐律》以笞·杖·徒·流·死爲五刑】

'오형'은 형벌의 다섯 가지 종류이다. 얼굴에 먹물을 넣는 묵형, 코를 베는 의형, 발뒤꿈치를 베는 비형, 거세하는 궁형, 죽이는 대벽이 있다. 이를 '오형'이라 한다.

'오형'이란 『서경』「우서」에 나오며, 그 목록은 「궁형」에 보인다. 『국어』에서 중대한 형벌은 갑병(군사용 무기)을 사용하고, 그다음은 부월(도끼류)을 사용하고, 중등의 형벌은 도거(칼과 톱)를 사용하고, 그다음은 찬착(송곳과 대나무)을 사용하고, 하등의 형벌은 편복(가죽 채찍)을 사용한다고 하였다. 『주례』「대사구」에서는 야형·군형·향형·관형·국형을 '오형'이라 했다. 『당률』에서는 태·장·도·유·사를 '오형'이라 했다.

| 역자 해설 |

『주례』「대사구」에 나온 '오형'은 첫째는 들판에서 하는 야형으로 농사를 권면하는 데에 목적이 있고, 둘째는 군형으로 명령을 지키도록 유도하는 데에 목적이 있고, 셋째는 고을에서 시행하는 향형으로 윤리 도덕을 강조하는 데에 목적이 있고, 넷째는 관부에서 시행하는 관형으로 능력을 장려하는 데에 목적이 있고, 다섯째는 도성에서 시행하는 국형으로 근신함을 독려하는 데에 목적이 있다. 『당률』에 나온 '오형'은 태·장·도·유·사를 말하는데, 태형은 회초리로 볼기를 때리는 형벌로 10~50대의 5등급, 장형은 곤장으로 볼기를 때리는 형

벌로 60~100대의 5등급, 도형은 관청에서 노역을 하며, 반년씩의 차이를 두어 1년~3년의 5등급이 있고, 유형은 먼 곳으로 귀양을 보내는 형벌로 500리씩 차를 두어 2천 리~3천 리의 3등급으로 하고 있다. 사형은 목을 매는 교형과 머리와 몸을 분리하는 형벌인 참형이 있다.

오사 五射

五射者, 國子之所習也. 一曰白矢,【其鏃白】二曰參連,【三矢連續去】三曰剡注,【剡, 殺也. 羽高鏃低】四曰襄尺,【臣與君射, 讓一尺】五曰井儀,【四矢貫候, 如井形】此之謂五射也.

五射之名, 出《周禮》.【〈保氏〉文. 其目見先鄭注】

'오사'란 국자가 익히던 것이다. 백시란 화살이 과녁을 뚫어서 과녁의 뒤쪽에 하얀 촉이 보이는 모양을 말한 것이고, 삼련이란 먼저 한 발을 쏘고 나서 세 발을 연달아 쏘는 것이다. 화살 깃의 머리는 높고 촉은 낮게 하여 번쩍이며 날아가는 섬주, 신하가 임금과 함께 활을 쏘는데 임금과 나란히 서지 않고 한 척 뒤로 물러나는 양척, 화살 네 대로 사포를 꿴 모습이 우물 정자 모양인 정의를 가리킨다. 이를 '오사'라 한다.

'오사'란 말은 『주례』 「지관 보씨」 정현의 주석에 그 목록이 보인다.

| 역자 해설 |

'오사'란 나라의 왕자와 공경대부의 자제들에게 가르치던 교육 내용 중 하나로, 다섯 가지가 있었는데, 첫 번째가 오례, 두 번째가 육악, 세 번째가 오사, 네 번째가 오어, 다섯 번째가 육서이다. 그중 '오사'는 활쏘기를 가르치던 방법이다.

오어五御

五御者, 國子之所習也. 一鳴和鸞,【和, 鈴也. 鸞鳴和應】二逐水曲,【隨水勢】三過君表,【軍旅立門臬曰表】四舞交衢,【車在交道, 應舞節】五逐禽左,【驅獸使左, 君射之】此之謂五御也.

五御之名, 出《周禮》.【〈保氏〉文. 其目見先鄭注】

'오어'는 수레를 모는 법을 가르치던 것이다. 수레가 달릴 때 수레의 방울 소리가 서로 호응하게 모는 명화란, 골짜기의 절벽을 따라 수레를 몰되 물에 떨어지지 않게 하는 축수곡, 천자를 나타내는 표시나 자리를 지날 때 예의를 갖추는 과군표, 도로를 통과하면서 자유자재로 달려가는 무교구, 사냥에서 짐승을 쫓으면서 왼

쪽에서 활을 쏘아 잡는 축금좌를 말한다. 이를 '오어'라 한다.

'오어'란 말은『주례』「지관 보씨」정현의 주석에 그 목록이 보인다.

오행五行

五行者, 厚生之本也. 水曰潤下, 火曰炎上, 木曰曲直, 金曰從革, 土爰稼穡, 此之謂五行也.

五行之名, 出〈洪範〉.

'오행'이란 만물이 지극히 살아가는 근본이다. 수의 성질은 아래로 내려가 만물을 적셔 주며, 화의 성질은 위로 타오르며, 목의 성질은 굽고 곧으며, 금의 성질은 사람의 뜻에 따라 형태가 바뀌며, 토의 덕은 이에 작물을 심고 거둔다. 이를 '오행'이라 한다.

'오행'이란 말은『서경』「홍범」에 나온다.

| 역자 해설 |

『서경』「홍범」에 "金曰從革……從革作辛"이라는 문장의 주에, '금가이개경金可以改更'이라는 대목이 있어, 사람이 형태를 바꿀 수 있는 성질임을 알 수 있다.

오성五聲

五聲者, 樂音之別也. 宮以爲君,【聲至濁】商以爲臣,【聲次濁】角以爲民,【聲半淸半濁】徵以爲事,【聲稍淸】羽以爲物,【聲至淸】此之謂五聲也.

五聲之名, 出〈虞書〉.【其目見〈樂記〉】

'오성'이란 오음의 구별이다. 궁은 군주를 의미하고, 소리가 탁하다. 상은 신하를 의미하고, 다음으로 탁하다. 각은 백성을 의미하고, 반은 맑고 반은 탁하다. 치는 일을 의미하고, 소리가 맑다. 우는 만물을 의미하고, 소리가 지극히 맑다. 이를 '오성'이라 한다.

'오성'이란 말은 『서경』「우서」에 나온다. 그 목록은 『예기』「악기」에 보인다.

| 역자 해설 |

궁은 토에 속하고, 악기의 현絃에 가장 많은 81가닥의 실을 사용하여 소리가 지극히 탁하다. '오성' 중에 홀로 존귀하므로 군주의 상象이 된다. 상은 금에 속하니, 현에 72가닥의 실을 사용하여 소리가 궁 다음으로 탁하다. 그러므로 신하의 상이 된다. 각은 목에 속하니, 현에 64가닥의 실을 사용하여 소리가 반은 맑고 반은 탁하며 오성의 중앙에 있다. 그러므로 백성의 상이 된다. 치는 화에 속하니, 현에 54가닥의 실을 사용하여 그 소리가 맑고 백성과 일이 있으므로 일의 상

이 된다. 우는 수에 속하니, 현에 가장 적은 48가닥의 실을 사용하여 소리가 지극히 맑고 일을 하기 위해 물건을 사용하므로 물건의 상이 된다.

오색五色

五色者, 物采之辨也. 東方曰青, 南方曰赤, 西方曰白, 北方曰黑, 中央曰黃, 此之謂五色也.
五色之名, 出〈虞書〉.【其目見〈考工記〉】

'오색'이란 물의 색깔로 분별함을 말함이다. 동쪽은 청색, 남쪽은 붉은색, 서쪽은 백색, 북방은 검은색, 중앙은 노란색이다. 이를 '오색'이라 한다.

'오색'이란 말은 『서경』「우서」에 나오며, 그 목록은 『주례』「고공기」에 보인다.

| 역자 해설 |

'오색'의 예를 들어 보면, 중국 송나라의 축목이 편찬한 시문집인 『고금사문류취古今事文類聚』 7권에 '오색토'라는 말이 나온다. "천자는 오색토로 봉하여 사단을 만들고, 그에 따라 각 방위의 제후를 세워 주었다. 오색토로 봉한다는 것은 동쪽 지방의 제후에게는 청색

토를, 서쪽 지방의 제후에게는 백색토를, 남쪽 지방의 제후에게는 적색토를, 북쪽 지방의 제후에게는 흑색토를 봉하는 것이다."라고 하였다. 중앙의 황색토가 빠져 있는데, 그 이유는 천자를 상징하기 때문이다.

오취五臭

五臭者, 薌澤之別也. 羊臭曰羶, 炒氣曰焦, 芬芳曰香, 魚臭曰腥, 腐臭曰朽, 此之謂五臭也.

五臭之目, 見〈月令〉.

'오취'란 다섯 가지 냄새를 말한다. 양의 냄새인 노린내, 볶은 기름 냄새인 탄내, 꽃향기인 향내, 물고기의 비린내, 부패한 썩은 내이다. 이를 '오취'라 한다.

'오취'의 목록은 『예기』「월령」에 보인다.

오미五味

五味者, 精液之滋也. 酢味曰酸, 【酢, 醋同】 荼味曰苦, 蜜味曰甘, 辣味曰辛, 鹵味曰鹹, 此之謂五味也.

五味之目, 見〈洪範〉.

'오미'란 순수한 진액에서 나는 맛이다. 식초의 맛은 시고, 씀바귀의 맛은 쓰고, 꿀은 달고, 매운 고추는 맵고, 소금은 짜다. 이를 '오미'라 한다.

'오미'의 목록은『서경』「홍범」에 보인다.

五之類

오장 五臟

五臟者, 血氣之所藏也.【臟, 藏也】肝通於目, 心通於舌, 脾通於口, 肺通於鼻, 腎通於耳, 此之謂五臟也.

五臟之名, 出《黃帝素問》.

'오장'이란 사람의 장기이다. 간은 눈과 통하고, 심장은 혀와 통하며, 비장은 입과 통하고, 폐는 코와 통하고, 신장은 귀와 통한다. 이를 '오장'이라 한다.

'오장'이란 말은『황제소문』에 나온다.

| 역자 해설 |

『황제소문』은 중국에서 가장 오래된 의학책이다. 황제가 지었다고 하나, 진한 시대에 이루어진 것이라는 학설이 통설이다.

오관 五官

五官者, 心君之所治也.【官, 職也】耳曰司聽, 目曰司視, 鼻以嗅氣, 口以出言. 形以運動, 此之謂五官也.
五官之名, 出《荀子》.【陳澔〈學記〉注, 以耳·目·口·鼻·心, 爲五官, 非也】

'오관'이란 마음이 다스리는 다섯 가지 감각 기관이다. 귀는 들을 수 있고, 눈은 볼 수 있고, 코는 숨 쉬며, 입은 말을 하고, 몸은 움직인다. 이를 '오관'이라 한다.

'오관'이란 말은 『순자』에 나온다. 원나라 유학자 진호의 『예기』「학기」의 주석에 이·목·구·비·심을 오관이라 했는데, 이는 틀린 말이다.

| 역자 해설 |

다산은 진호가 「학기」 주석에 이·목·구·비·심을 오관이라 했는데 심을 오관에 넣은 것은 잘못된 것이며, 몸이 들어가야 한다고 보았다. 마음을 감각 기관에 넣을 수 없다는 말이다. 다산은 '신형묘합神形妙合'한 존재인 인간에게 감각 기관은 형形에 속하는 것들이고, 신神에 해당하는 것은 심으로 보았다.

오금 五金

五金者, 鑛採之品也. 黃金曰金, 白金曰銀, 赤金曰銅, 靑金曰鉛, 黑金曰鐵, 此之謂五金也.
五金之目, 見《漢書》註.【〈食貨志〉顔師古注】

'오금'이란 색깔로 구별되는 금속의 품별이다. 노란 금속은 금이고, 흰 금속은 은이며, 빨간 금속은 구리이고, 푸른 금속은 아연이며, 검은 금속은 철이다. 이를 '오금'이라 한다.

'오금'의 목록은 『한서』「식화지」 안사고의 주석에 보인다.

오옥 五玉

五玉者, 諸侯之贄也. 公執桓圭,【正方如宮形】侯執信圭,【信直也】伯執躬圭,【人身象】子執穀璧,【象養人】男執蒲璧,【象安人】此之謂五玉也.
五玉之名, 出〈虞書〉.【其目見〈大宗伯〉】

'오옥'이란 제후가 황제를 조회할 때에 쥐고 있는 폐백이다. '공'은 위 끝은 뾰족하고 아래는 네모난 환규를, '후'는 곧은 모양의 신규를, '백'은 사람이 그려진 궁규를, '자'는 양인을 의미하는 그림을

그린 곡벽을, '남'은 안인을 의미하는 그림을 그린 포벽을 잡는다. 이를 '오옥'이라 한다.

'오옥'이란 말은『서경』「우서」에 나오며, 그 목록은『주례』「대종백」에 있다.

| 역자 해설 |

참고로 안인安人은 조선시대에는 정7품·종7품 문·무관의 아내에게 주던 작위이다.

환규는 위 끝은 뾰족하고 아래는 네모난 모양이다. 신규는 곧은 막대 모양이고, 궁규는 사람 모양이 그려진 막대 모양이다.『예기집설대전』에 벽은 둥근 바퀴 모양으로 곡벽은 곡식이 그려져 사람을 기르는 뜻의 '상양인象養人'으로 표현되어 있고, 포벽은 사람을 편안히 한다는 의미를 담은 부들을 그려 '상안인象安人'이라 했다. 곡식이 사람을 기르는 뜻은 쉽다. 부들이 사람을 편안히 한다는 뜻은『중용장구』20장「애공문정」에 "蒲葦는 又易生之物이니 其成이 尤速也라"는 문장에서 '포蒲'를 정치의 효과가 바로 백성에게 미침을 표현하여 백성을 편안하게 하는 정치의 도리를 비유한 대목에서 알 수 있다. 그 뜻은 "부들과 갈대가 쉽게 잘 자라는 식물이니, 그 성장이 빠르다."로, 바른 정치의 빠른 효과가 백성을 편안히 함을 상징하는 부들이 포벽에 그려지게 된 것으로 보인다.

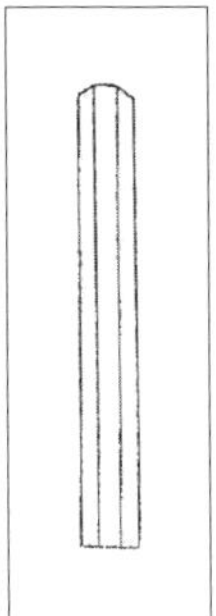
桓圭《三圖》

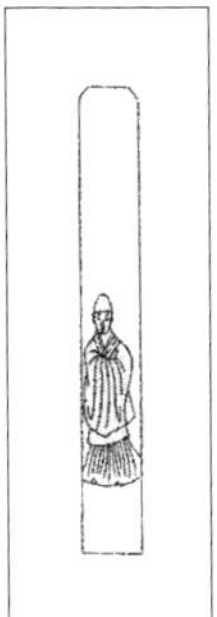
信圭《三圖》

躬圭《三圖》

穀璧《三圖》

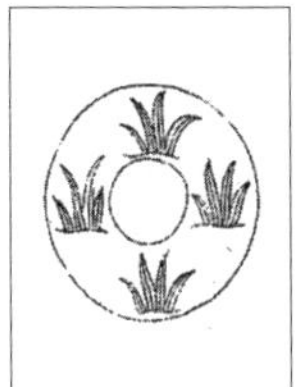
蒲璧《三圖》

< 『예기집설대전』 「곡례 하」 — 동양고전종합DB, 026501에서 발췌 >

오화 五火

> 五火者, 四時之改燧也. 春取楡柳, 【楡, 枌也】 夏取棗杏, 【棗, 棘也】 夏秋之交取桑柘, 【山桑也】 秋取柞楢, 【柞, 櫟也. 楢, 剛木也】 冬取槐檀, 【香木也】 此之謂五火也.
> 五火之目, 見《周禮》註. 【鄭玄〈司爟〉注, 本鄒衍之說】

'오화'란 사계절에 봉화를 올리는 재료들이다. 봄에는 흰 느릅나무와 버드나무를 쓴다. 여름에는 대추나무와 살구나무를 쓴다. 늦여름과 초가을에는 뽕나무와 산뽕나무를 번갈아 쓴다. 가을에는 떡갈나무와 마른 나무를 쓴다. 겨울에는 회화나무와 향나무를 쓴다. 이를 일러 '오화'라 한다.

'오화'의 목록은 『주례』의 주에 보인다. 정현의 「사관」 주에도 보이는데, 원래 추연(중국 전국시대 제나라 사상가로 음양오행설을 주장)의 설이다.

오지 五地

五地者, 生物之原也. 一曰山林, 二曰川澤, 三曰丘陵,【小山也】四曰墳衍,【墳, 高起也. 衍, 廣闊也】五曰原隰,【高平曰原, 下平曰隰】此之謂五地也.
五地之名, 出《周禮》.【〈大司徒〉】

'오지'란 산물이 나는 땅의 근원에 대한 분별이다. 첫째는 산림이고, 둘째는 천택이고, 셋째는 구릉으로 작은 산 지형이다. 넷째는 분연으로 분은 물가의 구릉지를 가리키고, 연은 평평한 평지를 가리킨다. 다섯째는 원습으로 높은 벌판이 '원'이고 낮은 진펄이 '습'이다. 이를 '오지'라 한다.

'오지'란 말은 『주례』 「대사도」에 나온다.

| 역자 해설 |

'오지'와 관련된 기록으로 『예기보주』 제6권 「월령」에 "천하를 지도로써 살펴 구주 전 지역에 대한 길이와 넓이의 수치를 두루 알아서

산림과 천택, 분연과 원습의 이름난 토산물들을 분별한다. 방국과 도都와 비鄙의 수를 구별하고, 경기 지방의 경계를 제정하여 도랑을 파고 흙을 높이 쌓아 올리며 사직의 담장을 설치하고 전지田地의 신神을 세워서 각각 전야에 마땅한 나무들을 가지고 사社나 야野의 이름을 정한다.(以天下土地之圖, 周知九州之地域廣輪之數, 辨其山林·川澤·丘陵·墳衍·原隰之名物; 而辨其邦國都鄙之數, 制其畿疆而溝封之, 設其社稷之壝而樹之田主. 各以其野之所宜木, 遂以名其社與其野)"라는 대목이 보인다.

오악五嶽

五嶽者, 中國之鎭山也.【嶽, 山宗】東曰泰山,【卽岱宗】西曰華山,【一作華】南曰霍山,【卽衡山】北曰恒山,【卽常山】中曰嵩高,【卽大室】此之謂五嶽也.
五嶽之名, 出《周禮》.【〈大宗伯〉. 其目見《爾雅》】

'오악'이란 중국의 명산들이다. 동쪽은 태산, 즉 대종이다. 서쪽은 화산, 남쪽은 곽산, 즉 형산이다. 북쪽은 항산, 즉 상산이다. 중앙은 숭고, 즉 대실(혹은 태실太室)로 숭산이다. 이를 '오악'이라 한다.

'오악'이란 말은『주례』「대종백」에 나온다. 그 목록은『이아』에 있다.

'대종에서 노닐다'는 죽음을 비유한다. 숭산의 세 봉우리 중에 동편에 있는 것은 태실太室, 서편에 있는 것은 소실少室이라고 한다.

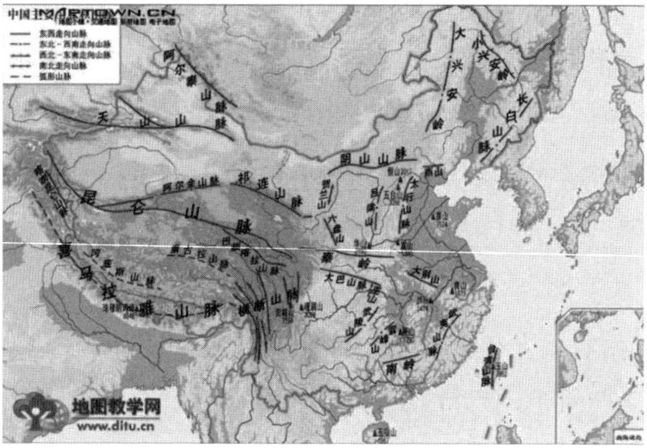

< 중국의 산, www.ditu.cn 참조 >

오곡五穀

五穀者, 禾稼之美也. 黍有秬芑,【黑曰秬, 白曰芑】稷有穄秫,【黏曰秫, 不黏曰穄】稻有秔穤,【黏曰穤, 不黏曰秔】菽曰大豆, 麥曰來牟, 此之謂五穀也.

五穀之名, 出《穀梁傳》.【其目見《周禮·職方》註. 〈太宰〉注, 以黍·稷·秫·稻·麻·二豆·二麥爲九穀】

'오곡'은 곡식 중에 가장 좋은 것들이다. 기장에는 검은 '거'와 하얀 '기'가 있다. 수수에는 맷수수인 '제'와 찰수수인 '출'이 있다. 벼에는 메벼인 '갱'과 찰벼인 '나'가 있다. 콩은 대두이고, 보리는 래모라 한다. 이를 '오곡'이라 한다.

'오곡'이란 말은『곡량전』에 나온다. 그 목록은『주례』「직방」의 주에 있다.「태재」의 주에서는 서·직·출·도·마·이두·이맥을 '구곡'으로 칭한다.

오과 五果

五果者, 木實之美也. 桃日句鼻,【句, 曲也】杏日扁核,【扁, 匾同】李日龍耳, 棗日雞心, 栗日黃玉, 此之謂五果也.
五果之名, 出《黃帝素問》.

'오과'란 나무의 과실로 가장 좋은 것들이다. 복숭아는 구비, 살구는 편핵, 자두는 용이, 대추는 계심, 밤은 황옥이라 한다. 이를 '오과'라 한다.

'오과'라는 말은『황제소문』에 나온다.

오로 五輅

五輅者, 天子之法駕也. 一曰玉路,【祭所乘】二曰金路,【封同姓】三曰象路,【封異姓】四曰革路,【封四衛】五曰木路,【封蕃國】此之謂五輅也.
五輅之名, 出《周禮》.【〈巾車〉文. 又重翟·厭翟·安車·翟車·輦車, 爲王后五輅】

'오로'란 천자의 수레이다. 첫 번째가 옥로로 제사용이다. 두 번째가 금로로 성이 같은 제후를 봉하는 데 쓴다. 세 번째가 상로로 성이 다른 제후를 봉할 때 쓴다. 네 번째가 혁로로 사위를 봉할 때 쓴다. 다섯 번째가 목로로 번국을 봉할 때 쓴다. 이를 '오로'라 한다.

'오로'란 『주례』「춘관」'건거巾車'에 나온다. 또 중적·염적·안거·적거·연거를 왕후의 '오로'라 한다.

| 역자 해설 |

『예기보주』 제1권 「곡례 상」의 주석에 '오로'에 대한 설명이 있다. "『주례』「춘관」'건거'에 왕의 오로는, 첫 번째는 옥로이니, 당로當盧를 하고 반영을 열두 겹으로 하고 열두 가닥의 술을 단 태상기太常旗를 세워서 제사를 지내는 데에 쓴다. 두 번째는 금로이니, 구鉤를 하고 반영을 아홉 겹으로 하고 대기大旂를 세워서 빈객의 회동에 쓰고 동성의 제후를 봉하는 데에 쓴다. 세 번째는 상로이니, 붉은색을 칠

한 굴레를 씌우고 반영을 일곱 겹으로 하고 대적기大赤旗를 세워서 조정에서 정무를 보는 데에 쓰고 이성의 제후를 봉하는 데에 쓴다. 네 번째는 혁로이니, 용무늬 굴레를 씌우고 잡색의 사대絲帶로 꾸민 반영을 다섯 겹으로 하고 태백기太白旗를 세워서 군사에 사용하고 사위를 봉하는 데에 쓴다. 다섯 번째는 목로이니, 옅은 흑색 반과 곡색(흰색) 영을 하고 태휘기太麾旗를 세워서 전렵에 쓰고 번국을 봉하는 데에 쓴다."

오병五兵

五兵者, 戎車之所建也. 平頭曰戈, 無刃曰殳, 三鋒曰戟, 有鉤曰酋矛,【二十尺】其長者夷矛,【二十四尺】此之謂五兵也. 五兵之名, 出《周禮》.【〈司兵〉文. 其目見〈考工記〉】

'오병'은 융거(전차)에 타던 병사들의 다섯 가지 병기이다. 양 칼날의 평두창인 과, 날이 없는 몽둥이인 수, 세 개의 칼날을 달아 맨 창(미륵창)인 극, 끝이 구부러진 긴 20척의 창인 추모, 길이가 24척의 긴 창인 이모를 말한다. 이를 '오병'이라 한다.

'오병'이란 말은 『주례』「사병」에 나온다. 그 목록은 「고공기」에 있다.

오복五服

五服者, 喪紀之精麤也. 一曰斬衰,【爲君父】二曰齊衰,【有三年, 有期】三曰大功,【九月也. 殤服七月】四曰小功,【五月也. 女紅曰功】五曰緦麻,【三月也】此之謂五服也.
五服之名, 出〈學記〉.【其目見《儀禮 · 喪服》】

'오복'이란 상에 있어서 정밀한 것과 거친 것으로 구별하는 제도를 말한다. 첫 번째 참최는 임금과 아버지를 위해 입고, 두 번째 자최는 3년을 입는다. 기한이 나뉘어 있다. 세 번째 대공은 9개월 입고, 상복殤服은 7개월이다. 네 번째 소공은 5개월 입고, 여자가 입는 상복은 공이라 한다. 다섯 번째 시마는 3개월을 입는다. 이를 '오복'이라 한다.

'오복'이란 말은 『예기』「학기」에 나온다. 그 목록은 『의례』「상복」에 있다.

| 역자 해설 |

'오복'이란 상복을 입음에 있어서 다섯 가지로 차등을 두는 제도를 말한다. 이는 가족과 친척 사이에 친소와 원근이 있어 차등을 두는 것으로, 상을 당한 사람이 죽은 사람과 어떠한 관계에 있는가에 따라 상복의 경중을 나타내고 상의 기간을 결정하는 것이다. 참최는 상복의 끝부분을 꿰매지 않은 채 입고 기한은 3년이며, 임금과 아버지에 해당하는 복이다. 자최는 거친 베로 만들되 아랫단을 좁게 접어서 꿰맨 상복으로 아들이 계모繼母나 자모慈母의 상에는 3년을 입고, 조부모상과 아내상에는 1년을 입는다. 대공은 9개월 동안 입는 상복을 말하는 것으로 사촌 형제, 결혼한 자매, 며느리, 손자와 손녀 등의 상을 당하였을 때 입는다. 상복殤服은 8세부터 19세 사이에 죽은 자녀에 대하여 입던 대공으로 7개월을 입는다. 소공은 5개월을 입는데 증조부모·백숙조부모·종백숙조부모, 형제의 아내, 외조부모·외숙 등의 상이 이에 해당한다. 여기서 공功은 바느질, 길쌈을 의미한다. 시마는 3개월의 상복으로 직계로는 고조부모, 처의 부모나 사위 등의 상을 당하여 이 상복을 입는다.

오기五紀

五紀者, 天時之大經也. 歲有寒暑, 月有晦朔, 日有晝夜, 星辰有次,【十二次】曆數有步,【推占也】此之謂五紀也.
五紀之名, 出〈洪範〉.

'오기'란 천시를 나타내는 법칙이다.(연·월·일·성신·역수를 통칭한 말로 1기紀는 12년으로, 5기는 60년을 이르는 말이다.) **『서경집전』에 "세는 사계절의 순서를 살피는 것이며, 월은 그믐날에서 초하루까지 살피는 것이며, 일은 바른 해의 궤도를 측정하는 것이며, 성신은 가로**

세로의 별의 위치와 황도黃道에 따라 별자리를 12개로 나눈 것을 측정하는 것이고, 역수는 돌아오는 운수를 예측하는 것이다. 이를 '오기'라 한다.

'오기'란 말은 『서경』「홍범」에 나온다.

오징五徵

五徵者, 君德之類應.【徵, 驗也】肅則時雨,【貌曰恭作肅】乂則時暘,【言曰從作乂】哲則時燠,【視曰明作哲】謀則時寒,【聽曰聰作謀】聖則時風,【思曰睿作聖】此之謂五徵也. 五徵之目, 見〈洪範〉.

'오징'은 군주의 덕이 나타나는 징험을 말한다.(여기서는 '휴징休徵'을 말하고 있다. '휴징'에는 우·양·욱·한·풍의 다섯 가지가 있다.) 외모가 안정되면 비가 알맞게 오고, 말이 이치에 맞으면 햇볕이 알맞게 비치고, 보는 것이 명철하면 기후가 알맞게 따뜻하고, 듣는 것이 총명하여 깊은 계책을 함축하고 있으면 추위가 알맞게 되고, 생각이 성스러우면 바람이 알맞게 부는 것이다. 이를 '오징'이라 한다.

'오징'의 목록은 『서경』「홍범」에 보인다.

| 역자 해설 |

'휴징'의 반대로 나타나는 징후인 '구징'은 다음과 같다. 군주가 외모가 망령되면 계속 비가 오고, 말이 법도에 어긋나면 계속 햇볕이 나고, 보는 것이 명철하지 못하여 결단을 제대로 내리지 못하면 계속 날이 뜨겁고, 듣는 것이 조급하여 계책이 모자라면 계속 춥고, 생각이 부족하여 우매하면 계속 바람이 부는 것을 말한다.

五之類

오복五福

五福者, 庶民之吉祿也. 一曰壽, 二曰富, 三曰康寧, 四曰攸好德,【樂其善】五曰考終,【得令終】此之謂五福也.
五福之名, 出〈洪範〉.

'오복'은 백성의 좋은 복을 말한다. 하나가 장수함, 둘이 부유함, 셋이 강령함, 넷이 덕을 좋아함으로 선함을 즐기는 것이고, 다섯이 수명을 다해 편히 죽음이다. 이를 '오복'이라 한다.

'오복'은 『서경』「홍범」에 나온다.

| 역자 해설 |

'오복'은 기주箕疇에 나온다. 기주는 '홍범구주洪範九疇'를 말한다. 구주를 기자箕子가 서술했다고 하여 '기주'라고 하였다. 그중에 장수, 부,

안녕, 호덕과 편히 죽는 것을 '오복'으로 들었다. 주나라 무왕이 은나라를 정벌한 뒤 기자를 방문하여 '이륜二輪'을 펴는 이치에 대해 질문하자, 이에 기자가 '홍범구주'로 답한 내용이다. 그 대강은 오행五行, 오사五事, 팔정八政, 오기五紀, 황극皇極, 삼덕三德, 계의稽疑, 서징庶徵, 오복육극五福六極이다.

오간五諫

五諫者, 忠臣之義也. 一曰譎諫,【以詭言悟主】二曰戇諫,【愚而朴】三曰降諫,【下其氣】四曰直諫,【無所諱】五曰諷諫,【風動之】此之謂五諫也.
五諫之名, 出《家語》.【《白虎通》又以諷諫·闚諫·順諫·指諫·陷諫爲五諫】

'오간'은 충신의 의로움이다. 하나는 휼간으로 완곡한 이야기로 깨우치는 것이고, 당간은 우직하고 꾸밈없이 간하는 것이고, 항간은 기세를 누그러뜨려 간하는 것이고, 직간은 거리낌 없이 간하는 것이고, 풍간은 조용히 감동하도록 간하는 것이다. 이를 '오간'이라 한다.

'오간'이라는 말은 『공가가어』에 나오는데, 『백호통』에서는 풍간·규간·순간·지간·함간을 '오간'이라 했다.

오청五聽

五聽者, 所以察獄訟也. 一曰辭聽,【不直則言煩】二曰色聽,【不直則色赧】三曰氣聽,【不直則息喘】四曰耳聽,【不直則聆惑】五曰目聽,【不直則視眊】此之謂五聽也.

五聽之名, 出《周禮》.【〈小司寇〉】

'오청'이란 옥사를 다스릴 때 관련인의 진술을 듣는 다섯 가지 방법으로, 첫째는 그 말을 듣는 사청, 둘째는 표정을 살피는 색청, 셋째는 숨소리가 고른지를 살피는 기청, 넷째는 그가 남의 말을 정확히 알아듣는지를 살피는 이청, 다섯째는 말할 때의 눈동자가 명료한지를 살펴보는 목청이다. 이를 '오청'이라 한다.

'오청'이란 말은『주례』「추관」'소사관'에 나온다.

오수五守

五守者, 先王之所以待刑人也. 墨者守門, 劓者守關, 宮者守內, 刖者守囿, 髡者守積,【倉廩也】此之謂五守也.

五守之目, 見《周禮》.【〈掌戮〉文, 〈祭統〉以煇胞翟閽爲四守】

'오수'란 옛날에 형벌을 받은 사람들에게 맡긴 일들이다. 이마에 먹물을 새겨 넣는 묵형을 당한 자가 문을 지키고, 코를 베는 의형을 당한 자가 관문을 지키고, 생식기를 제거하는 궁형을 받은 자가 궁내를 지키고, 발꿈치를 베는 월형을 당한 자가 동산을 지키고, 머리를 깎인 곤형을 당한 자가 노적(곳간)을 지킨다. 이를 '오수'라 한다.

'오수'의 목록은 『주례』「장륙」에 보인다. 『예기』「제통」에 훈·포·적·혼을 '사수'라 했다.

| 역자 해설 |

「제통」에 보이는 '사수'의 의미는 다음과 같다. 훈은 가죽을 다루어 갖옷을 만드는 사람이고, 포는 가축을 잡는 일을 맡은 사람이다. 적은 악기를 다루는 자이며, 혼은 문지기로 이들을 '사수'라 하였다.

오제五帝

五帝者, 上古之神聖也. 伏羲曰太昊,【配於春】神農曰炎帝,【配於夏】軒轅曰黃帝,【配中央】金天曰少昊,【配於秋】高陽曰顓頊,【配於冬】此之謂五帝也.

五帝之目, 見〈月令〉.

'오제'란 상고시대의 신성한 황제들이다. 복희는 태호로 봄에 배향되고, 신농은 염제로 여름에 배향되고, 헌원은 황제로 중앙에 배향되고, 금천은 소호로 가을에 배향되며, 고양은 전욱으로 겨울에 배향된다. 이를 '오제'라 한다.

'오제'의 목록은『예기』「월령」에 보인다.

| 역자 해설 |

'오제'란 중국 고대의 신성한 다섯 황제를 말하는데 복희·신농·황제·소호·전욱이라는 설, 황제·전욱·제곡帝嚳·요·순이라는 설, 소호·전욱·제곡·요·순이라는 설 등이 있다.

오좌 五佐

五佐者, 上古之賢臣也. 句芒司春,【少昊之子重】祝融司夏,【顓頊之子黎】后土居中,【共工子句龍】蓐收司秋,【少昊之子該】玄冥司冬,【少昊之子熙】此之謂五佐也.
五佐之目, 見〈月令〉.

'오좌'는 상고시대 현명한 신하들이다. 구망은 봄을 다스리는데 소호의 아들 중이다. 축융은 여름을 다스리는데 전욱의 아들 려이다. 후토는 중앙에 위치하는데 공공의 아들 구룡이다. 욕수는 가

을을 다스리는데 소호의 아들 해이다. 현명은 겨울을 다스리는데 소호의 아들 희이다. 이들을 '오좌'라 한다.

'오좌'의 목록은『예기』「월령」에 보인다.

| 역자 해설 |

'오좌'는 '오관五官'이라고도 하며, 옛날 오행을 관장하는 전설의 다섯 관리이다.『춘추좌씨전』「소공 29년」에 "오행을 맡은 관원을 오관이라고 하였다. 그들은 상공의 작위에 봉해지고, 제사를 지낼 때 귀한 신의 대우를 받았으며, 사직의 다섯 사신祀神으로서 높여지고 받들어졌다."라고 하였다. '구망'은 황제의 손자이자 소호의 아들인 '중'인데 오행 중에 목의 기운을 맡은 신으로, 봄을 관장한다. '축융'은 전욱의 아들로 이름이 '려'이며 화의 기운을 맡은 신으로, 여름을 관장한다. '후토'는 공공씨의 아들 '구룡'으로 토를 담당하며,『주례』「춘관 대종백」 주소註疏에 "구룡은 전욱의 토정土正으로 공공씨의 아들이다. 사社를 맡아 뒤에 토지의 신으로 제사를 받는다."라고 하였다. '욕수'는 황제의 손자이자 소호의 아들인 '해'인데 금의 기운을 맡은 신으로, 가을을 관장한다. '현명'은 황제의 손자이자 소호의 아들인 '희'인데 수의 기운을 관장하는 신으로, 겨울을 관장한다. 소호는 "중국 고대 제왕의 호로 성은 기己, 이름은 지摯이다. 황제黃帝의 아들로 어머니는 누조嫘祖이다. 태호太昊의 법을 닦았기 때문에 소호少昊라 하며, 금덕金德으로 왕 노릇을 하였으므로 금천씨金天氏라고 한다. 또는, 궁상씨窮桑氏·청양씨靑陽氏·운양씨雲陽氏라고도 한다.(『史記』「帝王本紀」)"

라고 쓰여 있다. 소호에게는 다섯 아들이 있는데 중重·려黎·해該·수脩와 희熙이다.

❀ 오성五聖 ❀

五聖者, 百世之師也. 孔子曰至聖,【字仲尼】顏子曰復聖,【回, 字淵】曾子曰宗聖,【參, 子輿】子思曰述聖,【伋】孟子曰亞聖,【軻】此之謂五聖也.
五聖之名, 出《大明會典》.

'오성'은 시대의 스승들로 공자는 지성으로 존숭되며, 자는 중니이다. 안자는 복성으로 존숭되며, 자는 안연이다. 증자는 종성으로 존숭되며, 이름은 삼, 자는 자여이다. 자사는 술성으로 존숭되며, 이름은 급이다. 맹자는 아성으로 존숭되며, 이름은 가이다. 이를 '오성'이라 한다.

'오성'이란 말은 『대명회전』에 나온다.

| 역자 해설 |

『대명회전』은 중국 명나라의 행정 법전으로 명나라 효종孝宗 홍치弘治 연간(1488~1505)에 서부徐溥 등이 칙명을 받아 편찬하여, 무종武宗 5년(1510)에 수정을 거쳐 반포된 법전이다.

❀ 오현 五賢 ❀

五賢者, 東國之先師也. 寒暄 金公,【名宏弼】一蠹 鄭公,【名汝昌】靜菴 趙公,【名光祖】晦齋 李公,【名彦迪】退溪 李公,【名滉, 字景浩】此之謂五賢也.
五賢之名, 出《文苑黼黻》.

'오현'은 조선의 존경받는 스승들로 문묘에 종사된 한훤당 김굉필, 일두 정여창, 정암 조광조, 회재 이언적, 퇴계 이황을 가리킨다. 이들을 '오현'이라 한다.

'오현'이란 말은 『문원보불』에 나온다.

| 역자 해설 |

『문원보불』은 정조 11년(1787)에 간행된 22권의 책으로 조선 초기 이후 홍문관 · 예문관의 문장을 모은 책이다.

❀ 오패 五霸 ❀

五霸者, 諸侯之盟主也.【霸, 伯也】齊有桓公,【名小白, 姜姓】晉有文公,【名重耳, 姬姓】秦有穆公,【名任好, 嬴姓】宋有襄公,【名玆父, 子姓】楚有莊王,【名旅, 芈姓】此之謂五霸也.

五霸之名, 出《孟子》.【其目見〈集註〉.《左傳》註云, 五伯者, 夏伯曰昆吾, 殷伯曰大彭·豕韋, 周伯曰齊 桓·晉 文, 未知孰是】

'오패'란 제후로 이름을 떨친 사람들이다. '패'는 으뜸이란 뜻이다. 제 환공은 이름이 소백이고, 성이 강이다. 진 문공은 이름이 중이이고, 성이 희이다. 진 목공은 이름이 임호이고, 성이 영이다. 송 양공은 이름이 자보이고, 성은 자이다. 초 장왕은 이름이 여이고, 성은 미이다. 이들을 '오패'라 한다.

'오패'란 말은 『맹자』에 나온다. 『맹자집주』에 그 이름이 나열되어 있다. 『좌전』에 오백은 하백 곤오, 은백 대팽·시위, 주백 제 환공·진 문공이라고 하는데, 누가 옳은지 알지 못하겠다.

| 역자 해설 |

'오패'란 춘추시대의 다섯 제후를 이르는 말이다. 오백五伯이라고도 한다. 제나라 환공은 이름은 소백이고, 강씨 백이伯夷의 후손이다. 진나라 문공은 이름은 중이이고, 희씨로 주나라의 후손이다. 부친인 헌공獻公이 여희驪姬를 사랑하여 태자인 형 신생申生을 죽이자, 그는 다른 나라로 피신하였다가 진秦나라의 도움으로 다시 돌아가서 왕위에 올라 제후의 맹주가 되었다. 진 목공은 진나라의 제9대 군주로, 성은 영이고, 이름은 임호이다. 백리해百里奚 등을 등용해 국정을 정

비하여 패자가 되었다. 송 양공은 성은 자이고, 이름은 자보兹甫이다. 송 환공桓公의 아들이고 송나라 성공成公의 부친이다. 송 양공과 관련된 고사로 '송양지인宋襄之仁'이란 말이 있는데, 양공이 초나라와 싸우던 때에, 사마司馬인 자어子魚가 몇 차례 먼저 공격하기를 청하였으나, 군자는 곤궁한 처지에 있는 사람을 공격하지 않는 법이라고 말하면서 상대편의 전투태세가 갖추어지기를 기다렸다. 양공은 결국 이 싸움에서 지고 부상을 당해서 목숨까지 잃었다. 그러므로 경우에 맞지 않은 작은 인정을 비웃을 때 송양지인宋襄之仁이라는 말을 쓴다.(『춘추좌씨전』「희공 22년」) 초 장왕은 초나라의 22대 군주로 본명은 여侶이고 성은 미이다. 초 장왕이 자기의 사신을 송宋나라에서 죽였다는 말을 듣자 격분한 나머지, "소매를 떨치고 일어나서 달려가느라, 신발은 궁전 앞 토방에서 신고, 칼은 침문 밖에서 허리에 차고, 수레는 포서라는 시가지에서 올라탔는데, 이렇게 해서 마침내 9월에 송나라를 포위하였다.(投袂而起 屨及於窒皇 劍及於寢門之外 車及於蒲胥之市 秋九月 楚子圍宋)"라는 '초자투메楚子投袂'의 고사가 『춘추좌씨전』「선공宣公 14년」에 나온다.

오호五胡

五胡者, 晉末之亂華者也. 胡者劉淵, 羯者石勒,【羯, 上黨地名, 匈奴別部, 入居之】氏者苻堅,【羌別種】羌者姚弋仲,

【西戎也】慕容廆起於鮮卑,【東胡名】此之謂五胡也.

五胡之名, 出《晉書》.

'오호'란 진나라 말에 중화(천하)를 어지럽힌 자들이다. 호족의 유연이 있고, 갈족의 석륵이 있는데 여기서 갈은 상당군의 지명이며 흉노족의 별도 부족이 들어가 살던 곳이다. 저족의 부견이 있는데 강족의 별족이다. 강족의 요익중은 서융이다. 모용외는 선비족, 즉 동호라 부른다. 이를 '오호'라 한다.

'오호'란 말은『진서』에 나온다.

| 역자 해설 |

'오호'란 진晉나라 무제武帝 사후에 왕실에서 내란이 일어 북방 소수민족 다섯 종족이 서로 이어가며 중원에서 황제를 칭했는데, 그것을 '오호'라고 부른다. 유연은 본디 호족, 즉 흉노족이었는데, 진나라가 혜제惠帝, 회제懷帝, 민제愍帝 연간에 황제의 자리를 놓고 골육상쟁을 벌이는 사이에 세력을 키워 대선우大單于라고 칭하였으며, 다시 나라를 세워 국호를 한漢이라 하고 황제를 칭하였다. 그 뒤 유연의 조카인 유요劉曜가 제위에 올라 국호를 조趙로 바꿨다. 석륵은 흉노족의 별종으로 산서성 남동부에 흩어져 살던 갈족 사람으로 5호 16국의 하나인 후조後趙를 세웠다. 서쪽 오랑캐라는 뜻의 서융이었던 요익중은 후진을 세웠다. 부견은 전진前秦의 임금 이름이다. 요익중과 부견은 둘 다 강족으로 원래는 저족이었다. 부견은 한족인 왕맹王猛을 대장

군으로 등용하여 부국강병을 이룩하였다. 모용외는 동쪽 오랑캐란 뜻의 동호라고도 불리는 선비족 출신으로, 요하 상류에서 일어나 부여를 공격해 동쪽으로 옮기게 하고, 또 요서 지방을 침략하여 지금의 금주錦州 부근에 있는 극성棘城에 전연前燕이라는 나라를 세웠다.

오계五季

五季者, 唐宋之僭主也. 一曰朱梁,【朱全忠】二曰後唐,【李克用】三曰石晉,【石敬瑭】四曰後漢,【劉知遠】五曰柴周,【郭威傳柴榮】此之謂五季也.

五季之名, 出《五代史》.

'오계'란 당·송 사이에 스스로 임금을 칭한 나라들이다. 첫째가 주전충의 주량이고, 둘째가 이극용의 후당이며, 셋째가 석경당의 석진이고, 넷째가 유지원의 후한이고, 다섯째가 곽위가 시영에게 왕위를 물려 준 시주다. 이를 '오계'라 한다.

'오계'란 말은 『오대사』에 나온다.

| 역자 해설 |

'오계'란 중국의 오대五代를 이르는 말이다. 당나라가 멸망하고 송나라가 일어나기 전까지 있었던 다섯 나라다. 주량(후량後梁)은 당나라 말기에 주전충이 황소黃巢의 난을 평정하고 그 공으로 각지의 절도사를 겸하는 실력자가 되었는데, 뒤에 황제 소종昭宗을 시해하고 한 아들을 황제로 옹립했다가 907년 폐위한 뒤 스스로 후량의 초대 황제 자리에 올랐다. 후당後唐은 당나라 말기의 무관 이극용이 사실상의 건국자이다. 황소의 난에 공을 세워 세력을 얻었으나, 주전충과 싸우다가 전사하였다. 그의 아들 이존욱李存勖은 후량을 뒤엎고 후당을 세웠다. 석진(후진後晉)은 석경당이 세웠는데, 하동河東에서 군대를 일으키면서 거란契丹에게 신하라고 아첨하며 지원을 요청하여 마침내 후진을 세웠다. 나중에 거란과의 화친을 배반하여 거란에 멸망당하였다. 후한은 후진이 거란에 멸망되자 유지원에 의해 세워졌으며, 즉위 후에 이름을 유고劉暠로 개명하였다. 후주는 곽위가 세웠다. 곽위는 후한에 벼슬하여 업군유수鄴郡留守가 되었는데 그때 마침 후한 은제隱帝가 죽고 거란의 침입이 있자, 태후는 곽위에게 명하여 거란을 막게 하였다. 곽위는 군사를 거느리고 전주澶州에 이르러 황제라 자칭하고 국호를 주라 하였다. 시영은 곽위의 처조카로 그를 이어 임금이 되었다.

오충五蟲

五蟲者, 動物之族也. 鳥曰羽蟲, 獸曰毛蟲, 魚曰鱗蟲, 被甲曰介蟲,【蟹鼈類】露體曰倮蟲,【蠶蚓類】此之謂五蟲也.

五蟲之名, 出〈月令〉.【本出《大戴禮》. 〈考工記〉又以脂者·膏者·羸者·羽者·鱗者爲五獸】

'오충'이란 다섯 종류의 동물이다. 새를 우충, 짐승을 모충, 물고기를 인충, 게나 자라 같은 갑각류를 개충, 누에나 지렁이 종류를 나충이라 한다. 이를 '오충'이라 한다.

'오충'이란 말은 『예기』「월령」에 나온다. 원래 『대재례』에 나온다. 「고공기」에 지(뿔이 있는 소나 양 등)·고(뿔이 없는 돼지 등)·나(털이 짧은 호랑이, 표범 등)·우(새 종류)·인(비늘이 있는 물고기류)을 '오수'라 했다.

오방 五方

五方者, 異物之所產也. 比目之魚出東方,【其名鰈】比翼之鳥出南方,【名鶼鶼】比肩之獸出西方,【其名蟨】比肩之民出北方,【迭望而迭食】軹首之蛇出中國,【名弩絃】此之謂五方也.

五方之名, 出《爾雅》.【〈釋地〉文】

'오방'은 기이한 생물들이 나는 지방이다. 비목어는 동방에서 나오는데 이름은 접이다. 비익조는 남방에서 나오는데 이름이 겸겸이

다. 비견수는 서방에서 나오는데 이름이 궐이다. 비견민은 북방에서 나오는데 번갈아 망보고 음식을 먹는다. 지수사는 중국에서 나오는데 이름이 노현이다. 이를 '오방'이라 한다.

'오방'이란 말은 『이아』「석지」에 나온다.

| 역자 해설 |

'비목어'는 이름이 접鰈인데 외눈박이 물고기를 말한다. 실제로 큰 것은 광어, 작은 것은 가자미를 의미하지만 가자미의 눈은 두 개이니 상상의 물고기이다. 눈이 한쪽에 붙어 있어, 짝을 하지 않으면 헤엄칠 수 없다고 한다. 접어가 많이 나는 우리나라를 접역鰈域이라 한다. '비익조(상상의 새)'는 이름을 겸겸이라고 하는데 이 새는 눈 하나와 날개 하나만 있어서 자웅이 짝을 짓지 않으면 날 수 없다는 새로 남방에서 난다고 한다. '비견수'라는 짐승은 궐이라 하는데, 앞발이 워낙 짧아 혼자는 달리지 못하므로, 항상 앞발이 긴 공공거허蛩蛩巨虛라는 짐승의 등에 업혀 다닌다고 하며 서방에서 난다고 한다. '비견민'은 어깨가 한쪽만 있어 둘이 붙어야 다닐 수 있다는 상상의 사람이다. 북방에 살며 번갈아 망보고 음식을 먹는다고 한다. '지수사'는 머리가 둘인 뱀으로 중국에 있는데 '노현'이라 한다.

오위五衛

五衛者, 我邦之軍制也.【國初之制也. 今廢】中衛曰義興, 左衛曰龍驤,【左靑龍】右衛曰虎賁,【右白虎】前衛曰忠佐, 後衛曰忠武, 此之謂五衛也.

五衛之名, 出《經國大典》.

'오위'란 우리나라의 군제이다. 나라 초기에 만들어진 제도로 지금은 폐지되었다. 중위는 의흥이라 하고, 좌위는 용양(좌청룡)이라 하고, 우위는 호분(우백호)이라 하고, 전위는 충좌라 하고, 후위는 충무라 한다. 이를 '오위'라 한다.

'오위'라는 말은 『경국대전』에 나온다.

| 역자 해설 |

조선 초·중기에 있던 군사조직이 '오위'이다. 한 위는 다섯 부部, 한 부를 네 통統으로 나누어 전국의 군사가 모두 여기에 속하였다. 16세기 이후 군역을 대신하는 수포대역제收布代役制가 성행하면서 '오위'의 근간이 무너지고, 임진왜란 이후에 훈련도감을 비롯한 '오군영'이 설치되어 중앙군 중심으로 재편되면서 없어졌다.

오부五部

五部者, 我邦京邑之制也. 一曰中部, 二曰東部, 三曰西部, 四曰南部, 五曰北部, 此之謂五部也.
五部之名, 出《輿地勝覽》. 【此本高句麗之制也. 《後漢書》云:"高句驪有五部, 卽內部·東部·西部·南部·北部也. 其內部一名黃部, 其四部一名左·右·前·後部】

五之類

'오부'란 우리나라의 수도를 구분한 제도이다. 첫째 중부, 둘째 동부, 셋째 서부, 넷째 남부, 다섯째 북부이다. 이를 '오부'라 한다.

'오부'라는 말은『여지승람』에 나온다. 이는 고구려의 제도를 계승한 것인데,『후한서』에 "고구려에는 오부가 있어, 내부·동부·서부·남부·북부를 두었다. 내부는 일명 '황부'라고 하고 나머지 4부도 좌부·우부·전부·후부라 하였다."라고 되어 있다.

| 역자 해설 |

'오부'란 1394년 10월에 태조가 한양으로 도읍을 옮긴 뒤 설치한 행정 구역 및 행정 관청을 말한다. 한양을 중·동·서·남·북의 오부로 구분하고 그 부 내의 법 집행과 재판·도로관리·금화禁火·택지宅地 등의 일을 관리하기 위한 관아를 세워 '부'라 하였다.

육지류六之類【사십조四十條】

육경六經

六經者, 先聖載道之器也.【經, 常也】《易》以道化,【主乎變】《書》以道事,【述正事】《詩》以達意,【言其志】《禮》以節人,【不相踰】《樂》以發和,【宣其鬱】《春秋》以道義,【正倫義】此之謂六經也.

六經之目, 見《經解》.【又詳《史記·自序傳》.《樂書》亡不傳, 故漢時只有五經博士】

'육경'은 옛 성현들이 도의 그릇으로 완성한 것이다. 경이란 떳떳하고 항구하다는 뜻이다. 『역경』은 도의 변화를 설명하고, 『서경』은 도의 바른 일을 보여 주고, 『시경』은 도의 뜻을 이해하도록 하며, 『예경』은 사람에 대한 예절이 벗어나지 않도록 하며, 『악경』은 조화를 세워 아름다움을 널리 펼치며, 『춘추』는 사람이 마땅히 행해야 할 도덕의 의리를 밝혔다. 이를 '육경'이라 한다.

'육경'의 목록은 『경해』에 보인다. 또 『사기』「자서전」에 상세하다. 지금은 전하지 않는 『악서』의 내용에 한나라 때 오경박사가 있었다고 한다.

오경박사라고 하는 학관學官 제도는 이미 전국시대의 여러 나라에 있었다. 진秦의 시황제 때 이미 다수의 박사가 있었고, 진의 제도를 받아 이은 한나라도 숙손통叔孫通을 비롯하여 여러 종류의 박사를 두었다. 한의 문제와 경제景帝 때에는 이미 유학에 관하여 『시경』, 『서경』, 『춘추』에 대한 '박사관'이 설치되어 있었던 것으로 보인다. 그것을 오경박사로 만든 것은 무제武帝 때 동중서董仲舒에 의해서이고, 실제로 오경박사가 설치된 것은 건원建元 5년(기원전 136)의 일이라고 하는 것이 통설이다.

육시六詩

六詩者, 詩體之別也. 諷咏曰風, 敷陳曰賦, 譬喻曰比, 起感曰興, 正言曰雅, 容狀曰頌, 【形容其盛德】 此之謂六詩也. 六詩之名, 出《周禮》. 【〈太師〉文】

'육시'란 시 문체의 구별이다. 노래를 읊조림은 풍이라 하고, 늘여서 말하는 것은 부라 하고, 비유하여 표현함을 비라 하고, 감정을 일으키는 것은 흥이라 하고, 바로 잡는 말은 아(아 중에 풍이 섞인 것이 소아, 아의 순정한 것이 대아)**라 하고, 크고 훌륭한 덕을 형용하는 것을 송이라 한다. 이를 '육시'라 한다.**

'육시'란 말은 『주례』「태사」에 나온다.

육체六體

六體者, 書體之別也. 垂法曰典, 矢謀曰謨, 【矢, 陳也】喩告曰誥, 教戒曰訓, 軍旅曰誓, 封爵曰命, 此之謂六體也.
六體之名, 出蔡沈《書傳》. 【孔穎達竝計貢·歌·征·範爲十例. 《周禮·大祝》以祠·命·誥·會·禱·誄爲六辭】

'육체'란 『서경』의 여섯 종류의 문체로 전·모·고·훈·서·명의 서체의 구별이다. 수법은 전이라 하고, 시모는 모라 하는데, 시란 베풀다라는 뜻이다. 유고는 고라 하고, 교계는 훈이라 하고, 군려는 서라 하며, 봉작은 명이라 한다. 이를 '육체'라 한다.

'육체'란 말은 채침의 『서전』에 나온다. 공영달은 여기에 계공·가·정·범을 합쳐서 십례라 하였다. 『주례』「대축」에서는 사·명·고·회·도·뢰를 육사라 하였다.

| 역자 해설 |

전은 요순 두 임금의 덕으로 하는 가르침을 기록한 것으로서 요전·순전의 이전二典이 있고, 모謨로는 대우大禹·고요皐陶·익직益稷의 삼모가 있는데, 이들이 임금과 더불어 의논한 것을 기록한 것이며, 훈

은 훈계의 글로 이윤伊尹이 태갑太甲을 간諫하고 훈계한 문체로 이훈伊訓이 있다. 고는 여러 사람들 앞에서 고하는 것을 기록한 것으로서 중훼지고仲虺之誥·탕고湯誥·대고大誥·강고康誥·주고酒誥·소고召誥·낙고洛誥·강왕지고康王之誥가 있다. 군사에게 명하는 것을 서라 한다. 작위를 내리는 것을 명이라 한다. 공영달은 당나라 기주, 형수衡水 출신으로 당 태종의 명을 받아 안사고顔師古, 사마재장司馬才章, 왕공王恭 등과 함께 『오경정의五經正義』를 편찬한 사람이다.

육서六書

六書者, 文字之法也. 一曰象形,【日月類】二曰會意,【武信類】三曰轉注,【考老類】四曰處事,【上下類】五曰假借,【令長類, 一字兩用】六曰諧聲,【江河類, 左形右聲】此之謂六書也.
六書之名, 出《周禮》.【〈地官〉·〈保氏〉文. 其目見鄭〈註〉】

'육서'란 글자의 구성과 사용에 관한 법칙이다. 하나는 상형으로 물체의 모양에 따른 방식으로 일·월 등이 있고, 두 번째는 회의로 무·신 등이 이런 종류이다. 세 번째는 전주로 비슷한 종류의 부수를 가지고 하나의 글자를 만들어 의미를 나타내는데, 고·노 등의 경우이다. 네 번째는 처사로 지사라고도 하며, 추상적으로 사물의 뜻을 나타낸 것인데, 보면 바로 알 수 있는 상·하 등이 있다. 다섯 번째는 가차로 다른 문자를 빌려 음과 의미를 쓴 것인데, 령·장 등으로 한 글자를 두 가지로 사용한다. 여섯 번째는 해성으로 형성문자라고도 하는데, 기성 문자에서 소리와 형태로 이름을 쓰고, 소리를 빌려 나타낸 것으로, 강·하 등이 있다. 이를 '육서'라 한다.

'육서'란 말은 『주례』「지관 보씨」에 나온다. 그 목록은 정현의 주에 있다.

육례 六禮

六禮者, 婚姻之儀節也. 一日納采,【采, 擇也】二日問名,【問女名, 將卜吉凶】三日納吉,【卜而告吉兆】四日納徵,【徵, 成也. 卽今之納幣】五日請期,【告期日】六日親迎,【卽日迎而歸】此之謂六禮也.

六禮之目, 見〈士昏禮〉.【〈王制〉又以冠·昏·喪·祭·鄕·相見爲六禮】

'육례'란 혼인의 절차와 예절이다. 첫 번째는 납채로 신랑 쪽에서 신부 쪽에 혼인의 의사를 통보하는 것이고, 두 번째는 문명으로 신부의 운수를 점칠 때 신부 모친의 성명을 묻는 것이다. 세 번째는 신랑 쪽에서 점을 쳐서 길괘가 나왔다고 신부 쪽에 알리는 납길, 네 번째는 신부의 집에 폐백을 보내는 납징, 다섯 번째는 청기로 신랑 측에서 신부 측에 혼인 날짜를 묻는 절차이고, 여섯 번째는 신랑이 신부의 집에 가서 신부를 맞아 오는 친영이다. 이를 '육례'라 한다.

'육례'의 목록은 「사혼례」에 보인다. 또 「왕제」에 관·혼·상·제·향·상견의 육례가 있다.

육악六樂

六樂者, 帝王象德之舞也. 黃帝曰〈雲門〉,【卽大卷】堯曰〈咸池〉,【卽大章】舜曰〈大韶〉,【卽大磬】禹曰〈大夏〉,【韶, 紹也. 夏, 大也】湯曰〈大濩〉,【或作頀】周曰〈大武〉,【武王樂】此之謂六樂也.

六樂之名, 出《周禮》.【〈大司樂〉】

'육악'이란 제왕의 덕을 형상화한 춤이다. 황제는 운문, 즉 대권이고, 요는 함지, 즉 대장이다. 순은 대소로 대소大磬(큰 풍류)이다. 우는 대하로 소는 잇다의 뜻이며, 하는 크다의 뜻이다. 탕은 대호 혹은 작호라 한다. 주나라의 음악은 대무로 무왕의 악이다. 이를 '육악'이라 한다.

'육악'이란 말은 『주례』「대사악」에 나온다.

| 역자 해설 |

운문은 황제의 춤으로 황제의 덕이 구름이 생성되는 것과 같이 뭉쳐 피어오르는 듯하여 붙은 이름이다. 요임금의 춤과 음악인 함지(대장)는 '멀리 펼치다'의 뜻으로 『예기』「악기」에 "대장은 문명을 널리 폈다.(大章 章之也)"라고 하였다. 순임금의 춤과 음악인 대소는 순임금이 요임금의 덕을 계승하였기 때문에 이을 소韶라고 하였고, 우임금은 치수를 잘하여 중국을 넓혔기 때문에 크다는 뜻으로 하夏라고 하였다. 탕임금의 춤과 음악은 대호로 탕임금이 이윤伊尹에게 명하여 지은 음악을 말한다. '대루大韄'라고도 한다. 대무는 주나라 무왕이 은나라 주紂를 토벌하고 지은 음악이다.

육무六舞

六舞者, 國子幼年之所習也. 全羽曰帗舞,【玄云:"析采繒."】析羽曰羽舞, 冒羽曰皇舞,【皇翌同】執氂曰旄舞,【旄牛尾】執干曰干舞,【此武舞】無所執曰人舞,【以手袖】此之謂六舞也. 六舞之名, 出《周禮》.【〈樂師〉文】

'육무'란 왕세자와 공경대부의 자제들이 어릴 적 익히던 춤이다.

전우는 불무인데 정현은 '석채증'이라 했다. 석우는 우무이고, 모우는 황무로 황황과 같다. 집리는 모무로 모는 우미다. 집간은 간무를 말한다. 이는 무무이다. 아무것도 잡지 않고 추는 춤이 인무이다. 소매를 잡는다. 이를 '육무'라 한다.

'육무'란 말은 『주례』「악사」에 나온다.

| 역자 해설 |

'육무'는 성인이 되기 전의 춤으로 20세에 관례를 행하고 성인이 되어 추게 되는 황제의 운문과 대권, 요의 함지, 순의 대소, 우의 대하, 탕의 대호, 무왕의 대무와 상대되는 것이다. 『주례』「춘관 악사」에 "악사는 소학의 정사를 관장하여 국자에게 소무를 가르친다. 온전한 새의 깃으로 만든 오색 깃발을 들고 사직에서 추는 춤을 불무라 하는데 후한 때의 경학가인 정현은 '붉은 다섯 가지의 채색 비단을 쪼개어 만든 것'이라 하였다. 새의 깃을 쪼개어 만든 깃발을 들고 추는 춤이 우무, 봉황의 깃으로 장식된 갓을 쓰고 추는 춤이 황무이다. 황翌은 봉황이라는 뜻이다. 꿩 깃 혹은 쇠꼬리를 손에 쥐고 추는 춤으로 모무가 있는데, 모旄는 긴 털이라는 뜻이다. 방패를 쥐고 추는 간무는 무예의 춤이다. 아무것도 잡지 않고 맨손으로 추는 춤은 인무로 소매에 팔을 웅크리고 춘다."라고 하였다.

六之類

육술六術

六術者, 喪服之義理也. 一曰親親, 二曰尊尊,【爲君服】三曰貴名,【從父從母類】四曰出入,【女適人男爲人後】五曰長幼,【三殤服】六曰從服【屬從徒從等】此之謂六術也.
六術之名, 出《禮大傳》.

'육술'이란 상복의 뜻과 준칙이다. 첫째는 친친이고, 둘째는 존존이다. 임금의 상을 당하여 입는 상복이다. 세 번째는 귀명으로 아버지를 따르고, 어머니를 따르는 것들이다. 네 번째가 출입으로 시집간 여자나 남의 후사가 된 남자의 경우에 달라지는 상복이다. 다섯 번째가 장유로 삼상복이 있다. 여섯 번째는 종복으로 속종과 도종 등이다. 이를 '육술'이라 한다.

'육술'이란 말은『예기』「대전」에 나온다.

| 역자 해설 |

친친은 친한 사람, 친족을 친애하는 도리이고, 존존은 존경할 만한 사람을 존경하는 도리이다. 여기서의 친친은 군왕과 친족 관계인 왕족의 의복 의리를 뜻하고, 관료가 군왕을 위해 입는 의복은 존존의 원칙을 뜻한다. 친친과 존존 관련 논쟁은 조선의 예송논쟁에서 대왕대비가 왕위를 계승한 손자(왕)의 서거 시에 1년 복을 입어야 하는지 3년 복을 입어야 하는지 하는 논쟁들에 등장한다. 귀명이란 이름을

귀하게 여겨 따르는 것을 말한다. 출입이란 결혼 혹은 입양에 의해 친족에 들고 나감에 따른 구별을 말한다. 장유란 나이 든 사람의 장례와 어려 죽은 장례의 경우를 구별하는 것이다. 『상변통고』에 「삼상복」에 대해 나온다. "무릇 상殤을 위한 상복은 차례로 한 등급 강복한다. 「상복 전傳」에 대공의 상殤에서 중상(젊은 나이의 상)은 상상(나이든 상)을 따르고, 소공의 상殤에서 중상은 하상(어려서 죽은 상)을 따른다."라고 되어 있다. 속종은 친속 관계를 따져서 상복을 따라 입는 것으로, 속屬은 골혈骨血이 이어져서 친족이 된다는 뜻으로, 세 가지 종류가 있는데, 첫째는 아들이 모친을 따라 모친의 일가를 위해 입는 복이고, 둘째는 처가 남편을 따라 남편의 일가를 위해 입는 복이고, 셋째는 남편이 처를 따라 처의 일가를 위해 입는 복이다. 또 도종은 친족 관계는 없으나 그냥 남을 따라서 입는 복을 말한다.

『예기』「대전」에 "服術有六: 一曰親親, 二曰尊尊, 三曰名, 四曰出入, 五曰長幼, 六曰從服."으로 나와 있다.

육예六藝

六藝者, 國子之所肄習也. 禮有節文, 樂有章族,【族, 奏也】射以中鵠, 御以調馬, 書別偏旁, 數別乘除, 此之謂六藝也. 六藝之名, 出《周禮》.【〈保氏〉文. 又見〈大司徒〉. 《史記》·《漢書》以六經爲六藝】

'육예'란 왕세자와 공경대부의 자제들이 연습하여 익히던 것들이다. 예에 절문이 있고, 악에 장족이 있는데 족은 펼치다의 뜻이다. 활쏘기는 중곡하고, 어는 조마하고, 서에서 편방을 구별한다. 수는 승제를 구별한다. 이를 '육예'라 한다.

'육예'란 말은 『주례』「보씨」에 나온다. 또 「대사도」, 『사기』, 『한서』에 '육경'을 일컬어 '육예'라 했다.

| 역자 해설 |

'육예'란 왕세자와 공경대부의 자제들이 연습하고 익히던 과목들이다. 예로 알맞은 문장 규정을 익히고, 악은 악곡을 연주하는 것이며, 활쏘기는 가운데 과녁을 쏘고, 말을 다스려 타기를 하고, 편방은 글자의 좌변과 우방을 잘 가려 쓰는 것을 말하고, 승제란 적은 수를 모아 큰 수를 만들거나 큰 수를 적은 수로 약식 표기하는 셈법으로, 이를 수라 한다.

육덕六德

六德者, 國子之所自修也. 明事曰知, 愛人曰仁, 通事曰聖, 制宜曰義, 實心曰忠, 平志曰和, 此之謂六德也.

六德之名, 出《周禮》.【〈大司徒〉】

'육덕'이란 왕세자와 공경대부의 자제들이 스스로 수양하던 것들이다. 일을 밝게 아는 것을 지라 하고, 사람을 사랑하는 것을 인이라 하며, 일에 막힘 없이 통함을 성이라 하고, 상황에 따라 알맞음을 의라 한다. 진심으로 마음을 다하는 것을 충이라 하고, 뜻을 다스림을 화라 하니 이를 '육덕'이라 한다.

'육덕'이란 말은『주례』「대사도」에 나온다.

육행六行

六行者, 國子之所服行也. 善於父母曰孝, 善於兄弟曰友, 親於九族曰睦, 厚於姻戚曰婣,【婣音因】信於朋友曰任, 周於貧困曰恤, 此之謂六行也.
六行之名, 出《周禮》.【〈大司徒〉】

'육행'이란 왕세자와 공경대부의 자제들이 받들어 실천하던 것들이다. 부모에게 최선을 다하는 것을 효라 하고, 형제 사이에 최선을 다하는 것을 우라 하며, 일가친척들과 가깝게 지내는 것을 목이라 한다. 외가와 아내의 친척들에게 정성으로 대하는 것을 인이라 하고, 학우와 친구들에게 신뢰로 대하는 것을 임이라 하고, 가난하고 어려운 처지에 있는 사람들에게 베푸는 것이 휼이다. 이를 '육행'이라 한다.

'육행'이란 말은 『주례』「대사도」에 나온다.

육용六容

六容者, 國子所學之威儀也. 祭祀之容尙穆穆,【嚴而和】賓客之容尙肅肅,【恪而敬】朝廷之容尙濟濟,【整而敏】喪紀之容尙纍纍,【羸憊貌】軍旅之容尙暨暨,【果毅貌】車馬之容尙翼翼,【閑整貌】此之謂六容也.

六容之名, 出《周禮》.【〈保氏〉文. 散見於〈玉藻〉·〈少儀〉】

'육용'이란 왕세자와 공경대부의 자제들이 배우는 예에 맞는 몸가짐과 표정이다. 제사를 드릴 때는 위엄 있고 숙연해야 하고, 손님을 맞이할 때는 삼가고 공경하는 태도로 대해야 하고, 나라의 국사를 논하는 곳에 나아가서는 엄숙하고 민첩해야 하며, 상을 치르는 용모는 여위고 고달픈 모습으로 하며, 군을 통솔함에는 과감하고 굳센 의지를 보여야 한다. 수레와 마차를 타는 때에는 조심스럽고 세심함으로 대해야 한다. 이를 '육용'이라 한다.

'육용'이란 말은 『주례』「보씨」에 나온다. 「옥조」, 「소의」에도 나온다.

육관 六官

六官者, 王者之佐卿也. 冢宰曰天官,【掌邦治】司徒曰地官,【掌邦教】宗伯曰春官,【掌邦禮】司馬曰夏官,【掌邦政】司寇曰秋官,【掌邦刑】司空曰冬官,【掌邦事】此之謂六官也. 六官之名, 出《周禮》.【〈小宰職〉. 我邦以吏·戶·禮·兵·刑·工爲六曹】

'육관'이란 왕을 보좌하는 고위 관료이다. 총재는 천관을 말한다. 나라의 국정 전반을 책임졌다. 사도는 지관을 말하는데 나라의 교육을 관장했다. 종백은 춘관으로 나라의 예법과 제례의식을 책임졌다. 사마는 하관으로 정치를 주관했다. 사구는 추관으로 나라의 형벌을 집행 관리했다. 사공은 동관으로 나라의 공사를 관장했다. 이를 '육관'이라 한다.

'육관'이란 말은 『주례』「소재직」에 나온다. 우리나라의 관제로 보면 이조·호조·예조·병조·형조·공조의 육조에 해당한다.

| 역자 해설 |

『경세유표』에서 다산은 '육관'을 이렇게 설명한다. "1. 천관天官 이조吏曹로 소속기관은 20, 나라의 다스림을 관장한다. 2. 지관地官 호조戶曹로 소속기관은 20, 나라의 교육을 관장한다. 3. 춘관春官 예조禮曹로 소속기관은 20, 나라의 예禮를 관장한다. 4. 하관夏官 병조兵曹로 소속

기관은 20, 나라의 군정軍政을 관장한다. 5. 추관秋官 형조刑曹로 소속기관은 20, 나라의 형벌을 관장한다. 6. 동관冬官 공조工曹로 소속기관은 20, 나라의 공사工事를 관장한다. 무릇 6조曹에 소속된 관장은 큰 일은 그 조에 아뢰어 처리하고 작은 일은 전결한다."

❈ 육공六工 ❈

六工者, 攻治六材之人也. 摶埴日土工,【陶人·旊人等】鍛冶日金工,【其別六】刮摩日石工,【玉人·磬人等】梓匠日木工,【其別七】鞄鞾日獸工,【攻皮者】畫繢日草工,【取藍茜以染】此之謂六工也.

六工之名, 出〈曲禮〉.【〈考工記〉有木·金·皮·土·設色·刮摩等六工, 卽此六工也. 〈考工記〉築·冶·鳧·栗·段·桃爲攻金六工】

'육공'이란 여섯 가지 나라의 자원을 관장하는 벼슬이다. 단식은 토공으로 도인과 와인 등이다. 단야는 금공으로 여섯 가지 구별이 있다. 괄마는 석공으로 옥인·경인 등이다. 재장은 목공으로 일곱 가지 구별이 있다. 포운은 수공으로 가죽을 다루는 사람이다. 화궤는 초공으로 남·천으로 염색을 했다. 이를 '육공'이라 한다.

'육공'이란 말은 『예기』「곡례」에 나온다. 『주례』「고공기」에 목·

금·피·토·설색·괄마 등의 여섯 장인을 일러 육공이라 했다. 또 축·치·부·율·단·도로 구별된 금속 가공을 '육공'이라고 했다.

| **역자 해설** |

단식은 토공으로 도자기 장인과 그릇 장인 등이다. 단야는 금공으로 금속을 다룬다. 여섯 가지 주요 금속인 금·은·주옥·동·납·철의 야주冶鑄, 도와陶瓦, 권형權衡 등과 관련한 일을 했다. 괄마는 석공이다. 옥을 다듬거나, 악기용 경석을 만든다. 재장은 목공으로 『경국대전』에는 수레장(車匠), 선장(舟匠), 통장桶匠, 풍물장風物匠 등의 구별이 명시되어 있다. 다산이 말하는 일곱 가지 구별은 확인되지 않는다. 포운은 수공으로 가죽 장인이다. 수공 중에 '함函'은 갑옷을 만드는 자이고, '포鮑'는 가죽을 다스려서 갑옷을 만드는 데 제공하는 자이고, '운韗'은 가죽을 가지고 북을 만드는 자이고, '위韋'는 무두질한 가죽으로 옷과 매겹韎韐(가죽으로 만든 붉은색 폐슬)을 만드는 자이고, '구裘'는 털을 그대로 가지고 있는 여우 갖옷의 등속을 이른다. 화궤는 초공으로 쪽 풀과 꼭두서니 풀 등으로 염색을 담당했다. 초공에 대해 정현은 『예기』「곡례」 주석에서 갈대를 짜서 기물을 만드는 공인을 말한다고 했다.

육공六功

六功者, 邦國記功之法也. 王功曰勳,【輔成王業若周公】國功曰功,【保全國家若伊尹】民功曰庸,【法施於民若后稷】事功曰勞,【以勞定國若大禹】治功曰力,【制法成治若皐陶】戰功曰多,【克敵出奇若呂尙】此之謂六功也.
六功之目, 見《周禮》.【〈司勳〉文】

'육공'이라는 것은 제후국에서 공적을 기록하는 제도이다. 왕의 공은 훈이라 하는데 어린 성왕을 도와 왕업을 이룬 주공이 그 예이다. 국공의 공을 공이라 하는데 이윤이 대표적이며 상나라 탕왕을 비롯해 두 아들인 외병外丙·중임中壬 두 왕을 계속해서 보좌해서 나라를 보존했다. 백성의 공은 용이라 하는데 후직이 한 농사를 백성에게 가르쳐 준 공적이다. 사공은 노라 하는데 대우처럼 왕이 되기 전 홍수를 다스려 나라를 편안하게 만드는 일의 공이다. 치공을 역이라 하는데 법을 세우고 정치를 완성한 고요가 그 예이다. 전공은 다라 하는데 강태공으로 유명한 여상처럼 적을 물리치는 데 특출했던 인물의 공이다. 이를 '육공'이라 한다.

'육공'의 내용은 『주례』「사훈」에 보인다.

육종六宗

六宗者，天子之小祀也．一曰泰昭，【祭四時】二曰坎壇，【祭寒暑】三曰王宮，【祭日也】四曰夜明，【祭月也】五曰幽宗，【祭星也】六曰雩宗，【祭水旱】此之謂六宗也．
六宗之名，出〈虞書〉．【其目見〈祭法〉．馬融·鄭玄等所論六宗之名，不止一二．今竝略之】

'육종'이란 천자의 작은 제사이다. 첫째는 태소로 사시에 드리는 제사이고, 둘째는 감단으로 한서에 드리는 제사이고, 셋째는 왕궁으로 해에 드리는 제사이고, 넷째는 야명으로 달에 드리는 제사이다. 다섯째는 유종으로 별에 드리는 제사이고, 여섯째는 우종으로 수한에 드리는 제사이다. 이를 '육종'이라 한다.

'육종'이란 말은 『우서』「제법」에 나온다. 마융과 정현 등은 육종의 명칭을 거론하며 이견이 한두 가지가 아니어서 정론을 정하기는 어렵다.

| 역자 해설 |

'육종'은 천자가 존중히 여겨 제사하는 여섯 곳, 즉 사시四時 · 한서寒暑 · 일日 · 월月 · 성星 · 수한水旱을 가리킨다. 수한이란 수재와 한재로 장마와 가뭄이다.

육호六號

六號者, 祭祀之稱名也. 一曰神號,【若昊天·上帝】二曰鬼號,【若皇祖·伯某】三曰示號,【若后土】四曰牲號,【若柔毛剛鬣】五曰齍號,【若香合·明粢】六曰幣號,【若嘉玉·量幣】此之謂六號也.
六號之名, 出《周禮》.【〈大祝〉文】

'육호'란 제사에서 부르는 호칭이다. 첫 번째가 '신호'인데 하늘의 신에 대해 존숭하는 호칭으로 상제를 '황천상제'로 부르는 것과 같다. 두 번째가 '귀호'인데 조상신을 공경하여 부르는 호칭으로 '황조백 아무개'라 부르는 방법이다. 세 번째가 '시호'인데 땅의 신을 부르는 호칭으로 '후토'와 같다. 네 번째가 '생호'인데 희생물의 종류에 따라 다르다. 양의 경우 '유모'라 하고, 돼지의 경우 '강렵'이라 한다. 다섯 번째가 '자호'로 제사 때 바치는 곡식들을 말한다. 메기장을 '향합', 찰기장을 '명자'라 하는 경우이다. 여섯 번째가 '폐호'로 옥을 아름답게 부르는 말이다. 그 예로 '가옥', '양폐'가 있다. 이를 '육호'라 한다.

'육호'란 말은『주례』「춘관」'대축'에 나온다.

| 역자 해설 |

『주례』「춘관」'대축'에 "여섯 가지 칭호를 분변하니, 첫 번째는 신

호神號이고, 두 번째는 귀호鬼號이고, 세 번째는 시호示號이고, 네 번째는 생호이고, 다섯 번째는 자호이고, 여섯 번째는 폐호이다.(辨六號: 一曰神號, 二曰鬼號, 三曰示號, 四曰牲號, 五曰齍號, 六曰幣號.)"라고 하였다.

'양폐'는 폐백을 존중하여 부르는 말이다.

육순六順

六順者, 人道之循理也. 君義臣行, 父慈子孝, 兄愛弟敬, 此之謂六順也.
六順之名, 出《春秋傳》.【石碏之所言】

'육순'은 이치를 따르는 사람의 도리이다. 군주는 의롭고, 신하는 실행하고, 부모는 자애롭고, 자식은 효성스럽고, 형은 사랑하고, 동생은 공경하는 것을 '육순'이라고 한다.

'육순'이란 말은『춘추전』에서 석작이 말한 내용이다.

| 역자 해설 |

석작은 춘추시대 위衛나라의 대부이다. 석작은 나라를 위해 아들을 처형한 것으로 유명하다. 아들 석후石厚가 반역을 도모한 주우州吁를 도와 위 환공을 시해하고, 온갖 아첨과 모략을 일삼는 것을 보다못

해 진陳나라와 연락하여 주우와 석후를 처형했다고 한다.

육역六逆

六逆者, 人道之反常也. 賤妨貴,【惎間之】少陵長,【侵侮之】遠間親,【介隔之】新間舊,【不循序】小加大,【不量力】淫破義,【不度德】此之謂六逆也.
六逆之名, 出《春秋傳》.【同上】

'육역'은 도리에 역행하는 것들을 말한다. 비천한 사람이 고귀한 사람을 해치는 것, 연소한 사람이 연장의 사람을 업신여기는 것, 소원한 사람이 친밀한 사람을 이간질하는것, 새로운 사람이 옛사람을 멀리하는 것, 소국이 대국을 침략하는 것, 음란한 것이 정의를 허물어뜨리는 것이다. 이를 '육역'이라 한다.

'육역'이란 말은 『춘추전』에 나오는데, 내용은 위와 같다.

| 역자 해설 |

위 장공衛莊公의 공자公子 주우州吁가 장공의 총애를 믿고 싸움을 좋아하는데도 장공이 금지하지 않자, 석작이 "육역, 즉 여섯 가지 배역背逆의 행위를 배우면 화를 부르게 된다."라고 간언하였다고 한다.

육면六冕

六冕者, 王公之元服也. 一曰裘冕,【祀上帝】二曰袞冕,【享先王】三曰驚冕,【衣繪雉】四曰毳冕,【繪虎蜼】五曰希冕,【刺粉米】六曰玄冕,【裳刺黻】此之謂六冕也.【希音絺】

六冕之名, 出《周禮》.【〈司服〉文. 裘冕, 唯天子有之】

'육면'은 왕과 대신의 원복이다. 첫 번째는 구면으로 상제의 제사에 쓰고, 두 번째는 곤면으로 선왕의 배향에 쓰고, 세 번째는 별면으로 꿩 그림을 장식하고, 네 번째는 취면으로 호랑이와 원숭이 그림을 장식하고, 다섯 번째는 희면으로 분미를 수놓는다. 여섯 번째는 현면으로 치마에 궁弓 자를 맞댄 무늬를 수놓는다. 이를 '육면'이라 한다.

'육면'이란 말은 『주례』「춘관」'사복'에 나온다. 구면은 오직 천자만이 썼다.

| 역자 해설 |

원복은 면복으로, 정현은 『주례』「대행인大行人」의 주석에서 '면복'을 '면'은 면관冕冠을, '복'은 거기에 딸리는 여러 부속품을 말한다고 하였다.

'구면'은 호천昊天의 상제에게 제사할 때 대구大裘를 입고 면류관을 쓰고, 오제에게 제사할 때에도 이와 같이 '구면'을 한다. 두 번째로 선왕에게 제사할 적에는 '곤면'을 착용하고, 세 번째로 선공에게 제사하거나 연회를 베풀어 빈객을 접대하거나 활쏘기 할 적에는 '별면'을 착용한다. 네 번째로 사망四望이나 산천을 바라보고 제사할 적에는 '취면'을 착용하고, 다섯 번째로 사직이나 오사五祀에 제사할 적에는 '희면'을 착용하고, 여섯 번째로 모든 작은 제사에는 '현면'을 착용한다.

『주례』「춘관」'사복'에 "掌王之吉凶衣服, 辨其名物, 與其用事. 王之吉服, 祀昊天上帝, 則服大裘而冕, 祀五帝亦如之. 享先王則袞冕, 享先公, 饗射則鷩冕. 祀四望山川則毳冕. 祭社稷五祀則希冕. 祭群小祀則玄冕."라고 되어 있다.

육복六服

六服者, 王后之禮服也. 一曰褘衣,【祭先王】二曰揄狄,【祭先公】三曰闕狄,【畫翟羽】四曰鞠衣,【麴黃色】五曰展衣,【白色禮】六曰褖衣,【黑色以御王】此之謂六服也.

六服之名, 出《周禮》.【〈內司服〉】

'육복'이란 왕후의 예복이다. 첫 번째 휘의는 선왕의 제사에 입고, 두 번째 요적은 선공의 제사에 입고, 세 번째 궐적은 꿩의 깃털을 그려 넣고, 네 번째 국의는 누룩 황색이며, 다섯 번째 전의는 흰색

전의이고, 여섯 번째 단의는 검은색으로 왕을 모실 때 입는다. 이를 '육복'이라 한다.

육복이란 『주례』「내사복」에 나온다.

| 역자 해설 |

첫 번째 '휘의'는 검은색 비단을 재단해 '휘翬'의 형상을 만들고 다섯 가지 채색으로 그린 다음에 옷에 꿰매어 장식으로 삼은 것으로, 왕후가 왕을 따라 선왕에게 제사 지낼 적에 입는다. 두 번째 '요적'은 청색 비단을 재단해 '적翟'의 형상을 만들고 다섯 가지 채색으로 그린 다음에 옷에 꿰매어 장식으로 삼은 것으로, 왕후가 왕을 따라 선공에게 제사 지낼 적에 입는다. 세 번째 '궐적'은 적색 비단을 재단해 꿩의 형상을 만드는데, 채색을 하지 않고 바로 옷에 꿰매어 장식으로 삼은 것으로, 왕후가 왕을 따라 군소群小 제사를 지낼 적에 입는다. 네 번째 '국의'는 막 돋아난 뽕잎처럼 누르스름한 색의 옷으로, 3월에 양잠을 시작하려 하면서 천신에게 복상福祥을 기원할 적에 왕후가 입는 것으로, 그 이후에는 왕후가 바로 이 옷을 입고 직접 누에를 친다. 다섯 번째 '전의'는 문양이 없는 흰색의 옷으로, 예로써 왕을 뵙거나 빈객을 접견할 적에 입는다. 여섯 번째 '단의'는 검은색 옷으로, 왕후가 평상시나 혹은 왕을 모실 적에 입는다.

『주례』「내사복」에 "내사복은 왕후의 육복을 관장하는 관청이다. 정현의 주에 '적翟은 꿩의 명칭이니, 이락伊雒 이남에서 흰색 바탕에 오색이 다 구비되어 문장을 이룬 것을 '휘翬'라 하고, 강회江淮 이남

六之類

에서 청색 바탕에 오색이 다 구비되어 문장을 이룬 것을 '요搖'라 한다.(翟, 雉名, 伊雒而南, 素質, 五色皆備成章曰翬; 江淮而南, 青質, 五色皆備成章曰搖.)'라고 하였고, 가공언의 소에 '정현의 이 주는 『이아』「석조釋鳥」의 글이다.(此《爾雅·釋鳥》文.)'라고 하였다. '요搖'는 본래 '요鷂'인데, 새의 명칭이다."라고 하였다.

육기六器

六器者, 天子之禮玉也. 一曰蒼璧,【以禮天】二曰黃琮,【以禮地】三曰青圭,【禮東方】四曰赤璋,【禮南方】五曰白虎,【禮西方】六曰玄璜,【禮北方】此之謂六器也.
六器之名, 出《周禮》.【〈大宗伯〉文. 又見〈聘禮〉. 又〈小行人〉六幣之目, 曰圭以馬·璋以皮·璧以帛·琮以錦·琥以繡·璜以黼】

'육기'란 천자의 제례에 쓰는 옥으로 만든 그릇이다. 창벽으로 하늘에 경례하고, 황종으로 땅에 경례하고, 청규로 동방에 경례하고, 적장으로 남방에 경례하고, 백호로 서방에 경례하고, 현황으로 북방에 경례한다. 이를 '육기'라 한다.

'육기'란 말은 『주례』「대종백」에 있는 글이다. 또 「빙례」, 「소행인」에 '육폐'의 목록이 있다. 규이마·장이피·벽이백·종이금·호

이수·황이보가 그것이다.

| **역자 해설** |

규란 위 끝은 뾰족하고 아래가 세 모 또는 네 모가 진 옥으로 만든 홀(관복을 입고 손에 드는 수판)로, 폐백과 함께 전달하는 경우에는 말과 함께 보낸다. 장은 가죽으로 받든 반쪽 규로 만든 홀이다. 벽은 명주 천에 받쳐진 옥구슬이고, 종은 문양이 있는 직물로 받든 사각기둥의 중심축에 큰 원통 모양의 구멍을 뚫은 형태의 옥 그릇이며, 호는 범의 모양을 수놓은 천으로 받든 옥 그릇, 황은 여러 색으로 수놓은 천으로 받든 반원형의 옥을 말한다. 벽璧이 둥근 것은 하늘을 형상하고, 종琮은 땅을 형상하고, 규圭가 뾰족한 것은 봄에 만물이 처음 싹트는 것을, 반규半圭는 장璋이라고 하는데 여름에 만물이 반쯤 죽은 것을, 호琥는 엄한 뜻을 취한 것으로 가을의 엄함을, 반벽半璧은 황璜이라고 하는데 겨울에 만물이 숨어서 지상에는 아무런 사물이 없고 하늘이 반만 보이는 것을 형상한 것이라고 한다. '육폐'란 여섯 가지 폐백에 쓰이는 옥이다.

육지六摯

六摯者, 人臣禮見之物也. 孤執皮帛,【虎豹皮】卿執羔,【小羊也】大夫執鴈,【行有序】士執雉,【介有節】庶人執鶩,【不飛遷】工商執鷄,【隨時動】此之謂六摯也.
六摯之名, 出《周禮》.【〈大宗伯〉】

'육지'란 여러 신하들이 상견례에서 들고 있는 물건들이다. 고는 피백을 잡고, 경은 고를 잡고, 대부는 기러기를 잡고, 사는 꿩을 잡고, 서인은 거위를 잡고, 공인과 상인은 닭을 잡는다. 이를 '육지'라 한다.

'육지'란 말은 『주례』「춘관」'대종백'에 나온다.

| 역자 해설 |

『백호전서』에 「공고직장도설公孤職掌圖說 상」을 인용하여 "고는 피백을 잡고, 경은 고를 잡고, 대부는 기러기를 잡고, 사는 꿩을 잡고, 서인은 거위를 잡고, 공인과 상인은 닭을 잡는다. 피백이란 것은 백帛을 묶되 겉을 호랑이 가죽으로 장식하는 것이다. 피皮는 호랑이나 표범의 가죽이며, 백帛은 지금의 벽옥 빛깔의 비단이다. 고羔는 작은 양羊으로 양들이 무리를 지어 살아 그 유類를 잃지 않는 것을 취한 것이다. 기러기를 잡는 것은 기러기가 때를 살펴서 가는 것을 취한 것이다. 꿩을 잡는 것은 꿩이 지조를 지켜서 절개를 잃지 않는 것을 취한 것이다. 거위를 잡는 것은 거위가 하늘로 날아오르지 못하는 것을 취한 것이다. 닭을 잡는 것은 닭이 시간에 따라서 움직이는 것을 취한 것이다."라고 하였다.

『주례』「춘관」'대종백'에 '이금작육지以禽作六摯' 조에 대한 정현의 주에 "지摯란 이른다(至)는 말이니, 물건을 가지고 스스로 간다는 뜻이다."라고 하였다.

육절六節

六節者, 使臣行道之信也.【諸侯之所用】山國用虎節,【鑄虎象】土國用人節,【平地人所居】澤國用龍節,【水有龍】道路用旌節,【析羽者】門關用符節,【分竹者】都鄙用管節,【亦如符】此之謂六節也.

六節之名, 出《周禮》.【〈小行人〉. 又掌節有玉節·角節·金節·符節·璽節·旌節, 亦六節也. 金節有二, 卽龍節·虎節】

'육절'이란 사신이 길을 나설 때 지닌 신표이다. 제후들도 사용했다. 산국에서는 호절을 사용하는데 호랑이 모양으로 주조했다. 토국에서는 인절을 사용하는데 평지란 사람 사는 곳이다. 택국에서는 용절을 사용하는데 물에 용이 있다. 도로에서는 정절을 사용하는데 석우이다. 관문에서는 부절을 사용하는데 쪼갠 대나무이다. 도비에서는 관절을 사용하는데 역시 같은 부절이다. 이를 '육절'이라 한다.

'육절'이란 말은『주례』「소행인」에 나온다. 옥으로 만든 옥절, 뿔로 만든 각절, 금으로 만든 금절, 대나무 등으로 만든 부절, 도장으로 만든 새절, 대나무·나무·구리 등으로 만든 정절 또한 육

절이다. 금절은 두 가지가 있는데 용절과 호절이다.

| **역자 해설** |

'육절'은 주나라 때 각 제후국(邦國)에서 사신이 길을 나설 때 사용한 여섯 가지의 신표信標를 말한다. 『주례』「지관사도地官司徒 장절掌節」에 "나라의 사신이 출행할 때 산국山國에서는 호절虎節을 사용하고 토국土國에서는 인절人節을 사용하고 택국澤國에서는 용절을 사용하는데, 모두 금으로 만들었다."라고 하였다. 그 주석에 "사신은 경대부가 천자나 제후를 찾아갈 때 소지하는 신표이다. 토국은 평지의 나라를 말한다. 산에는 호랑이가 많고, 평지에는 사람이 많고, 해택海澤에는 용이 많으므로 금으로 그 형상을 주조하여 사용한 것이다."라고 하였다. 길에서 사용하던, 사신들이 가지고 다니던 부절符節(왕이나 제후의 명령을 받았음을 증명하는 신표信表)은 깃대 끝에 달던 깃털로, 둘로 갈라서 하나는 조정에 보관하고 하나는 본인이 가지고 신표로 사용하던 것이다. 서울과 지방을 오가며 사용한, 관문에서 보여 주던 신표인 관절은 부절과 비슷하다.

육이六彝

六彝者, 鬱鬯之尊也.【彝法也】一曰雞彝,【夏后制】二曰鳥彝,【刻鳥形】三曰斝彝,【般人制】四曰黃彝,【周黃目】五曰虎彝,【刻虎形】六曰蜼彝,【蜼似獼猴刻之, 取其孝】此之謂六彝也.
六彝之名, 出《周禮》.【〈司尊彝〉】

'육이'는 종묘의 예기禮器로 명수와 울창주를 담는 잔이다. 이를 쓰는 법이 있다. 첫 번째는 계이로 하나라 봄 제사에 썼다. 두 번째는 조이로 봄에는 계이에 명수明水를 담고, 조이에 울창鬱鬯주를 담으며, 여름에는 조이에 명수를 담고 계이에 울창주를 담는다. 세 번째는 가이로 몸통 부분에 곡식의 그림을 새기고 받침에도 곡식을 새긴 청동으로 만든 술잔 모양인데 봄에는 명수, 여름에는 울창을 담는다. 네 번째는 황이로 몸통 부분에 황금으로 눈의 형상을 새기고 받침에도 황금으로 눈의 그림을 새긴 청동으로 만든 술잔 모양인데 가을에는 울창, 겨울에는 명수를 담는다. 다섯 번째로 호이는 호랑이 모양을 새긴 술잔이다. 여섯 번째로 유이는 원숭이를 그려 넣은 술잔이다. 이를 '육이'라 말한다.

'육이'라는 말은『주례』「사존이」에 나온다.

육준六尊

六尊者, 酒醴之彝也. 一曰獻尊,【獻或作犧, 竝音莎】二曰象尊,【飾象形】三曰壺尊,【匏也. 太古制】四曰著尊,【無足而著地】五曰泰尊.【瓦尊也. 虞制】六曰山尊.【刻山形. 夏制】此之謂六尊也.
六尊之名, 出《周禮》.【〈司尊彝〉】

'육준'이란 술을 담아 올리는 제례의 그릇이다. 첫 번째가 '헌준'이다. '헌' 자는 '희' 자와 바꾸기도 한다. 술그릇 사라는 발음도 있다. 두 번째가 코끼리 모양을 한 '상준'이고, 세 번째가 '호준'으로 박으로 만든 그릇으로 오랜 옛날부터 써 왔다. 네 번째가 '착준'으로 다리가 없다. 다섯 번째가 '태준'으로 우나라에서 기원하는 기와처럼 구운 술 그릇이다. 여섯 번째가 '산준'으로 산 모양을 하는데 하나라에서 기원한다. 이를 '육준'이라 한다.

'육준'이란 말은 『주례』「사존이」에 나온다.

육음六飮

六飮者, 王膳之清者也. 清滌曰水,【無所和】米汁曰漿,【有醋味】甛酒曰醴,【不用麴】水酒曰醇,【一說云寒粥】梅漿曰醫,【一名醷】黍粥曰酏,【其味甘】此之謂六飮也.
六飮之名, 出《周禮》.【〈漿人〉文. 又〈膳夫〉謂六清】

'육음'은 왕이 먹을 정갈한 음료와 양념들이다. 첫 번째가 아무것도 섞이지 않은 맑은 물로 수水이고, 두 번째가 쌀뜨물로 만든 장으로 식초 맛이 난다. 세 번째가 예로 누룩을 쓰지 않은 단술이다. 네 번째가 양으로 일설에는 식힌 죽을 뜻한다고 한다. 미숫가루로 보기도 한다. 다섯 번째가 의인데 묽은 죽으로 빚은 예醴이다. 매실나무의 열매로 만든 식초를 이른다. 여섯 번째가 기장 죽인 이로 단맛이 난다. 이를 '육음'이라 한다.

'육음'이란 말은 『주례』「장인」에 나온다. 또 「선부」에 육청으로 설명되어 있다.

육축六畜

六畜者, 禽獸之受養者也. 馬以駕車, 牛以服軛, 羊曰柔毛, 豕曰剛鬣, 犬使守門, 鷄使司晨, 此之謂六畜也.
六畜之名, 出《周禮》.【〈庖人〉文. 〈膳夫〉謂之六牲】

'육축'이란 집에서 기르는 대표적인 여섯 가지 가축이다. 말은 멍에로 수레를 끌고, 소는 멍에를 쓰고 일하며, 양은 부드러운 털을 내어주고, 돼지는 강렵으로 부르고, 개는 문을 지키고, 닭은 새벽을 알리는 일을 한다. 이를 '육축'이라 한다.

'육축'이란 말은 『주례』「포인」에 나온다. 「선부」에는 '육생'이 나온다.

육수六獸

六獸者, 王庖之野腊也. 一曰麋, 二曰鹿, 三曰熊, 【玄云當用狼】四曰麕, 【獐】五曰豕, 【卽山豬】六曰兔, 【八竅獸】此之謂六獸也.
六獸之名, 出《周禮》. 【〈庖人〉先鄭注. 先鄭又以鴈·鶉·鷃·雉·鳩·鴿爲六禽】

'육수'란 왕의 포인(동물을 기르고 제례용 희생을 관리하던 벼슬)이 관장하는 야생 동물의 고기들이다. 첫 번째가 큰 사슴이고, 두 번째가 사슴이며, 세 번째가 곰인데, 정현의 주에 이리 고기로 대신할 수도 있다고 되어 있다. 네 번째가 균으로 노루이고, 다섯 번째가 시로 멧돼지이고, 여섯 번째가 토끼로 팔규수이다. 이를 '육수'라 한다.

'육수'란 말은 『주례』에 나온다. 정현의 주에 있는데, 기러기·메추라기·세 가락 메추라기·꿩·비둘기·집비둘기를 '육금'이라 한다고 했다.

| 역자 해설 |

『주례주소周禮注疏』 권4, 33에 "獸人冬獻狼, 夏獻麋. 又《內則》無熊, 則六獸當有狼, 而熊不屬."이란 대목이 있는데, 이는 겨울에 수인은 이리 고기를 바치고, 여름에는 사슴 고기를 바친다는 내용이다. 또 「내칙」에 곰 고기가 없으면 육수를 이리 고기로 대신한다고 했는데, 곰을 잡지 못했기 때문이다라고 되어 있다.('중국철학서전자화계획' 사이트에서 참조) 여기서 차이가 나는 글자가 있는데, 다산은 '當用狼'으로 쓰고 『주례주소』에는 '當有狼'으로 되어 있어 차이가 나지만 의미를 전달함에는 어려움이 없다.

한유韓愈의 「모영전毛穎傳」에서 팔규수인 토끼를 설명한 대목이 있다. 토끼는 생식기가 없어 입으로 새끼를 토해서 낳는다는 속설에 따라 토끼를 "언청이 입에 긴 수염을 달았고, 여덟 구멍만 있고 쭈그려 앉는다.(缺口而長鬚, 八竅而趺居.)"라고 했다.

포인의 역할에 대해서는 『주례』「천관」'포인'에 "육축六畜, 육수六獸, 육금六禽을 관장하여 그 명물名物을 분변한다.(掌共六畜·六獸·六禽, 辨其名物.)"라고 되어 있다.

육마六馬

六馬者, 校人之所養也. 一曰種馬,【卽母馬】二曰戎馬,【駕戎輅】三曰齊馬,【駕金輅】四曰道馬,【駕象輅】五曰田馬,【駕田輅】六曰駑馬,【給宮中之役】此之謂六馬也.
六馬之名, 出《周禮》.【〈校人〉文】

'육마'는 교인(말을 관장하는 벼슬)이 기르고 관리하는 말들이다. 첫 번째가 종마로 어미 말이다. 두 번째가 융마로 전투용 수레를 끌

었다. 세 번째가 제마로 금으로 치장한 천자의 수레를 끌었다. 네 번째가 도마로 상아로 치장한 천자의 수레를 끌었다. 다섯 번째가 전마로 '목로木路'라는 사냥용 수레를 끌었다. 여섯 번째가 노마로 걸음이 느린 말인데 궁중의 일을 할 때 썼다. 이를 '육마'라 한다.

'육마'라는 말은 『주례』「교인」에 나온다.

육재六材

六材者, 所以爲弓也. 幹以爲遠,【桑柘等】角以爲疾,【用牛角】筋以爲深,【用獸筋】膠以爲和,【鹿角·魚之膠】絲以爲固,【絃用絲】漆以受霜露,【漆其外】此之謂六材也.

六材之名, 出〈考工記〉.【〈弓人〉文. 又〈夏官·司弓矢〉有六弓之目曰, 王弓, 弧弓, 夾弓, 庾弓, 唐弓, 大弓】

'육재'란 활을 만드는 여섯 가지 재료들이다. 줄기는 뽕나무와 산뽕나무 등으로 만든 것으로 멀리 나가게 하고, 뿔은 구부러지게 하는 작용을 하는데 소뿔(물소뿔)을 썼다. 소 등의 힘줄로 '심놓이'를 한다. '심놓이'는 활의 안쪽 면에 소심을 붙이는 작업이다. 아교는 접착제 역할인데 사슴 뿔, 민어부레풀을 이용한다. 실로 단단히 묶어 준다. 옻칠을 해서 이슬과 서리를 막는다. 이를 '육재'라 한다.

'육재'란 말은 『주례』 「고공기」 '궁인'에 나온다. 또 「하관」 '사궁시'에 여섯 가지 활이 나오는데 왕궁·호궁은 갑옷이나 과녁을 쏠 때 쓰고, 협궁·유궁은 들개 가죽으로 만든 과녁이나 날짐승·들짐승을 쏠 때 쓰고, 당궁·대궁은 활 연습용이다.

육기 六氣

六氣者, 天地之變候也. 陰以霽之, 陽以舒之, 風以散之, 雨以潤之, 晦則爲夜, 明則爲晝, 此之謂六氣也.
六氣之名, 出《漢書》.【〈律曆志〉】

'육기'란 하늘과 땅 사이의 여섯 가지 기운으로 변화의 징후이다. 음기가 커지면 쭈그러지고, 양기가 커지면 펴지고, 바람이 불면 흩어지고, 비가 오면 습기가 차고, 어둑해지면 밤이 오고, 밝아지면 낮이 온다. 이를 '육기'라 한다.

'육기'란 말은 『한서』 「율력지」에 나온다.

육부 六腑

六腑者, 津液之所聚也. 化食曰胃, 銷惡曰膽, 分水曰小腸,分穀曰大腸, 腐水曰脬, 【卽膀胱】 腐穀曰膲, 【卽三焦】 此之謂六腑也.
六腑之名, 出《內經》.

'육부'란 몸의 진액이 모이는 곳이다. 음식을 소화시키는 곳은 위라 하고, 독소를 녹이는 작용을 하는 곳은 담이라 하고, 수분을 분리하는 작용을 하는 곳은 소장이고, 음식을 나누어 흡수와 배출을 분리하는 곳은 대장이라 한다. 오줌을 담아 배출하는 방광은 포라 하고, 음식의 흡수·소화·배설 등을 맡는 초는 상초上焦·중초中焦·하초下焦를 합해 삼초라 한다. 이를 '육부'라 한다.

'육부'란 말은 『내경』에 나온다.

❁ 육극六極 ❁

六極者, 庶民之菑禍也. 短折曰凶, 多病曰疾, 勞心曰憂, 財匱曰貧, 德薄曰惡, 懦孱曰弱, 此之謂六極也.
六極之名, 出〈洪範〉.

'육극'은 일반 백성의 재앙이다.(흉단절凶短折·질疾·우憂·빈貧·악惡·약弱을 말한다.) 비명횡사와 요절을 '흉'이라 하고, 병이 많은 것을 '질', 고민이 많은 것을 '우', 재물이 없어지는 것을 '빈', 덕이 없는 것을

'악'이라 하고, 무기력하고 나약한 것을 '약'이라 한다. 이를 '육극'이라 한다.

'육극'이란 말은『서경』「홍범」에 나온다.

육도 六韜

六韜者, 太公之兵法也. 一日文韜,【十二篇】二日武韜,【凡五篇】三日龍韜,【十三篇】四日虎韜,【十二篇】五日豹韜,【凡八篇】六日犬韜,【凡十篇】此之謂六韜也.

六韜之名, 出陳壽〈蜀志〉.【〈劉先主傳〉.《隋書 · 經籍志》亦錄之】

'육도'란 주나라의 태공망太公望(강태공으로 유명하다.)이 지은 병법서이다. 첫 번째가 '문도' 12편이고, 두 번째가 '무도'로 5편이며, 세 번째가 '용도'로 13편이고, 네 번째가 '호도'로 12편이며, 다섯 번째가 '표도'로 8편이고, 여섯 번째가 '견도'로 10편이다. 이를 '육도'라 한다.

'육도'란 말은 진나라 진수가 지은『삼국지』의 일부인「촉지」'유선주전'에 나온다.『수서』「경적지」에도 또한 기록되어 있다.

| 역자 해설 |

'육도삼략六韜三略'이란 말이 있는데, 태공망이 지은 『육도』와 황석공이 지은 『삼략三略』을 아울러 이르는 말로, 중국 병법의 고전이다.

육국六國

六國者, 戰國之僭主也. 燕都薊城, 齊都臨淄,【姜亡而田代】楚都郢邑, 韓都平陽,【後徙鄭】魏都大梁, 趙都邯鄲, 此之謂六國也.
六國之名, 出《戰國策》.

'육국'이란 전국시대에 스스로 왕을 칭한 나라들이다. 연의 수도는 계성이고, 제의 수도는 임치로 강씨가 망하고 전씨가 왕을 이었다. 초의 수도는 영읍이고, 한의 수도는 평양으로 후에 정나라를 멸하였다. 위의 수도는 대량이고, 조의 수도는 감단이다. 이를 '육국'이라 한다.

'육국'이란 말은 『전국책』에 나온다.

| 역자 해설 |

'연'은 지금의 북경인 계성을 도읍했고, '제'는 임치에 도읍했는데, 주 문왕이 태공망 강상(여상, 자아)을 봉하였던 곳으로 춘추시대에 가장

먼저 세력을 키웠으며, 환공 때에는 관중을 등용, 춘추오패 중의 첫 패자가 된다. 그 당시 진陳나라 여공厲公(춘추시대 진나라의 국군, 이름은 약躍)의 아들 전완이 제나라로 도망하여(B.C. 672) 진陳성을 전田으로 성을 바꾸고 제 환공을 섬겼다. 그의 후손인 전화田和가 당시 제나라 임금 강공康公을 바닷가로 쫓아 버리고(B.C. 386) 자립하여 제후가 되었다. 역사적으로 이를 흔히 전씨제田氏齊 혹은 전제라 한다. '초'는 영읍에 도읍하고 '한'은 평양(지금의 산서성 임분현)에 도읍했다. 전국 초기 한 무자武子가 의양(지금의 하남성 의양현)으로 도읍을 정하였으나 다시 평양으로 옮겼다가 경후景侯 때에 양적(하남성 우현)으로 옮겼다. 그러나 애후는 정鄭나라를 멸하고 다시 신정(하남성 신정현)으로 근거지를 옮기는 등 여러 차례 도읍을 이동하였다. '위'는 대량(지금의 하남성 개봉시)으로 도읍을 정했다. '조'는 처음에 진양(지금의 산서성 태원시)을 도읍으로 삼았으나 뒤에 감단(지금의 하북성 감단시)으로 옮겼다.

육경六卿

六卿者, 晉國之世臣也. 一曰趙氏,【趙衰後】二曰范氏,【隨會始封范】三曰荀氏,【荀息後】四曰智氏,【亦荀氏也. 荀首後】五曰魏氏,【畢萬後】六曰韓氏,【韓萬後】此之謂六卿也. 六卿之名, 出〈春秋提要〉.【又子産·子蟜等爲鄭六卿. 皇

緩·樂莜等爲宋六卿】

'육경'이란 춘추시대 진나라를 대대로 섬기던 가신들이다. 첫 번째가 조씨로 '조최'의 후손들이다. 두 번째가 범씨로 수회는 처음 봉분받은 땅이다. 세 번째가 순씨로 '순식'의 후손이다. 네 번째가 지씨로 역시 순荀씨 가문인 '순수'의 후손들이다. 다섯 번째가 위씨로 '필만'의 후손들이다. 여섯 번째가 한씨로 '한만'의 후예들이다. 이를 '육경'이라 한다.

'육경'이란 말은 『춘추제요』에 나온다. 또 자산·자차 등을 위나라의 '육경'이라고도 한다. 황완·악패 등은 송나라의 '육경'이다.

| **역자 해설** |

조씨 '조최'는 시호가 성成으로 조성으로 불리기도 한다. 맹자여孟子餘로도 불린다. 진 문공晉文公을 도와서 공을 세웠다. 범씨 '수회'는 이름은 사회士會이며, 수무자隨武子·범무자范武子라고도 한다. 그의 하사받은 지역이 수와 범이어서 '수회' 혹은 '범회'로 불렸다. 순씨는 진 헌공晉獻公에게서 여희驪姬 소생인 해제奚齊를 보필하라는 유명을 받고 초지일관하게 임무를 완수하려 했으나 여희 일당의 전횡에 불만을 품고 난을 일으킨 이극里克·비정보丕鄭父 일파에 의해 피살되었다. 지씨의 원조인 순수는 지수知首라고도 하며, 시호는 장莊으로 지장자知莊子이다. 지씨知氏의 시조로, 순서오荀逝敖의 아들이다. 필만은 필공고畢公高의 후예로, 진 헌공晉獻公을 섬겼다. 헌공을 도와 경耿나라와

곽霍나라, 위魏나라를 멸망시켰다. 한씨는 진 목후晉穆侯의 아들인 환숙桓叔의 아들뻘이 되는 한만이 한원韓原이라는 지역에 봉해졌던 것을 기원으로 하여 시작되었다. 희성姬姓을 가졌던 한무자韓武子 한만의 일가들이 한씨를 칭하였는데, 성씨와 땅 이름에서 따와서 지칭되었다.

'육경'이란 말은 『춘추제요』에 나온다. 또 자산·자차 등을 위나라의 육경이라고도 한다. 공손첩公孫輒은 자이子耳, 공손채公孫蠆는 자교子蟜, 공손사지公孫舍之는 자전子展, 공자 비騑는 자사子駟, 공자 발發은 자국子國, 공자 가嘉는 자공子孔이다. 황완·악패 등은 송나라의 육경인데, 좌사右師 황완皇緩, 대사마大司馬 황비아皇非我, 사도司徒 황회皇懷, 좌사左師 영불완靈不緩, 사성司城 악패樂茷, 대사구大司寇 악주서樂朱鉏가 그들이다.

❋ 육조六朝 ❋

六朝者, 江南之帝者也. 一曰孫吳,【孫權也】二曰東晉,【司馬氏】三曰劉宋,【劉裕也】四曰蕭齊,【蕭道成】五曰蕭梁,【蕭衍也】六曰陳氏,【陳霸先】此之謂六朝也.
六朝之名, 出《隋書》.

'육조'란 강남에 도읍했던 제후국들이다. 첫 번째가 '손권'의 오나

라, 두 번째가 '사마씨'의 동진, 세 번째가 '유유'의 유송이다. 네 번째가 '소도성'이 세운 소제이고, 다섯 번째가 '소연'이 세운 소양이고, 여섯 번째가 '진패선'이 세운 진씨이다. 이를 '육조'라 한다.

'육조'란 말은 『수서』에 나온다.

| 역자 해설 |

사마씨의 동진은 280년경에 위의 신하이던 사마씨가 3국을 통일하여 서진西晉이 되었고, 4세기 초 흉노의 침입으로 남경으로 옮겨 동진이라 하였다. '유유'는 송나라 무제의 이름이다.

소도성은 제나라 시조 태조 고황제이다. 소연은 양나라의 무제이다.

육현六賢

六賢者, 有宋之先正也. 一濂溪先生,【周敦頤 茂叔】二橫渠先生,【張載, 字子厚】三明道先生,【程顥, 字伯淳】四伊川先生,【程頤, 字正叔】五康節先生,【邵雍, 字堯夫】六晦菴夫子,【朱文公, 元晦】此之謂六賢也.

六賢之名, 出《宋史》.【〈儒林傳〉. 朱子以五賢及司馬溫公爲六君子】

'육현'이란 송나라 선대의 현인들이다. 첫 번째가 주렴계(주돈이) 선생이고, 두 번째가 장횡거(장재)이며, 세 번째가 정명도(정호)이며, 네 번째가 정이천(정이)이다. 다섯 번째가 소강절(소옹)이며, 여섯 번째가 주회암(주희)이다. 이를 '육현'이라 한다.

'육현'이란 말은 『송사』「유림전」에 나온다. 주자는 오현과 사마온공을 더하여 '육군자'라 하였다.(사마온공은 송나라 재상으로 이름은 광光, 자는 군실君實, 온공은 그의 시호이다.)

| 역자 해설 |

우리나라 문묘에는 증자·안자·맹자·자사를 사성四聖으로 모시고, 좌우로 염백우·재아·자유子有·자유子游·자장·민자건·중궁·자공·자로·자하를 십철로, 주희·정호·정이·주돈이·소옹·장재를 송조육현宋朝六賢으로 모시고, 최치원과 설총 등 우리나라 현인 18위를 모시고 있다.

육부六部

六部者, 新羅京邑之制也. 一曰梁部,【本陽山】二曰沙梁,【本高墟】三曰牟梁,【本大樹】四曰本彼,【本于珍】五曰漢祇,【本加利】六曰習比,【本明活】此之謂六部也.

六部之名, 出金富軾《三國史》.

'육부'란 신라 때 경주를 나눈 행정구획이다. 첫 번째가 급량부로 원래 양산촌이었다. 두 번째가 사량부로 원래 고로촌이었고, 세 번째가 모량부로 원래 대수촌이었다. 네 번째가 본피부로 본래 우진촌이었고, 다섯 번째가 한기부로 원래 가리촌이었다. 여섯 번째가 습비부로 본래 명활촌이었다. 이를 '육부'라 한다.

'육부'라는 말은 김부식이 지은『삼국사기』에 나온다.

| 역자 해설 |

신라 때 경주에 부를 나누면서 '육부'의 백성들에게 성을 내렸는데 급량부의 이李, 사량부의 최崔, 모량부의 손孫, 본피부의 정鄭, 한기부의 배裴, 습비부의 설薛이 그것이다.

칠교七教

七教者, 先王所以興民德也. 一曰父子, 二曰兄弟, 三曰夫婦, 四曰君臣, 五曰長幼, 六曰朋友, 七曰賓客, 此之謂七教也. 七教之名, 出〈王制〉.

'칠교'는 선왕이 백성의 덕을 진흥하는 교훈이다. 부자·형제·부부·군신·장유·붕우·빈객을 말한다. 이를 '칠교'라 한다.

'칠교'란 말은『예기』「왕제」에 나온다.

| 역자 해설 |

일곱 관계에서 예를 다함을 말한다.『예기』「왕제」편에 "사도司徒는 관례·혼례·상례·제례·향례鄕禮·사상견례士相見禮의 육례를 닦아서 백성의 성질을 절제하여, 부자·형제·부부·군신·장유·붕우·빈객의 일곱 가지 가르침을 밝혀서 백성의 덕을 진흥시킨다." 하였다.

七之類

칠정七情

七情者, 人心之感發也. 悅豫曰喜, 憤盈曰怒, 悲戚曰哀, 恐愡曰懼, 憐慕曰愛, 憎疾曰惡, 貪願曰欲, 此之謂七情也.
七情之名, 出〈禮運〉. 【《左傳》子產之言以哀·樂·喜·怒·好·惡爲六志】

'칠정'은 인심이 발하는 감정이다. 기뻐하고 즐거워함을 '희'라 하고, 분함이 올라오는 것을 '노'라 하며, 슬프고 마음 아픈 것을 '애'라 한다. 두렵고 겁내는 감정을 '구'라 하며, 사랑하고 그리워함을 '애'라 하고, 미워하고 괴로워함을 '오'라 하며, 탐내고 원하는 마음을 '욕'이라 한다. 이를 '칠정'이라 한다.

'칠정'이란 말은 『예기』「예운」에 나온다. 『좌전』에서는 자산이 애·요·희·노·호·오를 '육지'라 했다.

| 역자 해설 |

자산은 정鄭나라의 최고 귀족인 6목穆(목공穆公의 직계 후손)인 6대 귀족 중 한 명인 자국子國의 아들이다. 자산에 관한 이야기 중에 『맹자』「만장萬章」 편에 어떤 사람이 정자산에게 살아 있는 물고기를 선물하였는데, 자산은 하인을 시켜 못에 넣도록 하였다. 그러나 하인은 그 고기를 잡아서 삶아 먹어 버리고는 고하기를, "처음 물에 넣으니 어리둥절하더니 조금 후에는 술렁술렁하면서 갔습니다." 하였다. 자산

이 "제 살 곳을 만났구나." 하니 하인은 나와서, "누가 자산을 어질다 하는가? 내가 벌써 삶아 먹었는데 제 살 곳을 만났다는 것은 무엇인가." 했다고 한다.

칠요 七曜

七曜者, 精光之麗天也. 日曰朱明, 月曰水精, 金星曰太白, 【卽長庚】 火星曰熒惑, 水星曰辰星, 木星曰歲星, 土星曰塡星, 此之謂七曜也.
七曜之名, 出《穀梁傳》.

'칠요'란 아름다운 하늘의 빛나는 별들이다. 해는 주명이라 하고, 달은 수정이라 하며, 금성은 '태백(장경성)'이라 한다. 화성은 밝고 현혹한다는 뜻의 '현혹성'이라 한다. 수성은 '진성'이라 하고, 목성은 '세성'이라 한다. 토성은 '전성'이라 한다. 이를 '칠요'라 한다

'칠요'란 말은 『곡량전』에 나온다.

| **역자 해설** |

금성을 '태견'이라 하는 것은 개가 배가 고파서 저녁밥을 바랄 무렵에 서쪽 하늘에 뜬다 하여 생긴 이름으로 '개밥바라기'라고도 한다. 『오주연문장전산고五洲衍文長箋散稿』의 「십이중천변증설十二重天辨證說」

에 의하면, 제가의 설을 인용하여 변증하였는데, 여기에 '제일중第一重'이 월륜천月輪天이고, '제이중'이 진성辰星 즉 수성천水星天이고, '제삼중'이 태백太白 즉 금성천金星天이고, '제사중'이 일륜천日輪天이고, '제오중'이 형혹熒惑 즉 화성천火星天이고, '제육중'이 세성歲星 즉 목성천木星天이고, '제칠중'이 전성塡星 즉 토성천土星天이고, '제팔중'이 삼원이십팔수천三垣二十八宿天이고, '제구중'이 동서세차東西歲差이고, '제십중'이 남북세차南北歲差이고, '제십일중'이 무성종동천無星宗動天이고, '제십이중천'은 영원히 고요하여 움직이지 않으며 비할 데 없이 광대한 곳으로 곧 천당天堂을 가리킨다고 하였다.

칠략七略

七略者, 羣書之總數也. 一曰六藝, 【卽六經】 二曰諸子, 【《荀子》·《莊子》等】 三曰詩賦, 四曰兵書, 五曰術數, 【曆象·卜算類】 六曰方技, 【醫藥·神仙類】 七曰輯略, 【諸書之總類】 此之謂七略也.

七略之名, 出〈藝文志〉. 【《七略》本劉向之所輯】

'칠략'이란 중국 전한前漢 때의 서적 분류 목록이다. 첫 번째가 '육예'로 육경이다.(『시경』·『서경』·『예기』·『악기』·『역경』·『춘추』의 여섯 가지 경서다.) **두 번째가 '제자'로 『순자』·『장자』 등이다. 세 번째가 '시부'**

이고, 네 번째가 '병서'이며, 다섯 번째가 '술수'로 역수를 헤아려 천체의 운행을 살펴보거나 점괘를 헤아리는 것들이다. 여섯 번째가 '방기'로 의약과 신선에 대한 지식들이다. 일곱 번째가 '집략'으로 모든 책들의 목차이다. 이를 '칠략'이라 한다.

'칠략'이란 말은 『예문지』에 나온다. 칠략은 본래 유향이 편집한 것이다.

| 역자 해설 |

'칠략'은 유향劉向의 별록別錄에 근거를 두고 그의 아들 흠歆이 지은 것이다.

七之類

칠위七緯

七緯者, 經典之演義也. 《易》有六緯, 【《乾鑿度》之等】《書》有四緯, 【《考靈曜》之等】《詩》有三緯, 【《紀歷樞》之等】《禮》有三緯, 【《含文嘉》之等】《樂》有三緯, 【《叶圖徵》之等】《孝經》有二緯, 【《援神契》之等】《春秋》有十三緯, 【《元命包》之等】此之謂七緯也.

七緯之名, 出《隋書》.【〈經籍志〉】

'칠위'란 경전의 연의이다. 『역』에 「건착도」 등의 6위가 있고, 『서』

에「고령요」 등의 4위가 있고, 『시』에「기력추」 등 3위가 있고, 『예』에「함문가」 등 3위가 있고, 『악』에「협도징」 등의 3위가 있고, 『효경』에「원신계」 등 2위가 있고, 『춘추』에「원명포」 등 13위가 있다. 이를 '칠위'라 한다.

'칠위'란 말은 『수서』「경적지」에 나온다.

| 역자 해설 |

'칠위'는 일곱 가지의 위서緯書를 통칭하는 말로, 『역위易緯』·『서위書緯』·『시위詩緯』·『예위禮緯』·『악위樂緯』·『효경위孝經緯』·『춘추위春秋緯』를 가리킨다. 위서란 경서에 대응하는 말로 길흉화복을 예언하는 도참이 주된 내용이다. 서한 말에 시작되었으며, 광무제가 참위를 좋아하여 성행했으나, 남조 이후 금지되었다. 역위易緯에는 『계람도稽覽圖』·『건착도乾鑿圖』·『곤령도坤靈度』·『통괘험通卦驗』·『시류모是類謀』·『변종비辨終備』 등이 있고, 서위書緯에는 『선기검璇璣鈐』·『고령요考靈曜』·『제명험帝命驗』·『운기수運期授』 등이 있고, 시위詩緯에는 『추탁재推度災』·『기력추紀歷樞』·『함신무含神霧』 등이 있고, 예위禮緯에는 『함문가含文嘉』·『계명징稽命徵』·『두위의斗威儀』 등이 있고, 악위樂緯에는 『동성의動聲儀』·『계요가稽耀嘉』·『협도징叶圖徵』 등이 있고, 효경위孝經緯에는 『원신계援神契』·『구명결鉤命決』 등이 있고, 춘추위春秋緯에는 『연공도演孔圖』·『원명포元命包』·『문요구文耀鉤』·『운두추運斗樞』·『감정부感精符』·『합성도合誠圖』·『고이우考異郵』·『보건도保乾圖』·『한함자漢含孳』·『좌조기佐助期』·『악성도握誠圖』·『잠담파潛潭巴』·『설제사說題

辭』 등이 있는데, 이것이 이른바 하락 칠위河洛七緯라고 하는 것이다. 이 밖에 또 논어위論語緯에 『적보상摘輔象』·『찬고참撰考讖』 등이 있고, 역위易緯에 『건원서제기乾元序制記』가 있고, 서위書緯에 『제험기帝驗期』가 있고, 예위禮緯에 『계명요稽命曜』가 있고, 효경위孝經緯에 『좌방계左方契』·『위희거威嬉拒』 등이 있고, 춘추위春秋緯에 『명력서命曆序』 등이 있다.

칠묘七廟

七廟者, 天子之祭法也. 一曰考廟,【卽禰廟】二曰王考, 三曰皇考,【卽曾祖】四曰顯考,【卽高祖】五曰穆祧,【如周之武王】六曰昭祧,【如周之文王】七曰祖廟,【卽太祖】此之謂七廟也.
七廟之名, 出〈祭法〉.【與〈王制〉不同】

'칠묘'는 천자의 제법이다. 첫 번째가 고묘로 '녜묘'인 아버지의 사당이다. 두 번째가 왕고묘로 할아버지의 사당이고, 세 번째가 황고묘로 증조할아버지 사당이다. 네 번째가 현고묘로 고조할아버지를 모신 사당이고, 다섯 번째가 목조로 주나라의 무왕에 해당한다. 여섯 번째가 소조로 주나라의 문왕에 해당한다. 일곱 번째가 조묘로 태조의 종묘이다. 이를 '칠묘'라 한다.

'칠묘'란 말은『예기』「제법」에 나오는데, 「왕제」에는 "일소一昭, 일목一穆과 태조의 묘를 합하여 셋이 된다."로 되어 있어 같지 않다.

| **역자 해설** |

'칠묘'란 주나라 때 천자의 사당을 모시는 제도이다. 곧 태조의 종묘와 삼소三昭·삼목三穆을 합쳐서 부르는 말로 소목은 종묘에 신주를 모시는 차례이다. 「주례」에 의하면 태조를 가운데 모시고 소에 2·4·6세, 목에 3·5·7세를 봉안했다고 한다. 주나라 역대 왕의 계보에서 무왕은 5대 왕이 되고, 문왕은 4대 왕이 된다.『예기』「제법」에서는 고묘·왕고묘·황고묘·현고묘·목조·소조·조묘 사당이다.

칠사七祀

七祀者, 天子之小祀也. 一曰司命,【宮中神, 或云星】二曰中霤,【屋中央】三曰國門,【都城門】四曰國行,【行道神】五曰泰厲,【帝王無後者】六曰戶,【室之戶】七曰竈,【主飮食】此之謂七祀也.

七祀之目, 見〈祭法〉.【〈月令〉以戶·竈·中霤·門·行爲五祀. 先儒以此爲正】

'칠사'는 천자가 지내는 제사이다.(그 경중에 따라 대·중·소 세 등급으로 나눈 가운데서 세 번째 등급의 제사로 사명·중류·국문·국행·태려·호·조를 가리킨다.) 첫 번째로 사명인데 인간의 수명을 맡은 궁중의 작은 신 혹은 별 신에 대한 제사이다. 두 번째가 중류로 당실의 거처를 주관하는 신에 대한 제사이다. 세 번째가 국문으로 도성문의 신에 대한 제사이다. 네 번째가 국행으로 도로의 나가고 들어오는 것을 주관하는 신에 대한 제사이고, 다섯 번째가 태려로 후손이 없는 옛 제왕의 귀신에 대한 제사이다. 여섯 번째가 호로 문지방 출입을 담당하는 신에 대한 제사이고, 일곱 번째가 조로 음식을 관장하는 신에 대한 제사이다. 이를 '칠사'라 한다.

'칠사'의 목록은『예기』「제법」에 보인다.「월령」에 호·조·중류·문·행을 '오사'라 했는데 옛 선유는 이것을 바르다고 했다.

칠공 七貢

七貢者, 諸侯之方物也. 侯服貢祀物, 【助王祭】 甸服貢嬪物, 【絲枲等】 男服貢器物, 【尊彝等】 采服貢服物, 【玄纁等】 衛服貢材物, 【金木等】 要服貢貨物, 【龜貝等】 蕃國貢寶物, 【各以其所貴】 此之謂七貢也.

七貢之名, 出《周禮》. 【〈大行人〉. 〈天官·太宰〉加幣貢·游貢, 謂之九貢. 彼云物貢, 卽此寶物也】

'칠공'이란 제후가 바치는 공물이다. 후복은 사물을 바쳤고, 전복은 빈물을 바쳤고, 남복은 기물을 바쳤고, 채복은 복물을 바쳤고, 위복은 재물을 바쳤고, 요복은 화물을 바쳤고, 번국은 보물을 바쳤다. 이를 '칠공'이라 한다.

'칠공'이란 말은 『주례』「대행인」에 나온다. 「천관」 '태재'에서는 수놓은 비단, 깃털이나 가죽을 바치는 것을 합해서 '구공'이라 했다. '칠공'의 '공'은 각 지방의 귀한 물품을 바치는 것을 말한다.

| 역자 해설 |

후복은 제사에 쓰이는 희생 동물과 다발로 묶은 띠풀 등을 바쳐 왕의 제사를 도왔다. 전복은 왕기와 후복 사이인데 가죽이나 포목 실, 삼 등을 바쳤다. 남복은 울창주 등을 담는 제사용 그릇들을 바쳤고, 채복은 장례나 제사 때에 산신에게 드리는, 검은빛과 붉은빛의 두 조각 천으로 된 폐백용 물품을 바쳤고, 위복은 금이나 목재 등 재료들을 바쳤고, 요복은 화폐로 쓰이는 거북의 등딱지와 조개껍질을 바쳤다. 번국은 각 지역의 특산물이나 귀한 물건을 바쳤다.

복服은 왕기王畿(왕의 직할 지역) 바깥의 500리에서 1천 리 사이이다. 제후들은 복을 다스리는데, 중국 요순 시대에는 오복이었으나 주나라에서 구복이 된 제도로 왕기를 중심으로 하여 주위를 매복每服 500리씩 순서로 나눈 구역이다. '복'은 천자에게 복종한다는 뜻이다.

칠책七策

七策者, 海內之玉幣也. 一曰陰山之礝碈,【石次玉】二曰紫山之白金,【亦燕山】三曰朝鮮之文皮,【虎豹皮】四曰汝漢之黃金,【出石衢】五曰江陽之明珠, 六曰泰山之曾靑,【如朱砂, 可以鍊丹】七曰邊山之美玉,【出禺氏】此之謂七策也.
七策之名, 出《管子》.【〈輕重〉篇】

'칠책'이란 '해내(바다로 둘러싸인 땅으로, 여기서는 중국을 중심으로 아시아를 말함)'의 옥과 비단 등의 화폐처럼 교환의 가치 기준 역할을 하던 것들이다. 첫 번째가 음산산맥의 '연민'이라는 옥 다음가는 귀한 돌이다. 두 번째는 연나라의 자산에서 나는 백금이고, 세 번째가 조선에서 나오는 표범 가죽이다. 네 번째가 '여수'와 '한수'가 만나는 곳에서 나는 황금이며, 다섯 번째가 장강의 북쪽에서 나는 '명주' 구슬이고, 여섯 번째가 진나라의 명산에서 나는 '증청'이다. 일곱 번째가 월지(우씨의 나라)국의 변산에서 나는 아름다운 옥이다. 이를 '칠책'이라 한다.

'칠책'이란 말은『관자』의「경중」편에 나온다.

| 역자 해설 |

'칠책'에 대해서는 춘추시대 제나라 환공과 관자의 대화에 나온다.『관자』의 경제 대책 답변에서 당시 여러 국가에서 경제적 필요에 따

七之類

라 적은 양으로 유통의 기준을 삼는 사례 일곱 가지를 볼 수 있다. 이 중에 조선의 '표범 가죽(=문피文皮)'이 있는 것으로 보아 조선의 표범 가죽이 귀했던 것으로 보인다. '증청'은 Azurite의 광석이 층으로 된 것으로, 시력을 아주 좋게 한다고 한다. 작으면서 구슬이 서로 꿰여 있는 모양으로 약재로도 쓰이는데 속이 비지 않은 것이 '증청'이다. 속이 비면 '공청'이다.

칠보七寶

七寶者, 裝飾之珍品也. 一曰車渠,【卽大貝】二曰瑞瑚,【卽珊瑚】三曰琥珀,【卽松脂所化】四曰瑪瑙,【石次玉】五曰火齊,【珠也. 似雲母】六曰良玉,【出於山】七曰眞珠,【出於水】此之謂七寶也.

七寶之名, 出《雲笈七籤》.

'칠보'란 진귀한 장식품들이다. 첫 번째가 '차거'로 큰 조개다. 두 번째가 '만호'라는 붉은 산호다. 세 번째가 송진이 굳어서 돌처럼 된 보석인 '호박'이다. 네 번째가 '마노'로 석영질의 보석이다. 다섯 번째가 '운모(석영·장석과 함께 화강암을 구성하는 조암광물. 돌 비늘)'와 비슷한 옥돌인 '화제'이다. 여섯 번째가 산에서 나는 티끌 없는 '양옥'이고, 일곱 번째가 물에서 나는 진주이다. 이를 '칠보'라 한다.

'칠보'란 말은 『운급칠첨』에 나온다.

| 역자 해설 |

『운급칠첨』은 11세기에 송나라의 '장군방'이 편찬한 도교 교리 개설서로 『소도장小道藏』이라고도 한다. '차거'는 큰 조개로 길이 1m에 이르는 것도 있다. '마노'는 석영질의 보석인데 원석의 모양이 말의 뇌수를 닮았다고 하여 '마노'라는 이름이 붙여졌다. '화제'는 운모와 비슷한, 석영·장석과 함께 화강암을 구성하는 조암광물로 돌 비늘이다.

칠공七工

七工者, 攻木之藝人也. 一曰輪人,【斲輪者】二曰輿人,【造輿者】三曰車人,【造車者】四曰弓人,【造弓者】五曰廬人,【造兵器】六曰匠人,【造宮室者】七曰梓人,【造器物】此之謂七工也.

七工之名, 出〈考工記〉.

'칠공'이란 나무를 가공하는 재주를 가진 사람들이다. 첫 번째는 '윤인'으로 『장자』「천도天道」에 나온 말로, 바퀴살을 알맞게 깎는 사람이다. 두 번째는 '여인'으로 수레를 만드는 사람이다. 세 번째는 '거인'으로 가마나 수레를 만드는 사람이고, 네 번째는 '궁인'으로

활을 만드는 사람이며, 다섯 번째는 '여인'으로 전투용 병기를 만드는 사람이다. 여섯 번째는 '장인'으로 집을 짓는 사람이다. 일곱 번째는 '재인'으로 기물을 만드는 사람이다. 이를 '칠공'이라 한다.

'칠공'이란 말은 『주례』「고공기」에 나온다.

칠서七書

七書者, 武學之經傳也. 一曰《孫子》,【吳 孫武所著】二曰《吳子》,【吳起著】三曰《六韜》,【太公法】四曰《三略》,【黃石公所傳】五曰《司馬法》,【齊 武王時作】六曰《尉繚子》,【梁惠王時人】七曰《李衛公》,【李靖著】此之謂七書也.

七書之名, 出晁公武《讀書志》.【宋 元豐中, 始定武學七書. 國制以《易》·《詩》·《書》·《論》·《孟》·《中庸》·《大學》爲七書】

'칠서'란 병법에 관한 경전이다. 첫 번째가 『손자』로 오나라의 손무가 썼다. 두 번째는 『오자』로 오기가 지었다. 세 번째는 『육도』로 주나라의 강태공이 만들었다. 네 번째가 『삼략』으로 황석공이 지었다. 다섯 번째가 『사마법』으로 제나라 무왕 시절 저술되었다. 여섯 번째는 『울료자』로 전국시대 양 혜왕 시절 저술되었다. 일곱 번째가 『이위공』으로 이정이 편찬했다. 이를 '칠서'라 한다.

'칠서'란 말은 송나라 때 조공무가 지은 『독서지』에 나온다. 송

나라 원풍 연간에 '무학칠서'가 제정되었다. 국가의 정식 제도로는 『역경』·『시경』·『서경』·『논어』·『맹자』·『중용』·『대학』을 '칠서'라 한다.

| 역자 해설 |

황석공은 중국 진秦나라 말의 병법가이다. 장량張良에게 병서兵書를 전해 주는 일화가 있는데, 신발을 일부러 강물에 떨어뜨린 뒤 장량에게 주워오도록 하고 그에게 병법서 『황석공삼략黃石公三略』을 전해주었고, 장량은 이 병서를 읽고서 한나라 고조의 천하 통일을 도왔다고 한다. 『울료자』는 주나라의 울료가 지은 병법서이다. 『사마법』은 제齊나라 무왕 시절 병법가 사마양저司馬穰苴가 지었다고 전해지는 병법서이다. 『이위공』은 당나라의 명장 이정(571~649)이 당 태종과 군사문제 전반에 걸쳐 토론한 20여 개 문답을 후대 사람이 편찬했다.

'무학칠서'는 송나라 원풍 연간[중국 송나라의 제6대 황제인 신종神宗 조욱趙頊(재위 1067~1085) 때의 두 번째 연호이다. 1078년부터 1085년까지 8년 동안 사용되었다.]에 신종이 대규모 관제개혁을 추진하여, 이를 '원풍개혁元豊改革'이라고 하는데 이때 '무학칠서'가 제정되었다.

❀ 칠귀七貴 ❀

七貴者, 漢室之外戚也. 一曰呂氏,【產祿等】二曰霍氏,【霍光家】三曰上官,【桀之家】四曰丁氏,【哀帝母丁姬之家】五曰趙氏,【飛燕家】六曰傅氏,【元帝 傅昭儀之家】七曰王氏,【王商等】此之謂七貴也.

七貴之名, 出潘岳〈西征賦〉.【其目見六臣注】

'칠귀'란 한나라의 외척 및 귀족으로 권세를 누린 일곱 성씨들이다. 첫 번째가 여씨로 여산과 여록 등이 있다. 두 번째는 곽씨로 전한의 무제 때 '곽광'의 가문이다. 세 번째가 상관으로 한 소제 때의 상관걸上官桀과 걸의 아들 상관안上官安을 말한다. 네 번째가 정씨로 한나라 애제의 어머니 정희(제태후)의 가문이다. 다섯 번째가 조씨로 조비연의 가문이다. 여섯 번째는 부씨로 부 소의의 일가이다. 일곱 번째는 왕씨로 왕상 등이 있다. 이를 '칠귀'라 한다.

'칠귀'라는 말은 진晉나라 반악의 「서정부」 중에 '육신'의 주석에서 목록을 볼 수 있다.

| 역자 해설 |

한나라 소제昭帝가 어려서 곽광이 섭정하였다. 조비연의 여동생 합덕은 성제成帝의 사랑을 받았는데, 그 살결이 부드럽고 향냄새가 났다고 한다. 원제는 비빈 제도를 만들었는데 1급부터 15급으로 나누

었다. 비빈 중 1등급을 소의라 하여 '부 소의'라 한다. 그녀의 아들이 제양왕濟陽王 유강劉康이다.

칠자七子

七子者, 曹魏之文士也. 一建安 曹植,【字子建】二東平 劉楨,【字公幹】三北海 徐幹,【字偉長】四廣陵 陳琳,【字孔璋】五陳留 阮瑀,【字元瑜】六汝南 應瑒,【字德璉】七山陽 王粲,【字仲宣】此之謂七子也.
七子之名, 出〈魏志〉.【〈王粲傳〉】

'칠자'란 조조가 세운 위나라의 문사들이다. 첫 번째는 조식으로 자는 자건이다. 두 번째가 동평 유정으로 자는 공간이다. 세 번째가 북해 서간으로 자는 위장이다. 네 번째가 광릉 진림으로 자는 공장이다. 다섯 번째가 진류 완우로 자는 원유다. 여섯 번째가 여남 응창으로 자는 덕련이다. 일곱 번째가 산양 왕찬으로 자는 중선이다. 이를 '칠자'라 한다.

'칠자'란 말은 『위지』「왕찬전」에 나온다.

| 역자 해설 |

'칠자'란 중국 후한 말기, 헌제의 건안 연간(196~220)에 위나라 무제

武帝 조조 부자를 중심으로 모인 문학인들이다. 첫 번째는 진사왕陳思王이라고도 불리는 중국 삼국시대 위나라의 시인인 조식으로 자는 자건이다. 위나라 무제 조조曹操의 아들이며, 문제文帝 조비曹丕의 아우이다. 그들 세 사람을 삼조三曹라 하며, 함께 건안문학建安文學의 중심적 존재로서 '문학사상의 주자와 공자'라 칭송되었다. 그러나 형 문제가 조식을 몹시 미워했다. 어느 날 연회석상에서 형 문제가 일곱 걸음을 걷는 사이에 시 한 수를 짓지 못하면 대죄로 다스리겠다고 하자, 그 말이 끝나기가 무섭게 "콩을 삶기 위하여 콩대를 같이 태우니, 콩이 가마 속에서 소리 없이 우네. 본디 한 뿌리에서 같이 태어났는데 서로 괴롭히기가 어찌 이리 심할까?"라고 시를 지어, 형을 민망하게 만들었다. 자기를 콩에, 형을 콩대에 비유하여 형제의 불화를 말한 이 시가 바로 〈칠보지시七步之詩〉이다. 두 번째가 동평 영양 사람인 유정으로 조조에게 불려가 승상연속丞相掾屬이 되었다. 자는 공간이다. 세 번째가 서간으로 자는 위장이다. 170년 북해北海(지금의 산동성 창락)에서 태어났다. 196년경 조조가 군사를 일으켰을 때 잠시 이에 참여하기도 하였으나, 병으로 사직하고 귀향해 48세로 죽었다. 그의 시 〈실사室思〉는 내용이 절절하고 시정이 풍부해 사람을 감동시키는 명작으로 꼽힌다. 네 번째가 진림으로 광릉(지금의 강소성 염성) 사람으로 자는 공장이다. 원래 원소의 휘하에 있다가 200년에 관도官渡(지금의 하남성 중모)의 전쟁에서 원소가 대패하자 진림은 조조에게 잡혔는데, 조조는 그의 재주를 높이 평가하여 죽이지 않고 사공군모제주관司空軍謀祭酒官으로 삼았다. 다섯 번째가 진류(지금의

하남성 개봉) 출신의 완우이다. 그가 조조를 위해 손권에게 쓴 편지로 「위조공작서여손권爲曹公作書與孫權」은 뛰어난 작품으로 손꼽힌다. 여섯 번째가 여남(지금의 하남성 여남현) 출신의 응창이다. 조조 밑에서 승상연丞相掾이 되었다. 그 뒤 평원후서자平原侯庶子, 오관중랑장문학五官中郎將文學에 올랐다. 명나라 때 그의 자인 덕련의 이름으로 『응덕련집應德璉集』이 있다. 일곱 번째가 산양(지금의 산서성 진청시) 출신의 왕찬이다. 자는 중선이고, 조조가 손권을 정벌하러 갈 때 함께 따라갔다가 217년에 41세로 병사했다.

칠현七賢

七賢者, 晉初之酒豪也. 一步兵校尉阮籍,【字嗣宗】二中散大夫嵇康,【字叔夜】三吏部尚書山濤,【字巨源】四建武參軍劉伶,【字伯倫】五始平太守阮咸,【字仲容】六散騎常侍向秀,【字子期】七司徒王戎,【字濬仲】此之謂七賢也.
七賢之名, 出陶淵明《羣輔錄》.【又見《晉書》. 魏末七人, 游于竹林, 號曰竹林七賢】

'칠현'이란 서진 초기의 주호들이다. 첫 번째가 보병교위 완적으로 자는 사종이다. 두 번째가 중산대부 혜강으로 자는 숙야다. 세 번째가 이부상서 산도로 자는 거원이다. 네 번째가 건무참군 유령

으로 자는 백륜이다. 다섯 번째가 시평태수 완함으로 자는 중용이다. 여섯 번째가 산기상시 향수로 자는 자기다. 일곱 번째가 사도 왕융으로 자는 준충이다. 이를 '칠현'이라 한다.

'칠현'이란 말은 도연명이 쓴 『군보록』에 나오며, 『진서』에는 위나라 말기 일곱 사람으로 죽림에서 노는 사람들이라는 뜻으로 '죽림칠현'이라고 기록하고 있다.

| **역자 해설** |

'칠현'이란 '죽림칠현竹林七賢'으로 삼국시대 말부터 서진 초기, 즉 3세기 중엽에 중앙 관직에서 벗어나 산림에서 술과 바둑과 풍류를 즐긴 일곱 명의 은자를 말한다. 첫 번째가 위나라와 진晉나라의 교체기에 '보병교위(도성을 수비하는 보병을 담당하는 벼슬)'를 지낸 적이 있는 완적으로 자는 사종이고 '완보병'으로도 불린다. 완적이 보병교위의 주방에 술 300근이 있다는 말을 듣고, 흔쾌히 '보병교위'를 자청했다고 한다. 두 번째가 혜강으로 위나라 초군譙郡 질현銍縣 사람으로 자는 숙야이다. 중산대부中散大夫의 벼슬을 해서 일명 '혜중산嵇中散'으로 불린다. 나중에 은둔하여 벼슬을 하지 않았고, 완적 등과 교유했다. 「양생론養生論」과 「여산거원절교서與山巨源絶交書」 등 수많은 철학과 정치 관련 글을 남겼다. 『시경』 이래의 4언시를 애호하여 철학적 사색을 노래하는 것으로 일관하여 완적과 함께 이름이 높았다. 거문고를 잘 타서 「금부琴賦」가 있다. 세 번째가 산도로 진나라 하내회河內懷 사람으로 자는 거원이었다. 노자와 장자의 학문을 주로 했으며,

무제 때 이부상서를 역임했다. 네 번째가 유령으로 서진의 패국沛國 사람이다. 자는 백륜이다. 건무참군의 벼슬을 했고, 거침없이 마음대로 행동하면서 항상 우주가 비좁다고 여겼으며, 언제나 하인에게 삽을 메고 따라 다니게 했는데, "언제 어느 곳에서 죽을는지 모르니 죽은 곳에 묻히기 위함이다."라고 했다는 일화가 있다. 다섯 번째가 완함으로 서진의 진류陳留 울지尉氏 사람이다. 자는 중용이고, 완적의 조카다. 시평태수를 지냈고, 음률에 정통했으며, 특히 비파를 잘 연주했다고 한다. 여섯 번째가 향수로 서진의 하내河內 회현懷縣 사람이다. 자는 자기다. 산기상시의 벼슬 등을 지냈다. 노장사상에 관해 정통하고 『장자은해莊子隱解』 등을 저술했다. 일곱 번째가 왕융으로 서진의 낭야琅邪 임기臨沂(지금의 산동에 속함) 사람이다. 자는 준충이다. 이익을 먼저 생각하고 재물 모으기를 계속해서 완적이 속물이라고 했다고 한다.

칠행七行

七行者, 樂府之平調也. 一日長歌, 【言芳華不久】 二日短歌, 【魏 文帝所作, 言及時行樂】 三日猛虎, 【陸機所作, 言從役不改節】 四日君子, 【遠嫌疑之義】 五日燕歌, 【婦人思行役】 六日從軍, 【車旅之勞苦】 七日鞠歌, 【言鞠室之哀】 此之謂七行也.

七行之名, 出《古今樂錄》.【宋 大明中, 王僧虔錄平調七曲爲七歌行】

'칠행'이란 악부 중 평조이다. 첫 번째가 장가로 단가에 비해 긴 것이 특징이다. 아름답던 꽃도 시들어 버리는 것을 노래했다. 두 번째가 단가로 위나라 문제가 만든 가사에서 할 수 있을 때 즐길 것을 노래하는 내용들이다. 세 번째가 맹호로 육기의 작품에서 보이는데, 어려움에도 절개를 굽히지 않는다는 내용이다. 네 번째가 군자로 의심을 살 만한 일을 멀리하라는 내용이 담겨 있다. 다섯 번째가 연가로 행역을 간 남편을 그리워하는 부인의 마음을 표현하는 내용이다. 여섯 번째가 종군으로 전쟁터에서의 고단함을 노래하고 있다. 일곱 번째가 국가로 시대를 잘못 만난 신세를 한탄하는 내용이다. 이를 '칠행'이라 한다.

'칠행'이란 말은 남조 진陳나라의 지장智匠이 지은 『고금악록』에 나온다. 남조 시대 송나라의 마지막 왕인 효무황제 유준의 대명 연호 시기에 저명한 서법가인 왕승건은 평조칠곡을 '칠가행'이라 하였다.

| 역자 해설 |

'칠행'이란 악부 중 밝고 화평한 느낌의 평조이다. 중국 한나라 무제 때 세워진 음악을 관장하는 관청의 이름이 악부인데, 관장한 음악을 수반한 문학 양식이 그대로 악부로 불리게 되었다. 첫 번째가 장

가행으로 단가에 비해 긴 것이 특징이다. 가을이 되면 그 아름답던 꽃도 시들어 버리는 것처럼, 청춘 시절이 가고 나면 황혼기가 다가오는 이치 등을 노래했다. 두 번째가 단가로 비교적 짧은 시조들이다. 대표적으로 위나라 문제가 만든 가사에서 할 수 있을 때 즐길 것을 노래하는 내용들이 주이다. 세 번째가 맹호행으로 서진 때 오군吳郡 오현吳縣 사람인 육기의 작품에서 보이는데, 어려움에도 절개를 굽히지 않는다는 내용이다. 아우 육운陸雲과 더불어 '이육二陸'으로 불린다. 네 번째가 군자행으로 의심을 살 만한 일을 멀리하라는 내용이 담겨 있다. "외밭에서 벗겨진 신발을 신으려 하지 말고, 오얏나무 밑에서 머리에 쓴 관을 고쳐 쓰지 마라(瓜田不納履 李下不整冠)"는 내용이 대표적으로, 외를 따거나 오얏을 따는 혐의를 받기 쉬우므로 조심하라는 뜻을 담고 있다. 이를 줄여 '瓜李之嫌(과리지혐), 瓜李'라고도 한다. 다섯 번째가 연가행으로 전쟁터로 떠난 남편을 그리워하는 부인의 마음을 표현하는 내용이다. 여섯 번째가 종군행으로 전쟁터에서의 고단함을 노래하고 있는데, 삼국시대 좌연년左延年이 만들었다는 악곡 〈고재苦哉〉에서 유래했다고 한다. 일곱 번째가 국가행으로 시대를 잘못 만난 신세를 한탄하는 내용이다. 주로 뛰어난 인물이 인재를 만나지 못해 곤궁함에 처해 있음을 한탄하는 내용으로 여기서 국鞠은 곤궁하다는 뜻이다.

칠곡七曲

七曲者，江南之樂府也。其一曰江南弄，【本沈約所作】二曰龍笛，三曰採蓮，四曰鳳笙，五曰採菱，六曰游女，七曰朝雲，此之謂七曲也。
七曲之名，出《古今樂錄》。【梁 武帝改沈約四曲，製江南弄七曲】

'칠곡'이란 강남의 악부이다. 첫 번째가 강남롱으로 원래 심약이 지었다고 한다. 두 번째는 용적, 세 번째는 채련, 네 번째는 봉생, 다섯 번째는 채릉, 여섯 번째는 유녀, 일곱 번째는 조운이다. 이를 '칠곡'이라 했다.

'칠곡'이란 말은 남조 진陳나라의 지장智匠이 지은 『고금악록』에 나온다. 양나라 무제가 심약의 4개의 곡을 고쳐서 '강남롱' 7곡을 만들었다.

| 역자 해설 |

강남롱은 원래 남조 시대 양나라 시인인 심약이 지었다고 한다. 강남은 남북조 시대에 화려하기로 유명했던 장강 이남 지방을 말하는데, 이 지방에서 특히 악부의 중간 음역인 상보다 한 옥타브 가량 높은 음인 청상곡淸商曲을 말한다. 〈강남롱江南弄〉을 비롯하여 〈용적곡龍笛曲〉·〈채련곡採蓮曲〉·〈봉생곡鳳笙曲〉·〈채릉곡采菱曲〉·〈유녀곡遊女

曲〉·〈조운곡朝雲曲〉 등의 가사歌詞가 유행했다.

칠부七部

七部者, 隋代之伎樂也. 一曰國伎, 二曰清商伎, 三曰高麗伎, 四曰天竺伎, 五曰安國伎, 六曰龜茲伎, 七曰文康伎, 此之謂七部也.
七部之名, 出《隋書·音樂志》.【隋 開皇初, 置七部樂】

'칠부'란 수나라 기악이다. 첫 번째는 국기이고, 두 번째는 청상기, 세 번째는 고려기, 네 번째는 천축기, 다섯 번째는 안국기, 여섯 번째는 구자기, 일곱 번째는 문강기이다. 이를 '칠부'라 한다.

'칠부'란 말은『수서』「음악지」에 나온다. 수나라 초기에 '칠부악'을 제정했다.

| 역자 해설 |

국기는 서량기西涼伎라고도 한다. 지금의 둔황(敦煌) 지방에 있던 나라의 음악으로, 고구려의 음악과 밀접한 관계에 있었다. 청상기는 중국 강남의 청악이다. 고려기는 고구려의 무악이다. 천축기는 인도의 무악이다. 안국기는 중앙아시아의 도시국가였던 부카라Bukhara의 음악이다. 구자기는 지금의 천산산맥 남쪽 신장 위구르

지방에 있던 나라의 음악이다. 문강기는 수나라 문제가 진陳나라를 평정하고 문강기文康伎와 예필기禮畢伎를 얻었다고 한다. 『구당서』에는 "수 문제가 진나라를 평정하고 문강곡文康曲, 예필곡禮畢曲을 얻어 9부의 기伎에다 끼워 넣었다."라고 하였다.

칠거七去

七去者, 婦人之所以出也. 不順父母去,【爲逆德】無子去,【爲絶世】淫去,【爲亂族】妒去,【爲亂家】有惡疾去,【不可共粢盛】多言去,【爲離親】竊盜去,【爲反義】此之謂七去也. 七去之名, 出《大戴禮》.【〈本命〉篇又有所取無所歸不去, 與更三年喪不去, 前貧賤後富貴不去】

'칠거'란 아내를 내쫓는 일곱 가지 이유이다. 시부모에게 불순한 것, 자식이 없는 것, 음행이 있는 것, 질투하는 것, 전염성이 강하거나 고치기 힘든 병이 있는 것, 가족을 갈라지게 하는 말이 많은 것, 도둑질하는 것을 말한다. 이를 '칠거'라 한다.

'칠거'란 말은 『대재례』에 나온다. 그러나 부인을 내쫓지 않는 세 가지 경우가 있는데 『소학집주』「명륜」에 공자가 "부인을 내쫓지 않는 세 가지 경우가 있으니, 맞이해 온 곳은 있고 돌아갈 친정이 없으면 내쫓지 않고, 함께 부모의 삼년상을 지냈으면 내쫓지 않고,

전에는 가난하다가 뒤에 부유하면 내쫓지 않는다."라고 하였다.

칠사七事

七事者, 守令考績之目也. 一曰農桑盛, 二曰戶口增, 三曰學校興, 四曰軍政修, 五曰賦役均, 六曰詞訟簡, 七曰奸猾息, 此之謂七事也.
七事之名, 出《國朝寶鑑》.【本】

'칠사'란 수령의 '고적지목'이다. 농상성·호구증·학교흥·군정수·부역균·사송간·간활식이다. 이를 '칠사'라 한다.
'칠사'란 말은『국조보감』에 나온다.

| 역자 해설 |

'칠사'란 새로 임명된 수령이 대궐에 하직하고 근무지로 갈 때 승정원 앞 게시판에서 큰소리로 외우던 수령 칠사守令七事이다. 농·상업을 일으키고, 인구를 늘리고, 학교를 발전시키고, 군정을 다스리고, 부역을 균등하게 부과하며, 소송의 처리를 간편하고 신속하게 하는 것, 교활한 범죄들을 단속하는 것 들이다.

팔지류八之類【이십조二十條】

팔괘八卦

八卦者, 萬物之象也. 乾有父道, 坤有母道, 震爲長男,【下連者】巽爲長女,【下絶者】坎爲中男,【中連者】离爲中女,【中絶者】艮爲少男,【上連者】兌爲少女,【上絶者】此之謂八卦也.
八卦之名, 出《易大傳》.

'팔괘'란 천지만물의 모양이다. 건괘에는 아버지의 도를 보이고, 곤괘에는 어머니의 도가 보이고, 진괘에는 장남의 모습이 보이고 세 효 중에 아래 효만 양효이다. 손괘는 장녀에 해당하는데 아래만 음효이다. 감괘는 중남에 해당하는데 중간 효만 양효이다. 리괘는 중녀에 해당하는데 중간 효만 음효이다. 간괘는 막내아들로 위 효만 양효이다. 태괘는 막내딸로 위 효만 음효이다. 이를 '팔괘'라 한다.

'팔괘'란 말은『주역대전』에 나온다.

팔음 八音

八音者, 樂器之別也. 金曰鍾鎛, 石曰球磬, 絲曰琴瑟, 竹曰簫管, 匏曰笙簧,【列管於匏中】土曰壎篪,【與吅同】革曰鼓鼗, 木曰柷敔, 此之謂八音也.
八音之名, 出《周禮》.【〈大師〉文】

'팔음'이란 악기의 재료에 따른 구별이다. 쇠로는 종을 만들고, 돌로는 경쇠를 만들고, 명주실로는 거문고와 비파를 만들고, 대나무로는 대금을 만들고, 박으로는 생황을 만드는데 생은 목재의 관을 말하고 황은 관의 구멍에 붙인 엷은 조각을 말하는 것이다. 흙으로는 크게 소리 내는 질나발을 만들고, 가죽으로는 북을 만들고, 나무로는 축어를 만드는데 축은 시작을, 어는 마칠 때 쓰는 목재 타악기이다. 이를 '팔음'이라 한다.

'팔음'이란 말은 『주례』「대사」에 나온다.

팔풍 八風

八風者, 大塊之噫氣也. 正東曰明庶風,【一名曰谷風】東南曰清明風, 正南曰景風,【一名曰凱風】西南曰涼風, 正西曰閶闔風, 西北曰不周風, 正北曰廣莫風,【一名曰廣末】東北曰條風.【一名曰融風】此之謂八風也.
八風之名, 出《左傳》.【其目見《史記·律書》. 其注一名者, 杜預說也. 《呂氏春秋》又以猋風·滔風·熏風·巨風·淒風·飂風·厲風·寒風爲八風, 起於東北, 終於正北】

'팔풍'이란 천지 사이에 부는 바람이다. 정동풍은 명서풍으로 일명 곡풍이라고도 하는데 춘분에 분다. 동남풍은 청명풍으로 입하 절기에 분다. 정남풍은 경풍으로 일명 개풍이라 하는데 하지 절기에 분다. 서남풍은 양풍으로 입추에 분다. 정서풍은 창합풍으로 추분 절기에 불고, 서북풍은 부주풍으로 입동 절기에 불며, 정북풍은 광막풍으로 일명 광말로 불리는데 동지에 불어온다. 동북풍은 조풍으로 일명 융풍이라 하는데 입춘에 불어온다. 이를 '팔풍'이라 한다.

'팔풍'이란 말은 『좌전』에 나온다. 『사기』「율서」에 그 이름들이 나열되어 있는데 서진 시대의 병법에 능력이 있었던 두예의 설이다. 『여씨춘추』「유시람有始覽」에는 "동북풍은 회오리바람이고, 동풍은 샛바람이며, 동남풍은 따뜻하고 습한 된 마파람이고, 남풍은 마파람이며, 서남풍은 시원한 갈마바람이다. 서풍은 유풍으로 하늬바람이고, 서북풍은 여풍으로 높은 하늬바람이며, 북풍은 한풍으로 된바람을 말한다. 동북에서 일어나 정북에서 그친다."라고 되어 있다.

팔굉八紘

八紘者, 中國之荒外也.【紘, 綱也. 如綱之有大綱】東北曰荒土, 正東曰桑野, 東南曰衆安, 正南曰反戶,【卽北戶】西南曰火土, 正西曰沃野, 西北曰河所, 正北曰委羽, 此之謂八紘也.
八紘之名, 出《淮南子》.【九州之外有八埏, 八埏之外有八紘. 上文以大澤·無通·大渚·少海·昃區·玄澤·大夢·浩澤·渚資·丹澤爲八綖】

'팔굉'이란 중국의 황외이다. 굉이란 강이다. 당연히 강에는 대강이 있다. 동북방은 황토이고, 동방은 상야이고, 동남방은 중안, 정남방은 반호라 하는데 북쪽 창이 있다. 서남방은 화토라 하고, 정서방 지역은 옥야라 한다. 서북방은 하소이고, 정북방은 위우라 한다. 이를 '팔굉'이라 한다.

'팔굉'이란 말은 『회남자』에 나온다. 구주 밖에 팔연이 있고, 팔연 밖에 팔굉이 있다. 위 책에서 대택과 무통, 대저와 소해, 구구와 현택, 대몽과 호택, 저자와 단택을 '팔연'이라 했다.(埏과 綖은 같은 의미로 쓰인 글자로 보인다.)

| 역자 해설 |

'팔굉'이란 중국의 중심에서 먼 오랑캐 땅의 바깥이다. 『회남자淮南

八之類

子』「지형훈地形訓」에 구주九州의 밖에 사방 천 리인 팔인八殥이 있고, 팔인 밖에 팔굉이 있는데, 역시 사방 천 리라고 하였다. 「지형훈」에서 말하는 팔인八殥은 팔연과 같은 말로 보이는데 기록마다 글자가 조금씩 다르다. 굉이란 천지 사방을 통틀어 말하는 것이다. 동북방은 황토라 하여 황량한 땅이란 뜻인데 봉황이 스스로 노래하는 곳이라고 한다. 동방은 상야라 하여 부상扶桑의 들이란 말인데 동해에 부상나무 숲이 있다고 한다. 동남방은 중안으로 남자가 적고 여자가 많은 지역이라고 한다. 정남방은 반호라 하는데 북쪽을 향한 문을 만드는 특징이 있다. 남극에 북호국北戶國이 있다고 한다. 『다산시문집』 9권에 있는 책문에서 "중국은 적도의 북쪽에 위치하므로 북극을 북극이라 하는 것이 당연하다. 반대로 북호국北戶國(중국 남부에 있었던 나라를 지칭)은 적도 남쪽에 위치하지만, 그렇다고 남극을 북극이라 할 수는 없다는 말인가? 중국도 밝은 곳을 향하여 집을 짓고 북호국도 밝은 곳을 향하여 집을 짓는데, 중국은 북이 되고 북호국은 남이 된다면 어찌 공론이라 말할 수 있겠는가? 대하大夏에서는 촉蜀을 동쪽이라 하고 촉 사람들은 제齊를 동쪽이라 하니, 동쪽을 확고하게 정할 수 있겠는가. 일본은 우리나라를 서쪽이라 하고 우리나라는 중국을 서쪽이라 하니, 서쪽을 임의로 확고하게 정할 수 있겠는가."라고 하면서 의문을 던진다. 서남방은 화토라 하는데 키가 작은 사람들의 나라이다. 정서방 지역은 하얀 들판이란 뜻의 옥야라 한다. 서북방은 하소로 눈이 하나뿐인 사람들이 사는 땅이다. 정북방은 위우라 하는데 눈이 쌓인 산을 의미한다. 늪과 호수에 대해서는 북방은 대택과 무통이라는 늪이고, 동방은 대저와 소해라는 늪이고, 동남은 구구와 현택이라는 늪이고, 남방은 대몽과 호택이라고 하는 큰 늪이며, 서남방은 저자와 단택이라는 붉은 연못이 있다고 한다.

팔만 八蠻

八蠻者, 南方之蕃國也. 一曰天竺, 二曰咳首, 三曰焦僥, 四曰跛踵, 五曰穿胸, 六曰儋耳, 七曰狗軹, 八曰旁脊, 此之謂八蠻也.
八蠻之名, 出《國語》.【其目見《爾雅·疏》李巡說】

'팔만'이란 중국 남방의 번국들이다. 첫 번째는 천축, 두 번째는 해수, 세 번째가 초요, 네 번째가 파종, 다섯 번째가 천흉, 여섯 번째가 담이, 일곱 번째가 구지, 여덟 번째가 방척이다. 이를 '팔만'이라 한다.

'팔만'이란 말은 『국어』에 나오고, 그 이름들은 『이아』「소」'육만'에 대한 이순의 주석에 나온다.

| 역자 해설 |

'팔만'이란 중국 남방의 오랑캐 나라들이다. 첫 번째는 천축으로 지금의 인도이다. 두 번째는 해수이다. 지금의 어디인지 알 수 없다.

八之類

세 번째는 초요인데 『회남자淮南子』「추형훈」에 "(중국) 서남쪽을 초요라 한다." 하였는데, 그 주에 "초요는 난쟁이 나라이다." 하였다. 네 번째는 파종인데 어디인지 알 수 없다. 다섯 번째는 천흉으로 회계(춘추시대 때 절강성 동쪽에 있던 지역)에 있던 나라이다. 천흉족은 가슴에 구멍이 나 있어, 그중의 귀인들은 그 구멍에 긴 장대를 꿰어 두 사람이 떠메고 다닌다고 한다. 여섯 번째는 담이인데 해남성 단현의 서북부라고 한다. 일곱 번째는 구지로 어디인지 알 수 없다. 여덟 번째는 방척인데 어디인지 알 수 없다.

팔사八蜡

八蜡者, 歲終之索饗也.【蜡, 索也】一日先嗇,【神農也】二日司嗇,【古農官】三日先農,【古田畯】四日郵表畷,【田官之所居】五日貓虎,【食田鼠田豕, 故報其功】六日水坊,【以蓄水】七日水庸,【以洩水】八日昆蟲,【螟蝗屬】此之謂八蜡也. 八蜡之名, 出〈郊特牲〉.【其目見經文. 然先儒以貓虎合一, 恐非也. 又昆蟲不當祭】

'팔사'는 한 해를 끝내며 지내는 색향이다. 첫 번째가 선색으로 신농씨이다. 두 번째가 고농관 사색이다. 세 번째가 고전관을 지낸 신인 선농이고, 네 번째가 농사용 임시 거처를 맡은 신인 우표철

이며, 다섯 번째가 들쥐와 멧돼지를 잡아먹는 고양이와 범의 신인 묘호이고, 여섯 번째가 물을 저축해 준 제방의 신인 수방이며, 일곱 번째가 물을 흐르게 한 수로의 신인 수용이고, 여덟 번째가 곡식에 해를 끼치지 않은 신인 곤충이다. 이를 '팔사'라 한다.

'팔사'란 말은 『예기』「교특생」에 나온다. 그 목록은 경문에 있다. 선유들이 묘호를 합쳐 1신이라 했는데 이는 틀린 것이다.(묘호가 1신이 아니라 묘신·호신이 각각 별도의 1신으로 2신이 된다.) **곤충은 잘못된 제사이다.**

| 역자 해설 |

'팔사'는 『예기』「교특생」에 나오는데, 농사를 끝내고 지내는 여덟 가지 제사로 그 대상은 첫 번째가 선색이다. 농업을 창시한 선색은 신농씨 염제이다. 두 번째가 농업을 처음으로 주관하여 백곡의 종자를 맡은 신인 사색이다. 세 번째가 고대에 전관田官을 지낸 신인 선농이고, 네 번째가 전지 사이의 농사용 임시 거처와 농로를 맡은 신인 우표철이며, 다섯 번째가 묘호이고, 여섯 번째가 수방이며, 일곱 번째가 수용이고, 여덟 번째가 곤충이다. 다산은 선유들이 묘호를 합쳐 1신이라 했는데 이는 틀린 것으로 보았다. 묘호가 1신이 아니라 묘신·호신이 각각 별도의 1신으로 2신이 된다. 그렇다면 곤충은 8신의 대열에서 제외되어야 한다고 보았다. 『목민심서』「예전 6조」에 나와 있다.

팔통八統

八統者, 人主所以馭萬民也. 一曰親親,【親九族】二曰敬故,【禮舊人】三曰進賢,【在尊位】四曰使能,【在卑職】五曰保庸,【安有功】六曰尊貴,【敬大臣】七曰達吏,【察勤勞】八曰禮賓,【懷諸侯】此之謂八統也.
八統之名, 出《周禮》.【〈小宰〉文. 〈小司寇〉八儀之辟, 其目與此同】

'팔통'이란 임금이 여덟 항목의 중심이 되는 통치 기준으로 만민을 통솔한 것을 말한다. 첫 번째가 마땅히 친해야 하는 가족과 친척의 덕목인 친친이고, 두 번째가 경고로 공로가 있는 사람에게 마땅한 답례를 하는 것이다. 세 번째가 진현으로 어진 이를 등용하는 것이고, 네 번째가 유능한 사람을 부리는 사능이며, 다섯 번째가 보용으로 공이 있는 사람을 편안하게 해 주는 것이고, 여섯 번째가 존귀로 대신들을 공경으로 대하는 것이며, 일곱 번째가 달리로 일하는 것을 잘 살펴보는 것이고, 여덟 번째가 예빈으로 제후를 따뜻하게 잘 품어 주는 것이다. 이를 '팔통'이라 한다.

'팔통'이란 말은 『주례』「소재」에 나온다. 「소사구」에 임금의 여덟 가지 법도가 나오는데 같은 내용이다.

팔정八政

八政者, 有國之大務也. 一曰食,【謂粟米】二曰貨,【泉布類】三曰祀,【以事神】四曰司空,【掌山澤】五曰司徒,【敎萬民】六曰司寇,【主刑獄】七曰賓,【禮諸侯】八曰師,【除殘暴】此之謂八政也.
八政之名, 出〈洪範〉.【〈王制〉又以衣·食·度·量·數·制·事爲·異別爲八政】

'팔정'이란 나라의 중요한 과업을 말한다. 첫 번째는 조와 쌀 등의 '양식'이며, 두 번째는 화폐 등의 '재물'이고, 세 번째는 신을 모시는 '제사'이고, 네 번째는 산과 강, 호수 등을 관장하는 '사공'이며, 다섯 번째는 백성을 교화하는 '사도'이다. 여섯 번째는 법 집행과 감옥을 관장하는 '사구'이고, 일곱 번째는 이웃 나라와 제후에게 예를 다하는 '빈'이며, 여덟 번째는 침입으로부터 지키는 '군사'이다. 이를 '팔정'이라 한다.

'팔정'이란 말은『홍범』에 나온다.『예기』「왕제」에서는 의·식·도·량·수·제·사위·이별을 팔정이라 한다.

팔형八刑

八刑者, 人主所以糾萬民也. 有不孝之刑, 有不弟之刑,【不順於兄長】有不睦之刑,【不親其九族】有不婣之刑,【不親其姻戚】有不任之刑,【不信於朋友】有不恤之刑,【不救憂貧者】有造言之刑,【以訛言惑衆】有亂民之刑,【亂名以改作】此之謂八刑也.
八刑之名, 出《周禮》.【〈大司徒〉】

'팔형'이란 군주가 백성을 바로잡는 형벌의 대상들이다. 첫 번째는 불효에 대한 형벌이고, 두 번째는 어른을 공경하지 않은 데 대한 형벌이며, 세 번째는 친척들과 화목하지 않은 데 대한 형벌이고, 네 번째는 혼인으로 맺어진 친족 간에 화목하지 않은 데 대한 형벌이다. 다섯 번째는 동문과 친구에게 신뢰를 주지 않은 데 대한 형벌이고, 여섯 번째는 어려운 사람을 도와주지 않은 데 대한 형벌이며, 일곱 번째는 없는 말을 지어내 사람들을 정신 차리지 못하게 한 것에 대한 형벌이고, 여덟 번째는 백성을 어지럽히는 것에 대한 형벌이다. 이를 '팔형'이라 한다.

'팔형'이란 말은『주례』「대사도」에 나온다.

팔성八成

八成者, 士師斷獄之法也. 一曰邦汋,【酌探國家之密事】二曰邦賊,【爲逆亂】三曰邦諜,【爲異國反間】四曰犯令,【干法禁】五曰撟令,【詐上命】六曰邦盜,【竊寶藏】七曰邦朋,【爲朋黨】八曰邦誣,【誣君臣】此之謂八成也.
八成之名, 出《周禮》.【〈士師〉文】

'팔성'이란 옥을 주관하는 관청이 죄의 유무를 판단하여 결정하고 구금할 때 법 기준으로 삼은 여덟 가지이다. 첫 번째가 '방작'으로 국가 기밀을 빼내는 것이고, 두 번째가 '방적'으로 반란을 일으키는 것이며, 세 번째가 '방첩'으로 외국을 위하여 간첩 활동을 하는 것을 말한다. 네 번째가 '범령'으로 왕의 법과 명령을 어기는 것이고, 다섯 번째가 '교령'으로 왕명을 제멋대로 해석하고 고치는 행동이며, 여섯 번째가 '방도'로 국가의 보물을 훔치는 행위이며, 일곱 번째가 '방붕'으로 당파를 만들고 국정을 농단하는 것이고, 여덟 번째가 '방무'로 왕과 신하를 속이고 왜곡하는 것을 말한다. 이를 '팔성'이라 한다.

'팔성'이란 말은『주례』「사사」에 나온다.

팔진 八珍

八珍者, 養老之膳羞也. 一曰淳熬, 【煎醢以加稻】 二曰淳毋, 【煎醢以加黍】 三曰炮豚, 【實棗以燒豚】 四曰炮牂, 【實棗以燒羊】 五曰擣珍, 【捶肉去其筋】 六曰漬肉, 【切肉以漬酒】 七曰乾熬, 【捶肉而屑薑桂】 八曰肝膋, 【狗肝炙以膋】 此之謂八珍也.

八珍之目, 見〈內則〉. 【後世以龍肝·鳳髓·兎胎·鯉尾·鶚炙·猩脣·熊掌·禾酪蟬爲八珍】

'팔진'이란 노인을 봉양하는 좋은 반찬을 말한다. 첫 번째가 '순오'로 달인 젓갈을 밥 위에 얹고 기름을 부은 것이다. 두 번째가 '순모'로 육젓을 달여서 기장으로 지은 밥 위에 얹고 기름으로 적신 것이다. 세 번째가 '포돈'으로 돼지를 잡아 뱃속에 대추를 채운 다음 익힌다. 네 번째가 '포장'인데 양의 뱃속에 대추를 채운 다음 익힌다. 다섯 번째가 '도진'으로 고기를 쓰되 반드시 등심살이어야 한다. 여섯 번째가 '지육'으로 쇠고기를 썰어 지주에 담근다. 일곱 번째가 '건오'로 쇠고기를 찧어서 생강과 계피 가루를 뿌린다. 여덟 번째가 '간료'로 개의 간을 기름에 고루 구워지게 한다. 이를 '팔진'이라 한다.

'팔진'의 목록은 『예기』「내칙」에 보인다. 후세에 와서 용간·봉수·표태·이미·악적·성순·웅장·수락선을 '팔진'이라 부르고 있다.

| 역자 해설 |

『백호전서』 46권 「잡저」에 '팔진'의 조리법이 잘 나와 있다. 첫 번째가 순오로 달인 젓갈을 육지에서 나는 벼로 지은 밥 위에 얹고 기름을 부은 것이다. 두 번째가 순모로 육젓을 달여서 기장으로 지은 밥 위에 얹고 기름으로 적신 것으로, 모라는 말은 본뜬다는 것으로 순오를 본뜬 것이다. 세 번째가 포돈으로 돼지를 잡아 뱃속에 대추를 채운 다음 갈대를 엮어서 싸고 다시 볏짚을 섞은 찰흙을 발라 굽는다. 그다음 큰 가마솥에 물을 끓이며 조미한 음식이다. 네 번째가 포장인데 포돈의 방법과 같다. 다섯 번째가 도진으로 소·양·사슴·노루·고라니의 고기를 쓰되 반드시 등심살이어야 하며, 각종 고기의 분량은 쇠고기와 균일하게 한다. 이렇게 해서 준비된 고기를 골고루 찧어서 힘줄 따위의 질긴 부위를 제거하고, 삶아서 피막을 떼어내고 고기를 부드럽게 한다. 여섯 번째가 지육으로 쇠고기를 얇게 써는데, 고기 살의 결을 가로로 썰어야 한다. 이렇게 한 고기를 좋은 술에 담가 하루를 묵힌 다음 식초와 젓갈, 매실로 담근 장을 곁들여 먹는다. 일곱 번째가 건오로 쇠고기를 찧어서 피막을 제거한 것을 엮은 갈대 위에 놓고 계피와 생강가루를 그 위에 뿌리고 소금을 뿌린 다음 말려서 먹는다. 양고기로 요리할 때도 똑같이 하며, 고라니·사슴·노루 등의 고기로 요리할 때도 쇠고기나 양고기와 같다. 젖은 고기를 원하면 물에 담가서 육젓을 넣어 끓이고, 말린 고기를 원하면

八之類

찧어서 먹는다. 여덟 번째가 간료로 개의 간 하나를 취하여 그 창자 기름으로 덮어 싸서 흠뻑 적신 다음 굽는데 창자 기름까지 고루 구워지게 한다.

팔진 八陣

八陣者, 諸葛武侯布軍之法也. 一日天圓, 二日地方, 三日風銳, 四日雲垂, 五日龍飛, 六日虎踞, 七日蛇蟠, 八日鳥翔, 此之謂八陣也.

八陣之名, 出〈蜀志〉.【其目見李筌《兵書》.《雜兵書》又以方圓·牝牡·衝陣·輪陣·浮沮陣·鴈行陣爲八陣】

'팔진'은 제갈무후가 펼친 군의 법이다. 첫 번째가 원 모양의 '천원진'이고, 두 번째가 '지방진'이고, 세 번째가 삼각형 모양의 '풍예진'이며, 네 번째가 '운수진'이다. 다섯 번째가 '용비진'이며, 여섯 번째가 '호거진'이고, 일곱 번째가 '사반진'이며, 여덟 번째가 '조상진'이다. 이를 '팔진'이라 한다.

'팔진'이란 말은「촉지」에 나온다. 당나라 이전의『병서』에 그 목록이 보이고,『잡병서』에 방원·빈모·충진·윤진·부저진·안행진을 '팔진'이라 했다.

| 역자 해설 |

'팔진'은 중국 삼국시대 촉나라의 제갈량이 만든 군사의 진을 치는 방법이다. '팔진'에 대한 설명은 여러 가지가 있지만, 각각의 진의 형성 원리는 다음 설명이 자세하다. 당나라 이전李筌의 『신기제적태백음경神機制敵太白陰經』「진도陣圖」에 "천진天陣은 건乾에 해당하며 천문天門이 되고, 지진地陣은 곤坤에 해당하며 지문地門이 되고, 풍진風陣은 손巽에 해당하며 풍문風門이 되고, 운진雲陣은 감坎에 해당하며 운문雲門이 되고, 비룡飛龍은 진震에 해당하며 비룡문飛龍門이 되고, 호익虎翼은 태兌에 해당하며 호익문虎翼門이 되고, 조상鳥翔은 이離에 해당하며 조상문鳥翔門이 되고, 사반蛇盤은 간艮에 해당하며 사반문蛇盤門이 된다. 천天·지地·풍風·운雲은 사정四正이 되고, 용龍·호虎·조鳥·사蛇는 사기四奇가 된다."라고 하였다. 정正은 적과 대치하여 진지를 구축하고 접전하는 것이고, 기奇는 매복하거나 습격하는 등 속임수를 쓰는 것이다.(『일성록』, 정조 20년 병진 9월 10일 기록 중에서)

팔모八母

八母者, 慈恩之辨名也. 一曰嫡母, 二曰繼母, 三曰慈母,【妾無子, 妾子無母, 而父命之爲子】四曰養母,【遺棄子受養】五曰出母,【被父黜】六曰嫁母,【父亡而改嫁】七曰庶母, 八曰乳母, 此之謂八母也.

八母之名, 出《元典章》.

'팔모'는 친어머니 이외에 여덟 가지 유형의 어머니를 일컫는다. 첫 번째가 '적모'로 서자가 아버지의 정처正妻를 부르는 칭호이다. 두 번째가 '계모'로 아버지의 후처이며, 세 번째가 '자모'로 서자에게 어머니가 없을 때 아버지가 아들이 없는 다른 첩에게 자기를 길러 주도록 한 어머니이다. 네 번째가 '양모'로 생모는 아니면서 자신을 길러 준 어머니이며, 다섯 번째가 '출모'로 아버지와 이혼하여 집을 나간 친어머니이다. 여섯 번째가 '가모'로 아버지가 죽고 나서 다시 결혼한 어머니이고, 일곱 번째가 '서모'로 아버지의 첩으로서 아들이 있는 경우이며, 여덟 번째가 '유모'로 어릴 때 젖을 먹여 준 어머니이다. 이를 '팔모'라 한다.

'팔모'란 말은 원나라의 법률서인『원전장』에 나온다.

팔체八體

八體者, 文字之變也. 一曰大篆, 二曰小篆, 三曰刻符, 四曰蟲書, 五曰摹印, 六曰署書, 七曰殳書, 八曰隸書, 此之謂八體也.

八體之名, 出許愼《說文》.【張懷瓘《書斷》, 又以篆·籀·八分·隸書·章草·草書·飛白·行書爲八體.《漢書·藝文志》,

又以古文·奇字·篆書·隸書·繆篆·蟲書爲六體】

'팔체'란 문자의 변이다. 첫 번째가 대전, 두 번째가 소전, 세 번째가 각부, 네 번째가 충서, 다섯 번째가 모인, 여섯 번째가 서서, 일곱 번째가 수서, 여덟 번째가 예서다. 이를 '팔체'라 한다.

'팔체'란 말은 허신이 지은 『설문해자』에 보인다. 당나라의 장회관이 지은 『서단』에서는 전·주·팔분·예서·장초·초서·비백·행서를 '팔체'라 했고, 『한서』「예문지」에서는 고문·기자·전서·예서·무전·충서를 '육체'라 했다.

| 역자 해설 |

'팔체' 중 대전은 주나라 선왕 때 태사 주籒가 만들었다고 하며, 번잡하고 수식을 주로 한 것이 특색이다. 소전은 진시황 때 문자통일을 도모하기 위해 이사李斯 등에게 명하여 제작하였다. 글자체를 간략화하여 일정하고 정제된 특징을 가진다. 각부는 나무 조각이나 두꺼운 종이에 글자를 쓰고 도장을 찍은 뒤에 이것을 두 조각으로 쪼개어, 한 조각은 상대자에게 주고 다른 한 조각은 자기가 보관하였다가 뒷날에 서로 맞추어 보도록 만든 물건 등에 쓰던 서체이다. 네 번째가 충서로 중국 진나라 시대에 벌레의 형태를 본떠 만든 서체이다. 모인은 옥새의 글자에 쓰이던 서체이다. 서서는 궁궐의 현판 등에 쓰이던 서체이다. 제방서題榜書, 벽과서擘窠書 등으로도 불린다. 수서는 문관의 손에 가지는 수판인 홀과 무관의 창에 새긴 서체이다.

예서는 중국의 전국시대 진秦나라의 공식 서체였던 전서篆書의 자획을 간략화하고, 일상적으로 쓰기에 편리하게 만든 서체이다.

팔가八家

八家者, 唐·宋文章之選也. 一韓昌黎,【愈】二柳柳州,【名宗元】三歐陽修,【字永叔】四蘇老泉,【洵】五蘇東坡,【軾】六蘇欒城,【轍】七王荊公,【名安石】八曾南豐,【鞏】此之謂八家也.
八家之名, 出《茅坤鹿門集》.

'팔가'란 당·송 시대 문선이다. 첫 번째가 '한창려'로 이름은 유다. 두 번째가 '유유주'로 이름은 종원이다. 세 번째가 '구양수'로 자는 영숙이다.(강서성 길안에서 출생했다.) 네 번째가 '소노천'으로 이름은 순이다. 다섯 번째가 '소동파'로 이름은 식이다. 여섯 번째가 '소악성'으로 이름은 철이다. 일곱 번째가 '왕형공'으로 이름은 안석이다. 여덟 번째가 '증남풍'으로 이름은 공이다. 이를 '팔가'라 한다.

'팔가'라는 말은 명나라 문학자인 모곤의 『모곤록문집』「당송팔가문초唐宋八家文抄」에 나온다.

'팔가'란 당·송 2대의 문장가들로 '당송팔대가'를 말한다. 첫 번째가 당나라 때의 한유(768~824)로 정치가이자 사상가이며 동시에 시인과 문장가로도 이름을 떨쳤다. 자는 퇴지退之이다. 두 번째가 유종원(773~819)으로 유·도·불을 참작하고 신비주의를 배격한 자유·합리주의의 입장을 가졌다. 세 번째는 송나라의 구양수(1007~1072)로 정치가이자 문학자로 자는 영숙永叔, 호는 취옹醉翁·육일거사六逸居士이다. 강서성 길안에서 출생했다. 네 번째가 소순(1009~1066)으로 중국 북송의 문인이다. 자는 명윤明允, 호는 노천老泉이다. 다섯 번째가 소동파로 소순의 아들인 소식(1037~1101)인데 자가 자첨子瞻, 호는 동파거사東坡居士이다. 사천四川 미산眉山 사람으로, 아버지 순洵, 아우 철轍과 함께 '3소三蘇'라고 불린다. 여섯 번째가 소악성으로 소철(1039~1112)이다. 자는 자유子由, 호는 영빈穎濱이며 소식의 아우이다. 형과 함께 진사에 급제(1057)한 뒤 중서사인中書舍人·호부시랑戶部侍郞·한림학사·문하시랑 등을 역임했다. 고문학자로서 불교의 영향이 농후한 작품을 썼다. 일곱 번째가 왕형공으로 왕안석(1021~1086)이다. 자는 개보介甫, 호는 반산半山이다. 문필가이자 시인으로서 그는 뛰어난 산문과 서정시를 남겼는데 죽은 뒤 형국공荆国公으로 봉해졌다. 여덟 번째가 증남풍으로 증공(1019~1083)을 말한다. 남풍에 살았다 하여 남풍으로 호칭한다. 자는 자고子固, 시호는 문정文定이다. 벼슬은 제주齊州·양주襄州·홍주洪州·복주福州 등의 지주知州를 역임하면서 많은 업적을 남겼다. 저서에 『원풍유고元豐遺稿』가 있으며, 사람들이 '남풍선생'이라고 불렀다.

❈ 팔절八絶 ❈

八絶者, 吳人之方技也. 吳範相風,【知風候】劉惇占氣,【察雲氣】趙達算術, 皇象書法, 嚴昭弈棊, 宋壽占夢, 曹丕興之畫,【爲孫權畫屛, 因點爲蠅】孤城 鄭姥之相,【知王粲終爲太傅】此之謂八絶也.
八絶之名, 出張勃《吳錄》.【又見陶淵明《羣輔錄》】

'팔절'이란 오나라 사람의 방기이다. '오범'은 상풍으로 천지의 상태를 살폈다고 하고, '유돈'의 점기는 구름과 기후로 점을 쳤으며, '조달'은 산술에 뛰어났다. '황상'은 서법에 능통했다. '엄소'는 바둑을 잘 두었다. '송수'는 해몽을 잘했다고 한다. '조불흥'은 그림이 뛰어났다. 손권을 위해 병풍에 그림을 그린 고사에 '인점위승因點爲蠅'이란 말이 있다. '정모'는 관상에 능했는데, 왕찬이 태부가 될 것을 알았다. 이들을 '팔절'이라 한다.

'팔절'이란 말은 진晉나라의 장발이 지은 『오록』에 있고, 도연명의 『군보록』에 이름들이 보인다.

| 역자 해설 |

'팔절'이란 오나라의 술수에 능한 8인이다. 첫 번째 오범은 바람으로 점을 쳐서 천지의 상태를 살폈다고 하고, 두 번째는 유돈으로 구름과 기후로 점을 쳤으며, 세 번째가 조달로 구궁일산九宮一算의 술법을 배워 작은 일에도 능통하며, 임기응변에도 능했다. 손권孫權이 정벌에 나설 때마다 예언한 내용이 잘 맞았다고 한다. 네 번째가 황상으로 오나라 광릉廣陵 강도江都 사람인데 자는 휴명休明이다. 시중侍中과 청주자사青州刺史를 지냈고 글씨를 잘 썼다. 다섯 번째가 엄소로 바둑을 잘 두었다고 한다. 여섯 번째가 송수로 해몽을 잘했다고 한다. 일곱 번째가 조불흥으로 그림이 뛰어났다. 조불흥이 오왕 손권의 명을 받고 병풍에 그림을 그리다가 붓을 떨어뜨려 그만 점이 찍히고 말았다. 그래서 그는 그 점을 파리로 고쳐 그려서 완성해 바치자 손권이 진짜 파리인 줄 알고 손가락으로 퉁겼다는 고사에서 '낙필점승落筆點蠅' 혹은 '인점위승因點爲蠅'이란 말이 생겼다. 여덟 번째가 정모(정구鄭嫗라고도 함)로 관상에 능했는데 고성에 머물며 관상을 봤다고 한다. 특히 건안칠자의 한 명인 왕찬이 태부가 될 것을 관상으로 알았다고 한다.

팔시八矢

八矢者, 諸射之所用也. 一曰枉矢,【矯而直】二曰絜矢,【筋束之】三曰殺矢,【中則死】四曰鍭矢,【以射侯】五曰矰矢,

【以弋禽】六曰茀矢,【亦弋矢】七曰恒矢,【常所用】八曰庳矢,【其行卑】此之謂八矢也.
八矢之名, 出《周禮》.【〈司弓矢〉】

'팔시'란 여덟 종류의 화살들이다. 첫 번째가 '왕시'로 교정하면 바르게 되는데 불을 붙여 쏘는 화살로 별똥별이 날아가는 것과 비슷하여 이름 지어졌다. 두 번째는 '혈시'로 힘줄로 감아 역시 불을 붙여 쏜다. 세 번째가 '살시'로 맞으면 죽는다 해서 이름 붙여졌다. 네 번째가 '후시'로 과녁을 맞히거나 사냥에 쓴다. 다섯 번째가 '증시'로 날짐승을 잡을 때 주로 쓴다. 여섯 번째가 '불시'로 쇠뇌(석궁)에 쓰이는 화살로 화살 끝에 명주실 끈을 매었다. 일곱 번째가 '항시'로 일반적으로 쓰였다. 여덟 번째가 '비시'로 짧은 화살이다. 이를 '팔시'라 한다.

'팔시'란 말은 『주례』「하관」'사궁시'에 나온다.

팔준八駿

八駿者, 周 穆王之名馬也. 一曰絶地,【足不踐土者】二曰翻羽,【行越飛禽者】三曰奔霄,【夜行萬里者】四曰超影,【逐日而行者】五曰踰輝,【毛色炳燿者】六曰超光,【一形十影者】七曰騰霧,【乘雲而行者】八曰挾翼,【身有肉翅者】此之謂八駿也.

八駿之目, 見《拾遺記》.

'팔준'이란 주 목왕의 명마이다. 첫 번째가 '절지마'로 달릴 때 발이 땅에 닿지 않았다고 한다. 두 번째가 '번우마'로 새가 나는 것 같았다고 한다. 세 번째가 '분소마'로 하룻밤에 만 리를 달렸다고 한다. 네 번째가 '초영마'로 매일 달릴 수 있었다고 한다. 다섯 번째가 '유휘마'로 털이 빛나고 번쩍였다고 한다. 여섯 번째가 '초광마'로 하나의 형체인데 그림자는 10개였다고 한다. 일곱 번째가 '등무마'로 구름을 타고 달렸다고 한다. 여덟 번째가 '협익마'로 날개가 있었다고 한다. 이를 '팔준'이라 한다.

'팔준'의 목록은 진晉나라 왕가王嘉의 『습유기』에 보인다.

| 역자 해설 |

'팔준'은 옛날에 주나라 목왕穆王이 천하의 신선을 찾아다니며 요지瑤池에 당도하여 서왕모西王母를 만나기까지 탔던 여덟 마리의 준마를 말한다.

팔도八道

八道者, 我邦之諸藩也. 中曰京畿, 次南曰忠淸, 【古百濟】

又南曰全羅, 東南曰慶尙,【古新羅】正東曰江原, 次西曰黃海, 西北曰平安,【古句麗】正北曰咸鏡,【南·北道, 卽古南·北沃沮】此之謂八道也.
八道之名, 出《大明一統志》.【其目見《武備志》】

'팔도'란 우리나라의 지방 구역이다. 가운데를 경기도라 하고, 그 아래는 충청도로 옛날 백제 땅이다. 또 그 남쪽을 전라도라 하고, 동남쪽은 경상도로 옛날 신라 지방이다. 동쪽은 강원도이고, 그 서쪽은 황해도이며, 서북쪽은 평안도인데 옛날 고구려 지방이다. 북쪽은 함경도인데 남북으로 나누어 남·북 옥저 땅이었다. 이를 '팔도'라 한다.

'팔도'란 지명은 『대명일통지』에 나온다. 그 목록은 『무비지』에서 볼 수 있다.

| 역자 해설 |

「대명일통지」는 중국 명나라의 지리서로 이현李賢 등이 임금의 명을 받들어 편찬한 것이며, 1461년에 완성했다. 그 목록은 『무비지』에 나오는데 명나라 모원의茅元儀가 고금의 병서 2천여 종을 검토하여 발행한 것이다.

팔문 八門

八門者, 我邦之都門也. 正東曰興仁, 東南曰光熙,【水口門】正南曰崇禮, 正西曰昭義,【西小門】又西曰敦義,【卽新門】西北曰彰義,【北漢路】正北曰肅淸,【閉不用】東北曰惠化,【東小門】此之謂八門也.

八門之名, 出《輿地勝覽》.

'팔문'이란 우리나라 도성의 문들이다. 정동향은 '흥인문', 동남향은 '광희문'으로 수구문이다. 정남향은 '숭례문'이고, 정서향은 '소의문'으로 서소문이다. 서향으로 '돈의문'이 있는데 새로 만든 문이다. 서북향은 '창의문'으로 북한로에 있고, 정북향은 '숙청문'으로 사용하지 않는다. 동북향은 '혜화문'으로 동소문이다. 이를 '팔문'이라 한다.

'팔문'의 명칭은 『여지승람』에 나온다.

| 역자 해설 |

『여지승람』은 『동국여지승람』으로 조선 성종의 명에 따라 노사신 등이 각 지방의 지리, 풍속 등을 기록한 책이다.

구지류九之類【이십조二十條】

구주九州

九州者, 中國之區分也. 河內曰冀州, 濟河曰兗州, 海岱曰青州, 淮岱曰徐州, 淮海曰揚州, 衡陽曰荊州, 荊河曰豫州, 華陽曰梁州, 西河曰雍州, 此之謂九州也.
九州之名, 出〈禹貢〉.【此夏制也. 殷制無青·梁, 加幽·營, 見《爾雅》. 周制無徐·梁, 加幽·竝, 見〈職方氏〉. 〈舜典〉注以〈禹貢〉九州及幽·竝·營爲十二州】

'구주'란 하·상·주 시대 중국의 지역 구분이다. 황하와 장강 사이의 '기주', 제하 부근의 '연주', 바다와 태산 사이의 '청주', 회수와 태산 사이의 '서주', 회수와 바다 사이의 '양주', 형산과 장강 사이의 '형주', 형산과 황하 사이의 '예주', 화산과 장강에 있던 '양주', 황하의 서쪽 지방을 '옹주'라고 하였다. 이를 '구주'라 한다.

'구주'란 말은 『서경』「우공」에 나온다. 이는 하나라의 제도다. 은나라의 제도에는 청주·양주가 없고, 유주·영주를 더했다. 『이아』에 보인다. 주나라 제도에는 서주·양주가 없고, 유주·병주를 더했다. 「직방씨」에 보인다. 「순전」의 주석에 「우공」의 '구주'에 유주 · 병주 · 영주를 더하여 '12주'라 했다.

| 역자 해설 |

이를 표로 정리하면 다음과 같다.

출전	1	2	3	4	5	6	7	8	9
『서경』「우공」	기주	연주	청주	서주	예주	양주	형주	양주	옹주
『이아』	기주	연주	유주	서주	예주	양주	형주	영주	옹주
『주례』	기주	연주	청주	유주	예주	양주	형주	병주	옹주
『여씨춘추』	기주	연주	청주	서주	예주	양주	형주	유주	옹주
「순전」	『서경』「우공」의 9주 + 유주, 병주, 영주 = 12주								

< 우공구주 - '위키피디아'에서 인용 >

구산九山

九山者, 九州之重鎭也. 揚曰會稽, 荊曰衡山, 豫曰華山, 青曰沂山, 兗曰岱山, 雍曰嶽山, 幽曰醫無閭, 冀曰霍山, 竝曰恒山, 此之謂九山也.
九山之目, 見《周禮·職方》.

'구산'이란 구주의 특히 큰 산들로 그 주의 명산이다. 양주의 절강성 소흥 남동쪽에 있는 회계산, 형주의 중국 오악 중에 남악으로 호남성 동정호 남쪽에 있는 형산, 예주에 있는 오악 중 서악으로 불리는 화산, 청주의 산동성에 있는 기산, 연주의 오악 중의 동악인 태산, 옹주의 하남성 북부에 있으며 숭산이라 불리는 오악 중 중앙에 있는 악산, 기주의 동북쪽에 있던 유주의 요녕성 북진현 서쪽에 있는 산인 의무려, 기주의 오악 중 남악으로 형산과 번갈아 지칭되는 곽산, 병주의 오악 중 북악으로 불리는 항산이 있다. 이를 '구산'이라 한다.

'구산'의 목록은 『주례』「직방」에서 볼 수 있다.

구하九河

九河者, 黃河之末流也. 一曰徒駭, 二曰太史, 三曰馬頰, 四曰覆鬴,【釜】五曰胡蘇, 六曰簡河, 七曰絜河, 八曰鉤盤, 九曰鬲津, 此之謂九河也.
九河之名, 出〈禹貢〉.【其目見《爾雅·釋水》. 蔡沈以簡絜合一, 以河之經流, 當其一】

'구하'란 황하의 말류이다. 첫째는 도해, 둘째는 태사, 셋째는 마협, 넷째는 복부, 다섯째는 호소, 여섯째는 간하, 일곱째는 결하, 여덟째는 구반, 아홉째는 격진이다. 이를 '구하'라 한다.

'구하'란 말은 「우공」에 나온다. 그 목록은 『이아』「석수」에 보인다. 채침은 『서경집전』에서 간하와 결하를 합하여 '구하'의 하나로 삼고, 황하의 본줄기를 넣어서 하나를 더해 '구하'라 하였다.

| **역자 해설** |

'구하'란 우임금 시대 황하의 9개 지류이다. 『서경』「우공」에 "구하가 이미 제 길을 찾았다."라고 하였는데, 그 주에 "도해, 태사, 마협, 복부, 호소, 간하, 결하, 구반, 격진이다."라고 하였다.

구복 九服

九服者, 周室藩屛之制也. 王畿千里,【方千里】其外曰侯服·甸服,【一千里】其外曰男服·采服,【二千里】其外曰衛服·蠻服.【三千里】其外曰夷服·鎭服.【四千里】最外曰蕃服.【四千五百里】此之謂九服也.
九服之名, 出《周禮·職方》.【〈大司馬〉謂之九畿】

'구복'이란 주나라 때 번병의 제도이다. 왕기를 사방 천 리로 하고, 그 주위를 상하좌우 각각 500리마다 일기一畿로 구획하여, 후복과 전복을 합쳐 천 리가 되고, 다시 그 외곽으로 남복과 채복을 두어 2천 리가 되며, 그 외곽에 위복과 만복을 두어 3천 리가 되며, 그 외곽에 이복과 진복을 두어 4천 리가 되고, 그 외곽에 번복을 두어 4,500리가 된다. 이를 '구복'이라 한다.

'구복'이란 말은 『주례』「직방」에 나오며, 「대사마」에 구기로 나온다.

| 역자 해설 |

'번'은 변방 국가들이다. '복服'은 천자에게 복종한다는 뜻이다. 중국 고대에는 왕기의 밖을 오복五服으로 했는데, 주공 때에 이르러 구복으로 했다.

구이九夷

九夷者, 東方之蕃國也. 一曰畎夷, 二曰于夷, 三曰方夷, 四曰黃夷, 五曰白夷, 六曰赤夷, 七曰玄夷, 八曰風夷, 九曰陽夷, 此之謂九夷也.

九夷之名, 出《國語》.【其目見《後漢書·東夷傳》.《爾雅·疏》又以玄菟·樂浪·高儷·滿飾·鳧更·索家·東屠·倭人·天鄙爲九夷】

'구이'란 중국 동쪽의 변방 국가들이다. 첫 번째가 견이로 중국의 서북부 지방에 있었고, 두 번째가 우이로 동쪽 바닷가 지방의 종족이며, 세 번째가 방이로 『후한서』에서 구이의 다른 이름으로 순서를 따지면 고려가 된다. 네 번째는 황이로 만식이 되는데 어느 땅인지 알 수 없다. 다섯 번째가 백이로 부갱인데 부여이다. 여섯 번째가 적이로 색가가 되는데 붉은 피부를 가진 시베리아 에스키모족을 뜻한다는 설이 있다. 일곱 번째가 현이로 동옥저의 땅으로 추측되며, 여덟 번째가 풍이로 일본을 의미하는 것으로 보인다. 아홉 번째가 양이로 태양 숭배와 하늘의 자손 의식이 있던 한족韓族으로 추측하기도 한다. 이를 '구이'라 한다.

'구이'란 말은 『국어』에 나오며, 『후한서』 권85 「동이전」에 나온다. 『이아』 「소」에 현도·낙랑·고려·만식·부갱·색가·동도·왜인·천비를 구이라 하였다.

구경九經

九經者, 治天下之大法也. 一曰修身, 【動以禮】 二曰尊賢, 【去讒遠貨色】 三曰親親, 【同好惡】 四曰敬大臣, 【備小官】 五曰體羣臣, 【重其祿】 六曰子庶民, 【時使而薄斂】 七曰來百工, 【餼廩稱其事】 八曰柔遠人, 【嘉善矜不能】 九曰懷諸侯, 【厚往而薄來】 此之謂九經也.

九經之名, 出《中庸》. 【陸游《初學記》, 以三經·三《禮》·《春秋》三傳爲九經. 《大傳》以治親·報功·擧賢·使能·存愛爲五經】

'구경'이란 천하를 다스리는 아홉 가지 큰 법이다. 첫 번째가 수신으로 예절로써 행하는 것이며, 두 번째가 존현으로 어진 이를 높이는 것인데 남을 헐뜯는 것에서 떠나며 재물과 여색을 멀리하는 것에 있다. 세 번째가 친친으로 친척을 친애하는 것이고, 네 번째가 경대신으로 대신을 공경하고 삼가는 태도를 보이는 것이며, 다섯 번째가 체군신으로 신하들을 제 몸처럼 여기는 것이다. 여섯 번째가 자서민으로 서민을 자식처럼 여기는 것이고, 일곱 번째가 래백공으로 일에 대한 대가를 잘 주고 공훈에 칭찬을 아끼지 않아 백공을 오게 하는 것이며, 여덟 번째가 유원인으로 잘한 것을 칭찬하고 못하는 것을 불쌍히 여겨서 먼 사람들을 회유하는 것이고, 아홉 번째가 회제후로 후하게 주고 적게 받아서 제후들을 품는 것이다. 이를 '구경'이라 한다.

'구경'이란 천하 국가를 다스리는 아홉 가지 상도로, 『중용장구』 제20장에 나오는 말이다. 한편 남송 시대 육유(1125~1210)의 『초학기』에(당나라 서견의 『초학기』를 육유와 혼동한 것으로 보인다.) 구경은 아홉 가지 경서를 말한다고 되어 있는데, 삼경(『역경』·『시경』·『서경』)·삼례(『주례』·『의례』·『예기』)·춘추(『좌전』·『공양전』·『곡량전』)를 '구경'이라 했다. 『예기』 「대전」에 치친·보공·거현·사능·존애를 '오경'이라 했다.

| 역자 해설 |

'오경'은 임금이 천하를 다스리는 데 있어서 가져야 할 다섯 가지 조목으로, 친족을 다스리는 치친, 공로가 있는 자에게 보답하는 보공, 어진 이를 등용하는 거현, 능력이 있는 자를 부리는 사능, 백성을 사랑하는 마음을 뜻하는 존애를 말한다.

구덕九德

九德者, 虞·夏選擧之科目也. 寬而栗, 柔而立, 愿而恭, 【愿, 慤也】 亂而敬, 【亂, 治也】 擾而毅, 【擾, 順也】 直而溫, 簡而廉, 剛而塞, 【塞, 實也】 彊而義, 此之謂九德也.
九德之名, 出〈虞書〉.

'구덕'이란 우·하 왕조에서 인재를 등용하는 아홉 가지 살펴볼 덕목이었다.(우임금의 질문에 고요皐陶가 답변한 내용이다.) 너그러우면서도 위엄이 있는 것, 부드러우면서도 꿋꿋한 것, 성실하면서도 공손한 것, 다스리면서도 공경하는 것, 온순하면서도 굳센 것, 곧으면서도 온화한 것, 간략하면서도 세심히 살피는 것, 굳건하면서도 독실한 것, 용맹하면서도 의를 좋아하는 것을 말한다. 이를 '구덕'이라 한다.

'구덕'이란 말은 「우서」(『서경』「고요모」)에 나온다.

| 역자 해설 |

'구덕' 중에서 삼덕을 실천하면 집안을 다스릴 수 있고 육덕을 실천하면 나라를 다스릴 수 있다고 한다.

구혜九惠

九惠者, 國家之善政也. 一曰老老, 二曰慈幼, 三曰恤孤, 四曰養疾,【養盲啞之等】五曰合獨,【合鰥寡】六曰問疾,【醫治之】七曰通窮,【救貧乏】八曰振困,【救飢荒】九曰接絕,【死事者祠之】此之謂九惠也.

九惠之名, 出《管子》.【〈入國篇〉】

'구혜'란 국가의 아홉 가지 방면의 인자한 정치로 교화하는 것이다. 첫 번째가 노로로 어른을 공경하는 것이고, 두 번째가 자유로 자애로움으로 아이를 돌보는 것이고,(도읍지에 모두 장유관掌幼官을 배치하고 어린 자녀를 둔 사람 중 양육을 감당할 수 없는 이들에게 자녀 숫자에 따라 아이가 세 명일 경우 부정婦征을 면제하고, 네 명일 경우에는 전가全家의 정征을 면제하며, 다섯 명인 경우에는 포대기를 주고 아이가 자랄 때까지 2인의 식량을 지급하게 되어 있다.) 세 번째가 휼고로 고아들을 돌보고, 네 번째가 양질로 눈 멀고 말 못하는 이들을 양육하며, 다섯 번째가 합독으로 홀아비와 과부를 재결합시키며, 여섯 번째가 문질로 의료 혜택을 받게 하며, 일곱 번째가 통궁으로 빈곤한 이가 일하고 살림이 나아지도록 도우며, 여덟 번째가 진곤으로 흉년 등으로 굶주리는 사람이 없게 하며, 아홉 번째가 접절로 죽은 자를 제사지낼 수 있게 하는 것이다. 이를 '구혜'라 한다.

'구혜'란 말은『관자』「입국」편에 나온다.

구용九容

九容者, 君子之威儀也. 足容重,【先立基】手容恭, 目容端, 口容止, 聲容靜,【言有序】頭容直, 氣容肅,【和而嚴】立容德,【山立然】色容莊, 此之謂九容也.
九容之目, 見〈玉藻〉.

'구용'은 군자가 수행하고 처신함에 있어서 응당 지켜야 할 아홉 가지 자세이다. 걸음걸이의 모양은 무게가 있어야 하고, 손놀림의 모양은 공손해야 하고, 눈의 모양은 단정해야 하고, 입의 모양은 조용해야 하고, 목소리의 모양은 말을 조리 있게 하되 또한 안정되어야 하고, 머리 모양은 곧아야 하고, 기상의 모양은 온화하면서도 엄숙해야 하고, 서 있는 모양은 자연스럽게 덕이 있어야 하고, 얼굴빛은 장엄해야 한다. 이를 '구용'이라 한다.

'구용'의 목록은 『예기』「옥조」에 보인다.

구사 九思

九思者, 君子所以檢身也. 視思明, 聽思聰, 色思溫, 貌思恭, 言思忠, 事思敬, 疑思問, 忿思難,【思後患】見得思義,【審取舍】此之謂九思也.

九思之名, 出《論語》.【〈季氏〉篇】

'구사'란 군자가 스스로를 단속하는 아홉 가지 일이다. 볼 때는 밝게 보고, 들을 때는 분명히 알아들으며, 얼굴빛은 부드럽게 하고, 몸가짐은 공경하는 자세로 하며, 말할 때는 마음을 다해 적중하게 하며, 일에 임해서는 조심스럽게 할 것을 생각하고, 의심이 있으면 물어보고, 분노할 때는 나중 일을 고려하여 다스려야 하며, 얻는 것이 있을 때는 의로운 것인가를 생각하는 것이다. 이를 '구사'라 한다.

'구사'란 말은 『논어』「계씨」 편에 있는 공자의 말이다.

구식九式

九式者, 財賦節用之法也. 一曰祭祀,【牢鼎有多少】二曰賓客,【饔餼有多少】三曰喪荒,【用凶禮】四曰羞服,【羞王膳】五曰工事,【作器物】六曰幣帛,【賓禮之所用】七曰芻秣,【養牛馬】八曰匪頒,【匪, 分也】九曰好用,【燕好所賜予】此之謂九式也.

九式之名, 出《周禮·太宰》.【九式之財, 出於九賦. 九賦者, 甸服五等之賦及城邑·關市·山澤·幣餘之賦也】

'구식'이란 주나라 때 국가 재정을 조절하여 절약하는 아홉 가지 법도를 말한다. 첫 번째는 제사에서 희생을 담은 뇌정의 수를 조절하는 것이고, 두 번째는 빈객을 할 때 살아 있는 희생과 잡아 놓은 희생의 수를 조절하는 것이며, 세 번째는 상황으로 장례와 흉년의 예는 흉례에 맞게 절제해야 하며, 네 번째는 수복인데 음식과 의복은 왕의 반찬까지도 한계를 두고 제한하며, 다섯 번째는 기물을 만드는 공사에서의 절약이며, 여섯 번째는 폐백으로 예물의 한도를

九之類

지키며, 일곱 번째는 추말로 소와 말을 기를 때 먹이의 조절이며, 여덟 번째는 분반으로 나눠주는 일과 하사품에도 조절이 필요하며, 아홉 번째는 잔치를 베풀어 주는 호용에서 비용 지출을 정도에 알맞게 하여 절약한다는 것이다. 이를 '구식'이라 한다.

'구식'이란 말은 『주례』「태재」에 나온다. 구식의 재정은 '구부'에서 만들어진다. '구부'란 왕기王畿로부터 500리 안의 땅인 전복甸服에서 걷는 다섯 가지 부와 성읍·관시·산택·폐여의 부를 합한 것이다.

| 역자 해설 |

'구부'란 주나라 때 아홉 종류의 부세로 방중지부邦中之賦, 사교지부四郊之賦, 방전지부邦甸之賦, 가삭지부家削之賦, 방현지부邦縣之賦, 방도지부邦都之賦(城邑之賦), 관시지부關市之賦, 산택지부山澤之賦, 폐여지부幣餘之賦를 말한다.

구부九府

九府者, 名山之所產也. 一醫無閭之珣玗琪,【在遼東】二會稽之竹箭,【在越州】三梁山之犀象,【皆山獸】四華山之金石,【太室山】五霍山之珠玉,【在冀州】六崑崙之璆琳琅玕,【在西蕃】七幽都之筋角,【多野牛】八斥山之文皮,【東北方】

九岱岳之五穀魚鹽,【在齊地】此之謂九府也.
九府之名, 出《爾雅》.【〈釋地〉文】

'구부'란 명산에서 나는 아름다운 것들이다. 첫 번째가 요동에 있는 의무려산에서 나는 순우기라는 옥돌이다. 두 번째가 중국 동남의 월주에 있는 회계산에서 나는 대나무 화살이다. 세 번째가 중국 남방의 양산에 있는 물소와 코끼리이다. 네 번째가 중국 서남의 화산에 있는 금석이다.(태실산은 숭산으로, 太華山의 오기인 듯하다.) 다섯 번째가 중국 서쪽의 기주에 있는 곽산의 주옥이다. 여섯 번째가 중국 서북쪽 서번에 있는 곤륜산의 푸른 옥돌인 구림과 청록색의 비취인 낭간이다. 일곱 번째가 중국 북방의 유도에서 나는 야생 소의 힘줄인 근각이다. 여덟 번째가 중국 동북의 척산의 표범 가죽이다. 아홉 번째가 제나라 땅의 태산인 대악에서 나는 오곡과 물고기와 소금 등이다. 이를 '구부'라 한다.

'구부'란 말은『이아』「석지」에 보인다.

九之類

구명九命

九命者, 天子之錫有位也. 一命受職,【王朝之下士】再命受服,【中士受爵弁】三命受位,【上士及列國之卿】四命受器,【賜祭器】五命賜則,【受采地】六命賜官,【備官司】七命賜國,【王之卿】八命作牧,【九州牧】九命作伯,【卽東·西二伯】此之謂九命也.

九命之名, 出《周禮》.【〈大宗伯〉. 後世遵《禮緯含文嘉》之文, 以車馬·衣服·樂則·朱戶·納陛·虎賁·弓矢·鈇鉞·秬鬯爲九錫】

'구명'이란 주나라의 아홉 등급 관직의 위계이다. 일명은 직을 받는데 하급 벼슬로 왕의 하사이다. 이명은 복을 받는데 중간 벼슬로 제사에 쓰는 제복과 작변이라는 모자를 받고, 삼명은 하대부의 작위로 제후국의 상경이라는 벼슬을 받으며, 사명은 기를 받는데 제사에 쓰는 제기를 받아 상대부가 된다. 오명은 칙을 받는데 칙은 법이라는 의미이며, 채지를 하사받는다. 육명은 관을 받아 자신의 가읍을 다스린다. 칠명은 국으로 가서 왕의 경으로 일하는데 육명에서 1등급 올라간 자이다. 팔명은 목이 되는데 구주에 나아가 한 주를 다스린다. 구명은 백이 되는데 동서 이백이 된다. 이를 '구명'이라 한다.

'구명'이란 말은 『주례』 「대종백」에 나온다. 『예위』는 예에 관한 위서緯書로 『함문가』에 등장하는 거마·의복·악측·주호·납폐·호분·궁시·부월·거창을 구석九錫(천자가 공이 높은 제후에게 내려 주는 아홉 가지 물건과 일)이라 한다.

구기九旗

九旗者, 軍旅之所建也. 日月爲常,【王所建】交龍爲旂,【諸侯之所建】通帛爲旜,【孤卿之所建】雜帛爲物,【大夫士所建】熊虎爲旗,【師都之所建】鳥隼爲旟,【州里之所建】龜蛇爲旐,【縣鄙之所建】全羽爲旞,【道車之所建】析羽爲旌,【斿車之所載】此之謂九旗也.
九旗之名, 出《周禮》.【〈司常〉文】

'구기'란 군의 등급의 다름을 표시하기 위한 아홉 가지 종류의 깃발이다. 일월이 그려진 것을 '상'이라 하는데 왕이 거는 깃발이다. 용이 교차되는 모양이 그려진 '기'는 제후가 거는 것이다. 통으로 된 흰 깃발은 '전'이라 하는데 공경대부가 세우는 것이다. 잡색 비단으로 만든 깃발을 '물'이라 하는데 사대부가 세우는 것이다. 곰과 호랑이를 그린 깃발을 '기'라 하고 장군이 꽂았다. 새와 매를 그린 깃발은 '여'라 하고 시골 관청에 내건다. 거북과 뱀을 그린 깃발을 '조'라 하며 들판에 나갈 때 내건다. 온전한 새의 깃털로 만든 깃발은 '수'라 하는데 맨 앞의 수레에 매단다. 새 깃털을 쪼개어 만든 깃발을 '정'이라 하고 수레에 단다. 이를 '구기'라 한다.

'구기'란 말은 『주례』「사상」에 나온다.

구하 九夏

九夏者, 奏樂章以節容止也. 一曰〈王夏〉,【王出入奏之】二曰〈肆夏〉,【尸出入奏之】三曰〈昭夏〉,【牲出入奏之】四曰〈納夏〉,【四方賓來奏之】五曰〈章夏〉,【臣有功奏之】六曰〈齊夏〉,【夫人祭奏之】七曰〈族夏〉,【族人侍奏之】八曰〈祴夏〉,【卽〈陔夏〉, 客醉而出奏之】九曰〈驁夏〉,【公出入奏之】此之謂九夏也.

九夏之名, 出《周禮》.【〈鍾師〉文】

'구하'는 주나라 때 악장 이름으로 엄숙하고 절도 있는 연주이다. (정현의 주에 의하면,) 첫 번째 왕이 출입할 때 왕하를 연주하고, 두 번째 시가 출입할 때 시하를 연주하고, 세 번째 희생이 출입할 때 소하를 연주하고, 네 번째 사방의 빈이 올 때 납하를 연주하고, 다섯 번째 신하가 공을 세웠을 때 장하를 연주하고, 여섯 번째 부인이 제사를 지낼 때 제하를 연주하고, 일곱 번째 친족이 시중들 때 족하를 연주하고, 여덟 번째 객이 술에 취하여 나갈 때 개하(해하)를 연주하고, 아홉 번째 공이 출입할 때 오하를 연주한다고 하였다. 이를 '구하'라 한다.

'구하'라는 말은 『주례』「춘관 종백」'종사'에 나온다.

구배九拜

九拜者, 吉凶諸拜之分也. 一曰稽首,【頭至地留久】二曰頓首,【頭叩地】三曰空首,【頭至手】四曰振動,【兩手擧】五曰吉拜,【似頓首】六曰凶拜,【稽顙而後拜】七曰奇拜,【一拜也】八曰褒拜,【持節拜】九曰肅拜,【俯下手】此之謂九拜也. 九拜之名, 出《周禮》.【〈大祝〉文】

'구배'란 길흉의 일에 절하는 구별이다. 첫 번째 '계수'로 두 손을 마주 껴서 땅에 닿게 하고 다음에 머리가 오랫동안 머물러 있는 것을 말하고, 두 번째 '돈수'는 머리로 땅을 두들기며 멈추어 있지 않는 것을 말하며, 세 번째 '공수'는 머리가 손에 닿으며 땅에 닿지 않는 것을 말한다. 네 번째 '진동'은 두 손으로 마주치는 배례인데 전율하며 변하여 움직이는 절이다. 다섯 번째가 '길배'로 '돈수'와 흡사하다.(자최복齊衰服을 입고 상장喪杖을 짚지 않는 사람이 하는 절이다.) 여섯 번째가 '흉배'로 '계수'를 한 다음 절하는 것이다. 일곱 번째가 '기배'로 한 번 절하는 것이다. 여덟 번째가 '포배'로 두 번 절함이다. 아홉 번째가 '숙배'로 몸을 숙이고 손을 아래로 내리는 것이다. 이를 '구배'라 한다.

'구배'라는 말은『주례』「대축」에 나온다.

구수九數

九數者, 算術之諸法也. 一曰方田,【量田疇】二曰粟布,【平度量】三曰衰分,【乘除法】四曰少廣,【測積羃】五曰商功,【計功程】六曰均輸,【制賦役】七曰盈朒,【度盈縮】八曰方程,【絜隅角】九曰句股,【測高深廣遠】此之謂九數也.
九數之名, 出《周禮》.【其目見《九章算術》】

'구수'란 산술에 있어서 아홉 가지의 산법을 말한다. 첫 번째 '방전'은 토지의 면적을 측정하는 방법이고, 두 번째는 '속포'로 도량을 일치시키는 방법이며, 세 번째는 '쇠분'으로 곱셈과 나눗셈이다. 네 번째는 '소광'으로 평방과 입방을 재는 방법이고, 다섯 번째는 '상공'으로 공정에 드는 힘을 계산하는 방법이며, 여섯 번째는 '균수'로 배·수레·말·사람의 운임을 계산하는 방법이고, 일곱 번째는 '영육'으로 남는 것과 부족한 것을 셈하는 방법이며, 여덟 번째는 '방정'으로 방정식을 계산하는 방법이며, 아홉 번째가 '구고'로 높이와 면적을 구하는 방법이다. 이를 '구수'라 한다.

'구수'란 말은『주례』에 나온다. 그 목록은『구장산술』에 보인다.

| 역자 해설 |

『구장산술』은 전한 시대에 편찬된 것으로 추정되며, 유휘劉徽가 263년,『구장산술』에 주를 달면서 쓴 서문을 통해 장창張蒼과 경수창

耿壽昌 등에 의하여 완성된 것으로 알려져 있다.

구가 九家

九家者, 傳易之先儒也. 京房·馬融·鄭玄·宋衷·虞翻·陸績·姚信·翟子玄·荀爽, 此之謂九家也.
九家之目, 見陸德明《經傳釋文》.【《荀爽集·九家易》十卷】

'구가'란 『주역』을 주석했던 9인의 연구가를 말한다. 경방·마융·정현·송충·우번·육적·요신·적자현·순상 등 9인을 말한다. 이들을 '구가'라 한다.

'구가'의 목록은 당나라 국자박사를 지낸 육덕명(550~630)이 지은 『경전석문』에 보인다. 후한 시대 순상이 이들의 역설을 모아 『구가역』 10권을 만들었다고 한다.

九之類

구경 九卿

九卿者, 漢家卿佐之制也. 太常卿, 光祿勳, 衛尉卿, 大僕卿, 廷尉卿, 鴻臚卿, 宗正卿, 司農卿, 少府卿, 此之謂九卿也.
九卿之名, 出《漢書》.【其目見《漢官儀》】

'구경'이란 한나라 때 경좌의 제도이다. 태상경·광록훈·위위경·태복경·정위경·홍려경·종정경·사농경·소부경이다. 이들을 '구경'이라 한다.

'구경'이란 말은『한서』에 나오며 그 목록은 한나라 때 응소가 지은『한관의』에 보인다.

| 역자 해설 |

'구경'의 9인의 대신은 시대에 따라 명칭이 다르다. 주나라 때에는 소사少師·소부少傅·소보少保·총재冢宰·사도司徒·사공司空·사마司馬·사구司寇·종백宗伯이고, 명나라 때에는 육부六部의 상서尙書와 도찰원 도어사都察院都御史·통정사사通政司使·대리시 경大理寺卿·구사九司·구품九品·구빈九賓이다.

한나라 이전에는 '大' 자를 '太' 자와 혼용하여 사용하였다. 그 예로 다산은 「대학공의」에서 '大学'을 '太学'이라고 밝히고 있다.

구달九達

九達者, 道路大小之別也. 一達曰道路, 二達曰岐旁, 三達曰劇旁, 四達曰衢, 五達曰康, 六達曰莊, 七達曰劇驂, 八達曰崇期, 九達曰逵, 此之謂九達也.

九達之目, 見《爾雅》.【〈釋宮〉文】

'구달'이란 도로의 갈래를 구별하는 것이다. 첫 번째는 '한곳'으로 가는 길인 도로이고, 두 번째는 '기방'으로 갈림길이며, 세 번째는 '극방'으로 세 갈래 길이며, 네 번째는 '위'로 네거리이고, 다섯 번째는 '강'으로 오거리이다. 여섯 번째는 '장'으로 여섯 갈래 길이며, 일곱 번째는 '극참'으로 일곱 갈래 길이고, 여덟 번째는 '숭기'로 여덟 갈래 길이며, 아홉 번째가 '규'로 아홉 곳으로 통하는 길이다. 이를 '구달'이라 한다.

'구달'의 목록은 『이아』「석궁」에 보인다.

九之類

십지류十之類【범십조凡十條】

십륜十倫

十倫者, 祭祀之大義也. 事鬼神之道,【鋪几筵】君臣之義,【不迎尸】父子之倫,【敬皇尸】貴賤之等,【爵有等】親疏之殺,【別昭穆】爵賞之施,【賞于祖】夫婦之別,【夫人薦】政事之均,【分胥均】長幼之序,【序以齒】上下之際,【惠四守】皆於祭見, 此之謂十倫也.

十倫之名, 出〈祭統〉.

'십륜'이란 제사를 지내어 나타내는 열 가지의 윤리를 말한 것으로, 즉 첫 번째는 귀신 섬기는 도리로 삼년상의 신주를 모셔 두는 곳에서 행한다. 두 번째는 군신의 의리를 나타내는 것으로 희생을 맞이하고 시동을 맞이하지 않는 것이다. 세 번째는 부자의 윤리를 나타내는데 임금을 표상한 시동을 공경함이다. 네 번째는 귀천의 등급을 나타내는데 벼슬의 등급에 따른다. 다섯 번째는 친소의 등급을 나타내는데 조상의 신주를 사당에 모신 차례를 지키는 것이고, 여섯 번째는 작상의 시행을 나타내는 것으로 벼슬과 상을 조상의 신주 앞에서 내린다. 일곱 번째는 부부의 분별을 나타내는 것으로 부인이 술을 올린다. 여덟 번째는 정사의 공정함을 나타내는 것이고, 아홉 번째는 장유의 나이 순서를 나타내는 것이다. 열 번째는 상하의 교제를 나타내는 것으로 제사 고기를 받는 은혜를 받는다. 이를 '십륜'이라 한다.

'십륜'이란 말은 『예기』 「제통」에 나온다.

십간十干

十干者, 紀日之天幹也. 甲曰閼逢, 【《史記》作焉逢】 乙曰旃蒙, 【《史記》作端蒙】 丙曰柔兆, 【《史記》作游兆】 丁曰強圉, 【《史記》作彊梧】 戊曰著雍, 【《史記》作徒維】 己曰屠維, 【《史記》作祝犂】 庚曰上章, 【《史記》作商橫】 辛曰重光, 【《史記》作昭陽】 壬曰玄黓, 【《史記》作橫艾】 癸曰昭陽, 【《史記》作尚章】 此之謂十干也.

十干之目, 見《爾雅》. 【〈釋天〉文. 十干, 《左傳》謂之十日, 〈律書〉謂之十母, 《爾雅》謂之歲陽. 十二支, 〈律書〉謂之十二子, 〈天官書〉謂之歲陰. 其謂之天干地支者, 出《皇極經世書》】

'십간'은 기일의 천간이다. 갑은 알봉으로 『사기역서』에는 언봉으로 바르게 이끈다는 뜻을 나타내고, 을은 전몽으로 『사기역서』에는 단몽으로 어리석음을 바로 고친다는 뜻이며, 병은 유조로 『사기역서』에는 유조游兆로 흐름의 시작이라는 뜻을 나타내며, 정은 강어로 『사기역서』에는 굳세게 버틴다는 강오로 표기되어 있다. 무는 저옹으로 『사기역서』에는 도유라 하여 무리를 지탱한다는 뜻이고, 기는 도유로 『사기역서』에는 빌고 살핀다는 축려로 되어 있다. 경은 상장으로 『사기역서』에는 헤아리고 비춘다는 상양으로 되어 있으며, 신은 중광으로 『사기역서』에는 밝게 비춘다는 소양으로, 임은 현익으로 『사기역서』에는 가르고 다스린다는 횡애로 표현되어 있다. 계는 소양으로 『사기역서』에는 상장으로 더욱 모습이 나타난다는 뜻이다. 이를 '십간'이라 한다.

'십간'의 목록은 『이아』「석천」에 보인다. 십간은 『좌전』에 십일로 되어 있고, 「율서」에 십모로, 『이아』에서는 세양이란 표현도 보인다. 십이지는 「율서」에 십이자로, 「천관서」에 세음으로 되어 있다. 이른바 '천간지지'는 『황극경세서』에서 나온다.

| **역자 해설** |

여기서 『사기』는 『사기역서史記曆書』를 말한다.

십시十時

十時者, 晝夜早晩之候也. 一鷄鳴,【當士位】二平旦,【當卿位】三食時,【當公位】四日中,【當王位】五日昳,【臺】六晡時,【僕】七日入,【僚】八黃昏,【隷】九人定,【輿】十夜半,【皁】此之謂十時也.
十時之名, 出《左傳》.【其目見杜〈注〉.《淮南子》以晨明·朏明·旦明·早食·晏食·隅中·正中·小還·晡時·大還·高舂·下舂·縣車·黃昏·定昏爲十五時】

'십시'란 낮과 밤의 열로 나눈 상황들이다. 첫 번째는 계명으로 축시이며 사대부의 위치이다. 두 번째는 평단으로 인시를 뜻하며, 새벽을 뜻하는데 경의 위치이다. 세 번째는 식시로 공의 위치이며 7시에서 9시 사이이다. 네 번째가 일중으로 정오쯤이다. 왕의 위치이다. 다섯 번째가 일질로 오후 3시 전이며 대의 위치이다. 여섯 번째가 포시로 5시 전까지이며 궁궐의 하인에 해당한다. 일곱 번째가 일입으로 해가 지는 시간이다. 하급 관료에 해당한다. 여덟 번째가 황혼으로 해 지고 초저녁이며 노비에 해당한다. 아홉 번째가 인정으로 밤에 통행금지를 알리는 종이 울릴 때이며 수레 모는 하인에 해당한다. 열 번째가 야반으로 한밤중이다. 하인에 해당한다. 이를 '십시'라 한다.

'십시'란 말은 『좌전』에서 진대의 학자 두예杜預의 주석에 보인다. 『회남자』에 신명·굴명·단명·조식·안식·우중·정중·소환·포시·대환·고용·하용·현거·황혼·정혼을 십오시라고 하였다.

❋ 십기十紀 ❋

十紀者, 醫家運氣之數也. 甲曰敦阜,【土過而濕流】乙曰從革,【金衰而火盛】丙曰漫衍,【水過而寒流】丁曰委和,【木衰而燥盛】戊曰赫曦,【火過而暑流】己曰卑監,【土衰而風盛】庚曰堅成,【金過而燥流】辛曰涸流,【水衰而濕盛】壬曰發生,【木過而風流】癸曰伏明,【火衰而寒盛】此之謂十紀也. 十紀之目, 見《三因方》.【陳無擇著】

'십기'라는 것은 의학에서 말하는 운기의 수이다. 갑은 돈부라 하는데 토운이 해당한 해에 태과하여 습도가 높은 것을 말한다. 을은 종혁이라 하는데 금운이 해당한 해에 미치지 못하여 화의 기운이 막힘이 없는 경우이다. 병은 만연이라 하는데 수운에 해당한 해에 지나쳐서 차가운 기운이 넘쳐난 것이며, 정은 위화로 목운에 해당한 해에 부족하여 마르게 되는 것이며, 무는 혁희로 화운에 해당한 해에 태과하여 더위가 기승을 부리고, 기는 비감으로 토운에 해당하는 해에 불급하여 바람이 심하게 불며, 경은 견성으로 금운에 해당한 해에 태과하여 말라 가는 경우이다. 신은 학류로 수운에 해당한 해에 물이 불급하여 마르는 것이며, 임은 발생으로 목운에 해당한 해에 불급하여 바람이 내몰아치는 경우이며, 계는 복명으로 화운에 해당한 해에 불급하여 추위가 기승을 부린다. 이를 '십기'라 한다.

'십기'의 목록은 남송 시대 의사이던 진무택이 지은 『삼인극일병증방론』에 보인다.

| 역자 해설 |

운기설은 오운육기五運六氣에 대한 이론으로서 당시 천문역법 등에 기초하여 발전하였다. 천간天干과 지지地支를 서로 배합하여 그해의 오운육기, 주기主氣, 객기客氣, 사천司天, 재천在泉, 태과太過(지나침), 불급不及(모자람) 등을 추산했으며, 운과 기 사이에 서로 생기게 하고 배양시키는 것과 억제하는 관계를 관찰하여 그해의 기후 변화에 따라 질병이 생기는 일반적 법칙을 추측하는 이론이다.

십운十煇

十煇者, 太陽之氛祲也.【煇, 暈也】一曰祲,【陰陽氣相侵】二曰象,【如赤鳥】三曰鑴,【日旁氣刺日】四曰監,【赤雲在旁如冠珥】五曰闇,【日·月食】六曰瞢,【日月無光者】七曰彌,【雲氣貫日者】八曰敍,【雲有次序在日上】九曰隮,【虹氣也】十曰想,【雜氣可形想】此之謂十煇也.

十煇之名, 出《周禮》.【〈眡祲〉文】

'십운'이란 태양의 햇무리를 관찰하여 괴이한 조짐을 보고 길흉을 판별하던 것이다. 첫 번째가 침으로 검붉은 기운이 서로 침노함이고, 두 번째는 상으로 해 주위에 구름이 붉은 새 모양 같음이고, 세 번째는 휴로 해 주위에 송곳 같은 기운이 해를 향해 침입함이고, 네 번째는 감으로 붉은 구름 기운이 해를 모자처럼 덮고 있는 것이고, 다섯 번째는 암으로 일식이나 월식같이 캄캄한 것이고, 여섯 번째는 몽으로 햇빛과 달빛이 침침한 것이고, 일곱 번째는 미로 흰 무지개 같은 것이 해를 꿰뚫은 것이고, 여덟 번째는 서로 구름이 해 위에 층대를 이룬 것이고, 아홉 번째는 제로 무지개가 뻗어 올라가는 것이고, 열 번째는 상으로 여러 가지 구름 기운이 섞여서 햇무리를 이룬 것을 말한다. 이를 '십운'이라 한다.

'십운'이란 말은『주례』「시침」에 나온다.

| 역자 해설 |

煇는 빛날 휘, 햇무리 운의 두 음이 있는데, 여기서는 운으로 읽는 것이 적당하다.

십수 十藪

十藪者, 中國之大澤也. 魯有大野,【屬徐州】晉有大陸,【屬冀州】秦有楊陓,【屬雍州】宋有孟諸,【屬豫州】楚有雲夢,【屬荊州】吳有具區,【屬揚州】齊有海隅,【屬營州】燕有昭余祁.【屬竝州】鄭有圃田.【屬豫州】周有焦護.【在岐西】此之謂十藪也.

十藪之名, 出《爾雅》.【〈釋地〉文.《周禮·職方》, 以具區·雲夢·圃田·望諸·大野·弦蒲·貕養·揚紆·昭餘祁爲九澤. 又以五湖·穎湛·波溠·沂沐·盧維·渭洛·菑時·汾潞·涞易爲九浸】

'십수'란 중국 구주에 있는 열 개의 큰 호수다. 서주에 속하는 노나라의 대야, 기주에 속하는 진晉나라의 대륙, 옹주에 속하는 진秦나라의 양과, 예주에 속하는 송宋나라의 맹저, 형주에 속하는 초나라의 운몽, 양주에 속하는 오나라의 구구, 영주에 속하는 제나라의 해우, 병주에 속하는 연나라의 소여기, 예주에 있던 정나라의 포전, 기산의 서쪽에 있던 주周나라의 초호를 말한다. 이를 '십수'라 한다.

'십수'란 말은 『이아』「석지」에 나온다. 『주례』「직방」에 구구·운몽·포전·망제·대야·현포·해양·양우·소여기를 구택九澤이라 했다. 또 오호·영담·파자·기목·노유·위락·치시·분로·래이를 '구침'이라 했다.

십란十亂

十亂者, 周 武王之良佐也.【治亂曰亂】周公 朝,【諱】召公 奭, 太公 望, 畢公 高, 榮公, 太顚, 閎夭, 散宜生, 南宮适, 文母,【或以爲邑姜】此之謂十亂也.
十亂之名, 出《論語》.【其目見馬融注】

'십란'이란 주 무왕의 열 사람의 신하로 난세를 평정한 사람들이다. 치란을 란이라 했다. 주공 단[旦]은 휘호는 조이며, 소공 석·태공 망·필공 고·영공·태전·굉요·산의생·남궁괄·문모(무왕의 아내 읍강을 말한다.)가 그들이다. 이들을 '십란'이라 한다.

'십란'이란 말은『논어』「태백」마융의 주석에 나온다.

십철十哲

十哲者, 孔門之高弟也. 費公 閔損,【子騫】薛公 冉雍,【仲弓】黎公 端木賜,【子貢】衛公 仲由,【子路】魏公 卜商,【子夏】鄆公 冉耕,【伯牛】齊公 宰予,【子我】徐公 冉求,【子有】吳公 言偃,【子游】潁川侯 顓孫師,【子張】此之謂十哲也.
十哲之名, 出《唐書》.【玄宗時, 以四科十人爲十哲. 其後升顔子爲亞聖, 以曾子代之. 至宋又升曾子, 以子張代之. 今

因之】

'십철'은 공자의 제자 중 뛰어난 고제 열 명이다. 비공 민손(자는 자건), 설공 염옹(자는 중궁), 여공 단목사(자는 자공), 위공 중유(자는 자로), 위공 복상(자는 자하), 운공 염경(자는 백우), 제공 재여(자는 자아, 재아로 부른다), 서공 염구(자는 자유, 염유로 부른다), 오공 언언(자는 자유), 영천후 전손사(자는 자장)이다. 이들을 '십철'이라 한다.

'십철'이란 말은 『당서』에 나온다. 현종 때 '공문사과'라 하여 그 장점에 따라 네 가지 항목으로 십철을 나누었다. 그 후 안자(안회)가 아성으로 승격되고, 증자를 대신했다. 송나라 때에 다시 증자가 승격되어 자장을 대신하여 지금에 이른다.

십도 十道

十道者, 高麗之諸藩也. 一曰關內,【今京畿·黃海】二曰中原,【今忠清·左道】三曰河南,【今公洪等地】四曰江南,【今全羅上道】五曰嶺南,【今尙州·安東等地】六曰嶺東,【今慶州·金海等地】七曰山南,【晉州·咸陽等】八曰海陽,【今全羅下道】九曰朔方,【今北道】十曰浿西,【今平安】此之謂十道也.
十道之名, 出鄭麟趾《高麗史》.【〈地理志〉】

'십도'란 고려 초기에 지방 행정구역으로 두었던 열 개의 도를 말한다. 첫 번째가 관내도로 지금의 경기도와 황해도이다. 두 번째가 중원도로 지금의 충청도이며, 세 번째가 하남도로 지금의 공주·홍성 지방이며, 네 번째가 강남도로 지금의 전라북도 지방이며, 다섯 번째가 영남도로 지금의 상주·안동 등지이며, 여섯 번째가 영동도로 지금의 경주·김해 등지이고, 일곱 번째가 산남도로 진주·함양 등지이고, 여덟 번째가 해양도로 지금의 전라남도 아래 지방이다. 아홉 번째가 삭방도로 지금의 강원도와 함경남도 남부 지방이며, 열 번째가 패서도로 지금의 평안도 지방이다. 이를 '십도'라 한다.

< 십도 — 나무위키 >

'십도'란 말은 정인지의 『고려사』「지리지」에 나온다.

❈ 십보 十寶 ❈

十寶者, 我邦之御印也. 一曰大寶,【用於事大文書者】二曰以德寶,【用於日本通信者】三曰施命之寶,【用於教旨者】四曰諭書之寶,【用於諭書者】五曰科擧之寶,【用於紅白牌】六曰宣賜之記, 七曰宣貺端輔, 八曰同文之寶,【竝用於頒賜書籍】九曰奎章之寶,【用於御製鈐識】十曰濬哲之寶,【用於閣臣教旨】此之謂十寶也.
十寶之目, 見《大典通編》.

'십보'란 우리나라의 옥새이다. 첫 번째가 대보로 중국에 보내는 문서에 사용했다. 두 번째가 덕보로 일본 통신사가 갈 때 사용했다. 세 번째가 시명지보로 왕명이나 관직을 내리는 교지에 사용했다. 네 번째가 유서지보로 관찰사 등 군사에 관한 교지를 내릴 때 썼다. 다섯 번째가 과거지보로 과거급제의 증명을 위한 홍백패에 썼다. 여섯 번째에서 여덟 번째는 임금이 신하에게 내려 주는 서책에 '선사지기', '선황단보', '동문지보' 등을 찍을 때 쓰던 옥새이다. 아홉 번째가 규장지보로 임금의 친필에 찍던 옥새이다. 열 번째가 준철지보로 조정 관료의 임명 교지에 쓰던 옥새이다. 이를 '십보'라 한다.

'십보'의 목록은 『대전통편』에 보인다.

| 역자 해설 |

『대전통편』은 1785년(정조 9) 『경국대전』과 『속대전』 및 그 뒤의 법령을 통합해 편찬한 통일 법전이다.

십이지류十二之類【범십조凡十條】

십이율十二律

十二律者, 合樂之法則也. 黃鍾,【子月律】大呂,【丑月律】大簇,【寅月律】夾鍾,【卯月律】姑洗,【辰月律】仲呂,【巳月律】蕤賓,【五月律】林鍾,【六月律】夷則,【七月律】南呂,【八月律】無射,【九月律】應鍾,【十月律】此之謂十二律也. 十二律之目, 見〈月令〉.

'십이율'은 육률(양의 소리)과 육려(음의 소리)를 연주하는 법칙이다. 십이율려가 1년 열두 달에 짝하여 황종은 11월(子月)의 율이고, 대려는 12월(丑月)의 율이며, 대주는 1월(寅月)의 율이다. 협종은 2월(卯月)의 율이고, 고선은 3월(辰月)의 율이며, 중려는 4월(巳月)의 율이고, 유빈은 5월의 율이고, 임종은 6월의 율이며, 이칙은 7월의 율이고, 남려는 8월의 율이며, 무역은 9월의 율이고, 응종은 10월의 율이다. 이를 '십이율'이라 한다.

'십이율'의 목록은 『예기』「월령」에 보인다.

| 역자 해설 |

십이율이 만들어진 고사는 다음과 같다. 완유阮隃는 산 이름이고 함지咸池는 황제黃帝의 풍악 이름인데, 황제가 영륜伶倫을 시켜 음률을 만들라고 하자 영륜이 대하大夏의 서쪽에서 완유산 북쪽으로 가 해계嶰溪 골짝에서 대나무를 베어다가 십이율을 만들었다고 한다.(『여씨춘추』「고악」)

자子·축丑·인寅은 각각 천·지·인이 열리는 때를 상징하는 것으로, 주나라에서는 자월子月을, 상(은)나라에서는 축월丑月을, 하나라에서는 인월寅月을 각각 한 해의 시작으로 삼았다.

십이벽十二辟

十二辟者, 大衍五十之本也.【辟, 君也】一陽曰復,【子月卦】二陽曰臨,【丑月卦】三陽曰泰,【寅月卦】四陽曰大壯,【卯月卦】五陽曰夬,【辰月卦】六陽曰乾,【巳月卦】一陰曰姤,【五月卦】二陰曰遯,【六月卦】三陰曰否,【七月卦】四陰曰觀,【八月卦】五陰曰剝,【九月卦】六陰曰坤,【十月卦】此之謂十二辟卦也.

十二辟卦之名, 出荀氏《九家易》.【或除乾·坤, 加中孚·小過爲十二辟卦】

'십이벽'은 대연수 50의 근본이 되는 괘들이다. '벽辟' 자는 임금을 의미한다. 1양은 복이 되어 자월괘이고, 2양은 임으로 축월괘가 되고, 3양은 태가 되어 인월괘가 되고, 4양은 대장으로 묘월괘가 되며, 5양은 쾌가 되어 진월괘가 되고, 6양은 건으로 사월괘가 된다. 이제 음이 시작되어 1음이 구가 되어 5월괘가 되고, 2음이 돈이 되어 6월괘가 되며, 3음이 비가 되어 7월괘가 되고, 4음이 관이 되어 8월괘가 되며, 5음이 박이 되어 9월괘가 되며, 6음이 곤이 되어 10월괘에 해당한다. 이를 '십이벽'이라 한다.

'십이벽괘'란 말은 순상이 지은 『구가역』에 나온다. 다른 이론으로 건괘와 곤괘를 제외하고 중부·소과를 대신하여 '십이벽괘'라고 하기도 한다.

| 역자 해설 |

대연은 대연수大衍數와 같은 말로 천지의 수를 최대한으로 불린 수치이다. 『주역』「계사 상」에 "대연수 50이니 그 용은 49이다."라고 하였다. 1은 태극이라 사용하지 않는다. 64괘 중에서 건괘乾卦와 곤괘坤卦를 기준으로 각각 5개의 괘가 파생되는데 건괘와 곤괘를 합치면 12개가 된다. 이것을 12개월에 배치하여 각각 한 달의 주主로 삼았는데 사람으로 말하면 임금과 같다고 하여 '임금 벽辟' 자를 쓴 것이다. 동지에 1양이 비로소 생겨나니, 그 괘는 복이 되어 11월이고, 2양이 임괘로 12월이 되고, 3양이 태괘가 되어 1월이고, 4양은 대장괘大壯卦로 2월이 되며, 5양은 쾌괘가 되어 3월이 되고, 6양은 건괘로 4월이

된다. 이제 음이 시작되어 1음이 구괘가 되어 5월이 되고, 2음이 돈괘가 되어 6월이 되며, 3음이 비괘가 되어 7월이 되고, 4음이 관괘가 되어 8월이 되며, 5음이 박괘가 되어 9월이 되며, 6음이 곤괘가 되어 10월에 해당한다. 이렇게 육음이 이루어진다. 이것이 이른바 사시四時의 괘인데 경방京房이 12벽괘라 하였다.(『악서고존』「변십이율 불가이배월기不可以配月氣」)

『구가역』은 『주역』을 주석했던 경방京房, 마융馬融, 정현鄭玄, 송충宋衷, 우번虞翻, 육적陸績, 요신姚信, 적자현翟子玄, 순상荀爽 등 9인의 연구가를 말한다. 순상荀爽이 이들의 역설易說을 모아 『구가역』 10권을 만들었다고 한다.(『여유당전서』「잡찬집雜纂集」 권25 '구가')

십이지十二支

十二支者, 紀日之地枝也. 子曰困敦, 丑曰赤奮若, 寅曰攝提格, 卯曰單閼, 辰曰執徐, 巳曰大荒落, 午曰敦牂, 未曰協洽, 申曰涒灘, 酉曰作噩, 戌曰閹茂, 亥曰大淵獻, 此之謂十二支也.

十二支之目, 見《爾雅》.【〈釋天〉文. 《蠡海集》, 以鼠配子·牛配丑等爲十二肖】

'십이지'란 땅의 수인 육六에 음양을 부여하여 십이지가 된다. 자는

곤돈이라 하는데 섞이고 어지러운 양의 기운이 싹트는 상태이다. 축에 있는 것을 적분약이라 하는데, 적은 양을 의미하고, 분은 일어남이고, 약은 따르는 것이니 싹터서 자라는 상황이다. 인에 있는 것을 섭제격이라 하는데, 섭은 돕는 것이고, 제는 대부분이고, 격은 일으키는 것이다. 묘는 단알이라 하는데, 단은 다하는 것이고, 알은 그치는 것이니, 양의 기운이 만물을 밀어서 일으켜 음의 기운을 막는다. 진은 집서로 집은 움츠리는 것이고, 서는 펴는 것이라 움츠린 것들이 모두 펴지는 것이다. 사는 대황락으로 크게 펼쳐진다는 의미이다. 오는 돈장으로, 돈은 성한 것이고, 장은 건장한 것으로 왕성하게 자라는 상황이다. 미는 협흡으로 협은 협력하는 것이고, 흡은 합하는 것이니 음의 조화로 화합하는 상황이다. 신은 군탄으로 크게 다함으로 가는 상황이다. 유는 작악으로 떨어지는 것이다. 만물이 모두 떨어지는 상황이다. 술은 엄무로 엄은 은폐하는 것이고, 무는 덮는 것이다. 해는 대연헌으로 연은 감추는 것이고, 헌은 영접하는 것이니 만물을 간직하고 양의 기운을 기다리는 것이다. 이를 '십이지'라 한다.

'십이지'의 목록은『이아』「석천」에 보인다. (송나라 왕규의)『여해집』에서는 쥐를 자에 배속하고 소를 축에 배속하는 것 등을 '십이초'라 하기도 한다.

| 역자 해설 |

'십이초'는 열두 동물을 '십이지'와 짝지은 '십이속十二屬'을 가리키

는 것으로, 열두 동물은 쥐(子)·소(丑)·범(寅)·토끼(卯)·용(辰)·뱀(巳)·말(午)·양(未)·원숭이(申)·닭(酉)·개(戌)·돼지(亥)이다. '십이속'을 다른 말로 '십이생초十二生肖', '십이초'라고도 부른다.

십이배十二配

十二配者, 以日配月之名也. 甲在正月曰畢陬, 乙在二月曰橘如, 丙在三月曰修寎, 丁在四月曰圉余, 戊在五月曰厲皐, 己在六月曰則且, 庚在七月曰窒相, 辛在八月曰塞壯, 壬在九月曰終玄, 癸在十月曰極陽, 甲在子月曰畢辜, 乙在丑月曰橘涂, 此之謂十二配也.

十二配之目, 見《爾雅·釋天》.【正月得丙曰修陬, 得戊則曰厲陬. 餘倣此】

'십이배'란 태양의 기운, 즉 천간을 월에 배분한 이름이다. 정월의 갑은 '필추'이고, 2월의 을은 '귤여'이며, 3월의 병은 '수병'이고, 4월의 정은 '어여'이며, 5월의 무는 '여고'이다. 6월의 기는 '칙차'이고, 7월의 경은 '질상'이며, 8월의 신은 '색장'이고, 9월의 임은 '종현'이다. 10월의 계는 '극양'이며, 11월의 갑은 '필고'이고, 12월의 을은 '귤도'이다. 이를 '십이배'라 한다.

'십이배'의 목록은 『이아』「석천」에 보인다. 정월에 병이면 수추라 하고, 무릉 얻으면 여추라 하는데 나머지도 비슷하다.

십이차十二次

十二次者, 日躔之所舍也. 冬至所躔曰星紀, 大寒曰玄枵, 雨水曰娵訾, 春分曰降婁, 穀雨曰大梁, 小滿曰實沈, 夏至曰鶉首, 大暑曰鶉火, 處暑曰鶉尾, 秋分曰壽星, 霜降曰大火, 小雪曰析木, 此之謂十二次也.
十二次之名, 出《漢書·律曆志》.

'십이차'란 해가 일정한 절기에 제자리에 드는 것을 말한다. 동지에 들면 성기의 자리인데 성기는 두성斗星·우성牛星의 별자리이다. 대한은 현효의 자리로 허성虛星·위성危星의 별자리이다. 우수는 추자의 자리로 실성室星·벽성壁星의 별자리이다. 춘분은 강루의 자리인데 규성奎星·누성婁星·위성胃星이다. 곡우는 대량의 자리로 묘성昴星·필성畢星이다. 소만은 실침의 자리인데 자성觜星·삼성參星이다. 하지는 순수의 자리로 정성井星·귀성鬼星이다. 대서는 순화의 자리인데 유성柳星·성조星鳥·장성張星이다. 처서는 순미의 자리로 익성翼星·진성軫星이다. 추분은 수성의 자리인데 각성角星·항성亢星·저성氐星이다. 상강은 대화의 자리인데 방성房星·심성心星이다. 소설은 석목의 자리인데 미성尾星·기성箕星이다. 이를 '십이차'라 한다.

'십이차'란 말은 『한서』 「율력지」에 나온다.

십이수 十二水

十二水者, 四時之水候也. 正月解凍水, 二月白蘋水, 三月桃花水, 四月黃麥水, 五月瓜蔓水, 六月山礬水, 七月豆花水, 八月荻苗水, 九月霜降水, 十月復槽水, 十一月走凌水, 十二月蹙凌水, 此之謂十二水也.
十二水之名, 出闞駰《九州志》. 【又風有十二, 如五月曰舶趠風, 九月曰鯉魚風之類, 是也】

'십이수'는 사계절 물의 상태를 말한다. 정월의 물은 얼었던 물을 풀리게 한다는 '해동수'이고, 2월 물은 흰개구리 밥을 피어나게 한다는 '백빈수'이며, 3월 물은 복숭아꽃이 피게 한다는 '도화수'이고, 4월 물은 보리를 누렇게 익게 한다는 '황맥수', 5월 물은 오이 덩굴을 뻗어가게 한다는 '과만수', 6월 물은 산을 울창하고 푸르게 한다는 '산반수', 7월 물은 콩 꽃이 피게 한다는 '두화수', 8월 물은 억새들이 이리저리 옮겨 다니며 자라게 한다는 '적묘수', 9월 물은 서리가 내려앉는 '상강수', 10월 물은 다시 배를 띄울 수 있다는 '부조수', 11월 물은 큰 물결을 이루며 빠르게 흘러간다는 '주릉수', 12월 물은 모든 것을 넘어선다는 의미로 '축릉수'라고 한다. 이를

'십이수'라 한다.

'십이수'란 말은 북위北魏, 돈황敦煌 사람인 감인의 『구주지』에 나온다. 또 바람에 열두 달을 배속하기도 하는데, 5월에 '박초풍', 9월에 '이어풍'이라 하는 것들이다.

십이장十二章

十二章者, 天子之衣裳也. 日·月·星辰·山·龍·華蟲, 繪之爲衣, 宗彝·藻·火·粉米·黼·黻, 繡之爲裳, 此之謂十二章也. 十二章之目, 見〈虞書〉.【上公九章, 自山龍以下也】

'십이장'이란 천자가 입는 열두 가지의 무늬를 수놓은 제복을 말한다. 열두 가지 무늬는, 해·달·별·산·용·꿩의 여섯 가지를 윗옷에 무늬를 새기고, 종이(그릇무늬)·조(수초무늬)·화(불무늬)·분미(쌀가루무늬)·보(도끼무늬)·불(亞자무늬) 여섯 가지를 치마에 수놓았다. 이를 '십이장'이라 한다.

'십이장'의 목록은 『서경』「우서」에 보인다. 「상공」 9장에서 '자산룡' 이하이다.

십이정十二政

十二政者, 先王之所以救飢荒也. 一散利,【貸種食】二薄政,【輕租稅】三緩刑,【恤其羸】四弛力,【息傜役】五舍禁,【弛山澤】六去幾,【關市皆不幾】七眚禮,【省吉禮】八殺哀,【省凶禮】九蕃樂,【閉樂器】十多昏,【不備禮而娶】十一索鬼神,【修廢祀】十二除盜賊.【急其刑】此之謂十二政也.
十二政之名, 出《周禮 · 大司徒》.

'십이정'이란 선왕의 기근과 흉작을 구휼하는 것들이다. 첫 번째가 산리로 종자와 식량을 꾸어 주는 것이고, 두 번째가 박정으로 조세를 경감해 주는 것이며, 세 번째가 완형으로 형벌을 너그럽게 용서하는 것이다. 네 번째가 이력으로 부역을 면제해 주는 것이고, 다섯 번째가 사금으로 산과 들에서 채취하는 것을 허락하는 것이며, 여섯 번째가 거기로 시장을 사찰하지 않는 것이고, 일곱 번째가 생례로 길례와 빈례를 간소하게 하는 것이며, 여덟 번째가 쇄애로 흉례를 간소하게 하는 것이다. 아홉 번째가 번악으로 악기를 저장하고 쓰지 않는 것이며, 열 번째가 다혼으로 예식을 갖추지 않고 성혼하는 자가 많게 하는 것이며, 열한 번째가 색귀신으로 폐지한 제사를 찾아서 제사 지내는 것이고, 열두 번째는 제도적으로 기근이 들면 도적이 많으므로 도적을 잡는 데 힘을 쏟는다. 이를 '십이정'이라 한다.

'십이정'이란 말은 『주례』「대사도」에 나온다.

십이체十二體

十二體者, 文辭之制裁也. 制體, 誥體, 詔體, 表體, 露布, 體檄, 文體, 箴體, 銘體, 記體, 贊體, 頌體, 序體, 此之謂十二體也.

十二體之名, 出《小學紺珠》.

'십이체'란 문사의 구별이다. 제체, 고체, 조체, 표체, 노포, 체격, 문체, 잠체, 명체, 기체, 찬체, 송체, 서체를 말한다. 이를 '십이체'라 한다.

'십이체'란 말은 『소학감주』에 나온다.

| 역자 해설 |

원문에는 『소학감주』의 십이체와 다르게 '문체'가 추가로 들어 있어 십삼체를 언급하고 있다. 분명한 이유는 알 수 없다. '제체'는 조선 말기 이유원李裕元(1814~1888)이 쓴 『임하필기林下筆記』에 잘 설명되어 있다. 당나라 학자인 안사고顔師古(581~645)가 한 말을 인용하여 "천자의 말을 제서制書라고도 하는데, 이는 제도에 관한 명령을 뜻하는 말이다."라고 설명하고 있다. 즉 '제체'는 천자가 관직을 내리거나,

상벌을 내릴 때 쓰던 문체로 볼 수 있다.

'고체'란 『서경』의 「탕고湯誥」, 「대고大誥」 등과 같이 위에서 아래에 고하는 형식이다.

'조체'란 교서敎書의 문체로 임금이 명령하는 글이다. 특히 임금이 직접 행하는 형식을 취하며, 백성 전체를 대상으로 하는 것이 일반적이다.

'표체'란 표문表文의 문체로 신하가 임금에게 경하慶賀·공헌貢獻 등의 뜻을 올리는 형식이다. '표'란 표시하는 것으로 어떤 일의 시작과 정리를 임금에게 고하는 형식이다.

'노포'란 승리를 알리는 문서다. 당나라 봉연封演의 『봉씨문견기封氏聞見記』 「노포」에 "노포는 승첩을 알리는 문서의 별명이다. 제군이 적병을 격파하면 비단에다 글을 써서 장대에다 걸어 놓는다."라고 하였다.

'체격'은 '격문檄文'을 말하는데, 군사용 문서체이다.

'문체'는 '산문'도 있고, '운문'도 있다. 명나라 서사증徐師曾(1517~1580)이 지은 『문체명변文體明辨』에는 '신에게 맹세하는 제문'과 '사람을 풍자하는 문' 등이 있어 문체가 동일하지 않다.

'잠체'는 경계의 글이다. 사실에 근거하여 근엄하게 기술하며, 과장을 삼간다. 『문심조룡文心雕龍』에서 중국 육조 시대 양나라의 유협劉勰은 "잠은 오직 과오를 막기 위해 쓰는 것이므로, 정확하고 절실해야 한다."라고 하였다.

'명체'에 대해 『문심조룡』에는 "기리고 찬미하는 글이므로, 크고 화려해야 하며, 인용된 예들은 분별하여야 하며, 간결하고 깊은 뜻을 담는다."라고 되어 있다. '묘지명'이 많다.

'기체'는 사실을 있는 그대로 적는 문체이다. 『주례』, 「고공기考工記」가 이에 해당한다. 『문체명변』에서 기체를 정체와 변체로 나누어 정체에 당나라 한유韓愈의 「신수등왕각기新脩藤王閣記」 등을 예로 들고, 변체에 송나라 구양수歐陽脩의 「양주곡성현부자묘기襄州穀城縣夫子廟記」 등을 예로 들고 있다. 정체는 서사체이고, 변체는 의론체로 논변이나 한 책에 대한 의견을 진술하는 등의 특징이 있다. 또 현실에 없는 사물을 가정하여 의견을 나타내는 것을 별체別體로 구분하고 있다.

'찬체'는 『문심조룡』의 '송찬제구頌讚第九'의 내용에서 알 수 있다. "讚者明也助也."로 되어 있는데 그 뜻은 찬이란 명확하게 널리 알림에 여럿이 함께하는 것으로 해석된다. 즉 큰소리로 명확히 읽고 여러 사람이 같이 반복해서 읽는 문체이다.

'송체'는 『문심조룡』에서 "頌者容也. 所以美盛德而述形容也.(송은 용이다. 성덕을 찬미하여 그 모습을 묘사한 것이다.)"라고 설명되어 있다. 제사 때 천지신명에게 나라를 잘 다스린 내용을 고하는 문체이다.

'서체'는 사물의 처음과 끝을 적는 서문序文을 말한다. 일반적으로 책에 관한 것이 많다. 『시경』의 「대서大序」, 「소서小序」에서 시작된 것으로 보인다.

『소학감주』는 송나라 경원부慶元府 은현鄞縣(절강) 사람인 왕응린王應麟의 문자학 관련 저술이다. 그는 34세 때 문장으로 이름이 나서 박학굉사과博學宏詞科에 합격했고, 관직이 예부상서禮部尙書에까지 올랐다. 『소학감주』 권4에 "博學宏辭十二體, 制, 誥, 詔, 表, 露布, 檄, 箴, 銘, 記, 贊, 頌, 序."라고 되어 있다. '박학굉사'는 시험 과목이자 관직이었기에 '박학굉사 십이체'라 한 것으로 보인다. '십이체'에 관해서는 『임하필기』가 자세하며, '한국고전번역원 DB'에서 볼 수 있다.

십이조 十二操

十二操者, 古時之琴曲也. 一〈將歸操〉, 【孔子作】 二〈猗蘭操〉, 【孔子作】 三〈龜山操〉, 【孔子作】 四〈越裳操〉, 【周公作】 五〈拘幽操〉, 【文王作】 六〈岐山操〉, 【周公作】 七〈履霜操〉, 【伯奇作】 八〈朝飛操〉, 【牧犢子五十無妻作】 九〈別鶴操〉, 【商陵牧子作】 十〈殘刑操〉, 【曾子作】 十一〈水仙操〉, 【伯牙作】 十二〈襄陵操〉, 【夏禹作】 此之謂十二操也.
十二操之名, 出《樂府詩集》.

'십이조'란 옛날 거문고 악부 12곡이다. 첫 번째가 공자가 지은 장귀조, 두 번째는 공자가 지은 의란조, 세 번째는 공자가 지은 구산조, 네 번째는 주공이 지었다는 월상조, 다섯 번째는 문왕이 지었다는 구유조, 여섯 번째가 주공이 지었다는 기산조, 일곱 번째가 백기가 지었다는 이상조, 여덟 번째가 나이 50세가 되도록 아내가 없었다는 목독자가 지은 조비조, 아홉 번째가 한나라 상릉의 목자

가 지었다는 별학조, 열 번째가 증자가 지었다는 잔형조, 열한 번째가 백아가 지었다는 수선조, 열두 번째가 우임금이 지었다는 양릉조이다. 이를 '십이조'라 한다.

'십이조'란 말은 『악부시집』에 나온다.

| 역자 해설 |

'십이조'의 내용은 다음과 같다. 공자가 조趙나라에 가려다가 현대부賢大夫 두명독竇鳴犢을 죽였다는 말을 듣고 지은 '장귀조', 공자가 시대를 잘못 만난 것을 한탄한 '의란조', 계씨季氏가 제齊나라의 여악女樂을 받아들인 것을 보고 지었다는 '구산조', 주공이 지었다는 '월상조', 은나라 주왕이 무죄한 구후와 악후를 처참하게 죽인 데 대하여 몰래 탄식을 했다가, 소인의 참소를 받아 수감되어, 천자에 대한 충심을 표현해 주 문왕이 지었다는 '구유조', 주공이 지었다는 '기산조', 주 선왕 때 백기가 죄 없이 쫓겨난 억울한 심정을 토로한 '이상조', 제나라 선왕 때의 처사로 알려진 목독자가 거문고를 타서 불렀다는(『악부시집』「금곡가사」) '조비조', 한나라 상릉의 목자가 부부의 이별을 노래해 지었다는 '별학조', 증자가 지었다는 '잔형조', 춘추시대 거문고의 천하 일인자인 백아가 지었다는 '수선조',(백아가 스승 성련成連에게서 거문고를 3년 동안 배우고 나자, 성련이 마침내 백아를 데리고 동해의 봉래산에 들어가 거문고를 연습하게 하고, 자신은 배를 타고 떠나서 10일이 지나도록 오지 않았다. 백아는 바닷물 소리와 숲속 새들의 구슬픈 소리만 들려오자, 탄식하여 말하기를 "선생이 나의 정서를 변화시키려 한 것이다."라고

하고, 이에 거문고를 가져다 한 곡조를 노래하고 나자, 성련은 돌아왔고, 백아는 마침내 거문고의 천하 일인자가 되었다고 한다.) 하나라 우왕이 지었다는 '양릉조'.(후대의 가탁으로 보기도 한다.)

『악부시집』은 중국 고대·중세의 악부를 모은 책으로 편찬자는 북송北宋 신종神宗(1067~1085) 때의 곽무천郭茂倩이다.

十二之類

십일회十一會

十一會者, 齊 桓衣裳之會也. 一北杏,【莊十三】二·三兩鄄,【莊十四·十五】四·五兩幽,【莊十六·卄七】六檉,【僖元年】七貫,【僖二年】八陽穀,【僖三年】九首止,【僖五年】十寗毋,【僖七年】十一葵丘,【僖九年】此之謂十一會也.
十一會之名, 出蘇軾《春秋提要》.【去貫及陽穀, 則爲九合】

'십일회'란 제 환공(B.C. 720~643)이 중심이 되어 행한 제후들의 평화로운 회합이다. 첫 번째가 노나라 장공(B.C. 706~662) 13년에 북행에서 회합하여 송宋나라를 토벌한 것이고, 두세 번째가 노나라 장공 14년과 15년에 견에서 두 번 회합한 것이고, 네다섯 번째가 노나라 장공 16년과 27년에 유에서 회합한 것이며, 여섯 번째가 노 희공魯僖公(B.C. ?~627) 원년에 정에서 회합한 것이고, 일곱 번째가 노 희공 2년에 관에서 회합한 것이다. 여덟 번째가 노 희공 3년에 양곡에서 회합한 것이고, 아홉 번째가 노 희공 5년에 수지에서 회합한 것이고, 열 번째가 노 희공 7년에 영모에서 정鄭나라 토벌을 논의하였고, 열한 번째가 노 희공 9년에 규구에서 회합한 것을

'십일회'라 한다.

'십일회'란 말은 소식(소동파)이 지은『춘추제요』에 나온다. 관과 양곡에서 회합한 것을 제외하고 '구합'이라고도 한다.

십삼경 十三經

十三經者, 聖賢道義之府也.《易》·《書》·《詩》【己上三經】·《周禮》·《儀禮》·《禮記》【己上三《禮》】·《左傳》·《公羊傳》·《穀梁傳》【己上三傳】·《論語》·《孟子》·《孝經》·《爾雅》, 此之謂十三經也.

十三經之目, 見《崇文總目》.

'십삼경'이란 성현의 도의를 담은 창고이다.『역경』,『서경』,『시경』을 3경이라 한다.『주례』,『의례』,『예기』를 3례라 한다.『춘추좌전』,『공양전』,『곡량전』을 3전이라 한다.『논어』,『맹자』,『효경』,『이아』를 합쳐 '십삼경'이라 한다.

'십삼경'의 목록은『숭문총목』에 보인다.(『숭문총목』은 송나라 인종 때 왕요신이 지었다.)

십삼성十三省

十三省者, 中國管轄之制也. 山西省,【古冀州】山東省,【青·兗地】河南省,【古洛陽】陝西省,【古長安】浙江省,【古揚州】江西省,【荊·揚等】湖廣省,【荊·豫·梁等地】四川省,【梁·揚地】福建省,【古閩越】廣東省,【古南越】廣西省,【百越地】雲南省,【古梁州】貴州省,【西南夷】此之謂十三省也. 十三省之名, 出《大明一統志》.

'십삼성'은 중국의 영토 관할 구역의 제도이다. 옛날 기주 지방의 산서성, 청주·연주 지방의 산동성, 옛 낙양 지역의 하남성, 옛날 장안의 협서성, 옛날 양주 지방의 절강성, 형주·양주 지방의 강서성, 형주·예주·양주 등지의 호광성, 양주梁州·양주揚州 지방의 서천성, 옛날 민월(중국 남동부) 지방의 복건성, 옛날 남월(지금의 베트남 북부) 지방의 광동성, 백월(양자강 이남의 절강성 부근에서 베트남까지의 지역) 지방의 광서성, 옛날 양주梁州 지방의 운남성, 서남이(지금의 사천성 남부에서 운남, 귀주를 중심으로 거주하던 소수민족인 티베트, 묘족 등의 민족) 지방의 귀주성을 일컬어 '십삼성'이라 한다.

'십삼성'이란 말은 『대명일통지』에 나온다.(『대명일통지』는 명나라 때 이현李賢 등이 황제의 명을 받들어 1461년에 편찬한 지리지이다.)

십사류 十四類

十四類者, 道術方技之別也. 儒家, 農家, 【《野老》·《祭癸》等】 法家, 【商君·申·韓等】 名家, 【公孫龍·鄧析等】 墨家, 【《尹佚》·《我子》等】 縱橫家, 【蘇·張·龐煖等】 雜家, 【《呂覽》·《淮南》等】 道家, 【老·莊·長盧等】 小說家, 【伊尹·鬻子等】 兵法家, 【孫·吳·尉繚等】 天文家, 【秦壹·常從等】 歷數家, 【耿昌·傅周等】 五行家, 【風鼓·羨門等】 醫方家, 【扁鵲·白氏等】 此之謂十四類也.
十四類之名, 出《唐六典》. 【丙部爲子庫, 其類十四也. 《漢·藝文志》以儒·道·陰陽·法·名·墨·縱橫·雜·小說爲九流】

'십사류'는 도술을 닦는 방법에 따른 구별이다. '유가'가 있고, '농가'가 있는데 『야로』·『제계』라는 책에 나온다. '법가'는 상앙·신불해·한비자 등이 중요 사상가이다. '명가'는 공손룡·등석 등이 있다. '묵가'는 『윤일』·『아자』 등이 있다. '종횡가'는 소진·장의·방난 등이 있다. '잡가'는 『여람』·『회남자』 등의 책에 등장한다. '도가'는 노자·장자·장로 등의 사상가가 있다. '소설가'는 이윤·육자 등이 있다. '병법가'는 손자·오자·울요 등이 그 대표적 인물이다. '천문가'로는 진일·상도 등이 있다. '역수가'로는 경창과 부주 등이 있다. '오행가'로는 풍고·선문 등이 있다. '의방가'로는 편작과 백씨 등이 있다. 이를 '십사류'라 한다.

'십사류'라는 말은 『당육전』에 나온다. 「병부」에 여러 학파의 14류가 보인다. 『한서』「예문지」에 유가·도가·음양가·법가·명가·묵가·종횡가·잡가·소설가를 '구류'라 했다.

| 역자 해설 |

'십사류'는 일명 '제자백가'들 중 대표적인 14개 유파이다. '유가'는 공자·맹자·주자 등이 있고, '농가'는 초나라의 『야로』, 한나라의 『제계』라는 책에 나타난 신농씨를 따라 농사를 지으며 가난해도 나라를 다스릴 수 있다는 사상이다. '법가'는 군주가 정한 법률만이 기준이라는 사상으로 상앙·신불해·한비자 등이 중요 사상가이다. '명가'는 이름과 실재의 관계에 대한 논리적 분석을 통해 인간 인식의 상대성과 제한성을 강조하는 사상가들인데, 공손룡·등석 등이 있다. '묵가'는 묵자에 의해 주창된 겸애설로 유명하며, 『한서』「예문지」에 『윤일』·『아자』 등 6가 86편이 있다고 하지만 현재는 『묵자』 53편만 전한다. '종횡가'는 춘추전국시대 여러 나라를 돌아다니며 뛰어난 언변과 책략으로 연합체를 만들고 권력을 획득한 사상가들이다. 먼저 소진蘇秦이 있는데 낙양 사람으로 당시 점차 강대해진 진秦에 대하여 연燕·위魏·제齊·조趙·초楚·한韓의 6국이 연합하여 진에 대항할 것을 주장했다. 이것을 합종설合縱說이라고 한다. 장의는 위魏의 사람으로 6국이 연합, 진에 복종하여 섬길 것을 주장한 연횡설連衡說을 주장했다. 또 종횡가, 병가의 두 분야에서 저작을 남긴 조趙나라의 방난이 있다. '잡가'는 진나라의 정치가 여불위呂不韋의 주도로 만들어진

『여씨춘추』('여람'이라고도 한다.)·『회남자』 등의 책에 등장하는데, 잡가는 문자 그대로 다른 학파의 학설을 자유롭게 채택하여 하나의 사상을 구성한 것이다. '도가'는 노자·장자·장로(초나라 사람으로 8편의 글이 있었다고 한다.) 등의 사상가가 있다. '소설가'는 고대의 사건과 설화 등을 서적으로 남긴 학파로 사상가로는 하나라 말기부터 상나라 초기에 걸친 재상 이윤·육자 등이 있다. '병법가'는 춘추전국시대와 한나라 때 병법을 연구한 학자들이다. 제나라의 손자, 주나라의 오자·울요 등이 그 대표적 인물이다. '천문가'로는 진일·상도 등이 있다. '역수가'로는 전한 후기의 관료이자 수학자이자 천문학자인 경창과 부주 등이 있다. '오행가'로는 풍고·선문 등이 있다. '의방가'로는 중국 고대의 전설적인 명의인 편작과 백씨 등이 있다.

십오기十五氣

十五氣者, 山川風氣之別也. 山氣多男, 澤氣多女, 障氣多暗, 嵐氣多聾, 林氣多癃, 木氣多傴, 岸下氣多腫, 石氣多力, 險阻氣多癭, 暑氣多夭, 寒氣多壽, 谷氣多痺, 丘氣多狂, 衍氣多仁, 陵氣多貪, 此之謂十五氣也.
十五氣之目, 見《淮南子》.

'십오기'란 '산천풍기'에 따른 사람들의 상태에 대한 구별이다. 산

의 기운이 성하면 남자가 많고, 호수의 기운이 많으면 여자가 많고, 막힌 기운이 성하면 벙어리가 많고, 산속 아지랑이 기운이 성하면 귀머거리가 많고, 숲의 기운이 성하면 꼽추가 많다. 나무의 기운이 성하면 허리가 굽고, 강기슭의 기운이 성하면 발에 부종이 많고, 돌의 기운이 성하면 힘이 좋은 사람이 많고, 험준한 지역에 사는 사람은 혹이 많다. 더운 기후에 사는 사람은 단명하고, 추운 기후에 사는 사람은 오래 산다. 골짜기의 기후에 사는 사람은 절름발이가 많으며, 언덕에 사는 사람들은 경솔한 경우가 많다. 평야에 사는 사람들은 인자하며, 구릉에 사는 사람들은 가난한 경우가 많다. 이를 '십오기'라 한다.

'십오기'의 목록은 『회남자』에 보인다.

십육족 十六族

十六族者, 帝舜之良佐也. 高陽氏有子八人, 蒼野, 隤敳, 【伯 益子】檮戭, 【以淺反】大臨, 尨降, 庭堅, 【皐陶字】仲容, 叔達, 天下謂之八愷. 高辛氏有子八人, 伯奮, 仲堪, 叔獻, 季仲, 伯虎, 仲熊, 叔豹, 季貍, 【皆稷契·朱虎·熊羆之類】天下謂之八元. 此之謂十六族也.

十六族之名, 出《左傳》. 【魯 史克之言】

'십육족'은 순임금의 훌륭한 공적을 남긴 신하들이다. 고양씨의 여덟 아들이다. 창서·퇴애(백예伯翳, 익씨의 시조)·도인·대림·방강·정견(고요의 자)·중용·숙달을 '팔개'라고 한다. 고신씨의 여덟 아들이 있다. 백분·중감·숙헌·계중·백호·중웅·숙표·계리로 모두 직계·주호·웅비의 역할을 했다. 세상에서 '팔원'이라 했다. 이를 '십육족'이라 한다.

'십육족'이란 말은『춘추좌전』, 노나라 희공의 사관이었던 사극의 대답에 나온다.

| 역자 해설 |

'십육족'은 순임금을 통해 요임금에게 등용되었던 훌륭한 공적을 남긴 신하들로 씨족을 하사받아 '십육족'이 되었다. 고양씨(전욱)는 중국 황제黃帝의 손자로, 황제를 이어 20세에 임금 자리에 올라 처음 고양에 나라를 일으켰으므로 고양씨라고 했다. 그의 자식들은 재주가 뛰어나 '팔개八愷'라고 했다. 고신씨(제곡)는 황제의 증손이요, 요임금의 할아버지라고도 한다. 그의 재주가 특출하였던 8명의 아들을 '팔원八元'이라 한다. '개愷'는 '개凱'로도 적는데 '화和'의 뜻으로 '조화를 이루다'라는 의미이다. 자신이 담당한 일에 대해 조화를 잘 이루며 공적을 세웠기 때문에 붙여진 이름이다. '원元'은 '선善'의 뜻으로 '잘한다'는 의미이다. 자신이 담당한 일을 잘 처리하여 공적을 세웠기 때문에 붙여진 이름이다.

고신씨의 '팔원'은 순임금 때 농업을 담당한 후직后稷과 사도의 직책을 말하는 직계, 순임금 때 산과 연못을 관리하던 관직인 주호, 순임금 때 산과 연못을 관리하던 관직인 웅비의 역할을 했다.('주호'와 '웅비'는 관직명이라고도 하고 신하 이름이라고도 하는 설이 있다. 다산은 관직으로 이해함.) 주호와 웅비에 관해서는 순임금이 산림 천택을 관리하는 자리에 백익伯益을 앉히고, 주호와 웅비로 백익을 보좌하도록 하였다는 내용이 『사기』 권1 「오제본기」에 나온다.

십육국十六國

十六國者, 晉末之僭僞也. 前趙,【卽劉淵】後趙,【卽石勒】前燕,【慕容廆】後燕,【慕容垂】南燕,【慕容德】北燕,【卽馮跋】前秦,【卽苻洪】後秦,【卽姚萇】西秦,【卽乞伏國仁】前涼,【卽張軌】後涼,【卽呂光】南涼,【卽禿髮烏孤】西涼,【卽李暠】北涼,【卽段業】大夏,【卽赫連勃勃】後蜀,【卽李特】此之謂十六國也.

十六國之名, 出《北史》.【崔鴻撰《十六國春秋》】

'십육국'은 진晉나라 말엽 스스로 왕을 칭한 참위국들이다. 전조는 유연이 세운 나라이다. 후조는 석늑이 세운 나라이다. 전연은 모용외가 세운 나라이다. 후연은 모용수가 세운 나라이다. 남연은 모용덕이 세운 나라이다. 북연은 풍발이 세운 나라이다. 전진은 부홍이 세운 나라이다. 후진은 요장이 세운 나라이다. 서진은 걸복국인이 세운 나라이다. 전량은 장궤가 세운 나라이다. 후량은 여광이 세운 나라이다. 남량은 독발오고가 세운 나라이다. 서량은 이고가 세운 나라이다. 북량은 단업이 세운 나라이다. 대하는 혁련발발이 세운 나라이다. 후촉은 맹지상이 세운 나라이다. 이를 '십육국'이라 한다.

'십육국'의 이름은『북사』에 나온다. 최홍이 편찬한『십육국춘추』에도 있다.

| 역자 해설 |

'십육국'은 진晉나라 말엽부터 남북조시대에 북위에 의해 통일되기까지 일어나고 망했던 16개국이다. 전조는 흉노족 유연이 산서 지방에 세운 나라이다. 후조는 말갈족의 석늑이 임장에 도읍해서 세운 나라이다. 전연은 선비족 모용외가 지금의 산동·산시 지방에 세운 나라이다. 후연은 모용수가 중산에 도읍하고 세운 나라이다. 남연은 모용덕이 산동성에 세운 나라이다. 북연은 한족인 풍발이 지금의 만주 일대에 세운 나라이다. 전진은 저족氐族의 추장인 부홍과 그의 아들 부건이 장안長安에 도읍하여 세운 나라이다. 후진은 강족羌族의 요장이 장안에 도읍하여 세운 나라이다. 서진은 선비족의 걸복국인이 감숙甘肅의 원천苑川에 도읍하여 세운 나라이다. 전량은 한漢나라 장궤가 감숙성 난산도蘭山道 서쪽 지방地方에 세운 나라이다. 후량은 전진前秦의 저족 사람 여광이 중국 서부 양주 지방에 세웠다. 남량은 선비

족인 독발오고가 양주涼州 지방에 세운 나라이다. 서량은 한족인 이고가 돈황을 도읍으로 하여 세운 나라이다. 북량은 흉노족 단업이 감숙성을 도읍하여 세운 나라이다. 대하는 남흉노족 선우의 자손인 혁련발발이 세운 나라이다. 후촉은 맹지상이 세운 나라로, 사천 일대를 점유하였다. 다산의 설명에 건국자가 이특으로 되어 있는데 그는 5호의 하나인 저족의 추장으로 성成(306~347)국을 세웠다. 잘못 표기한 것으로 보인다.

『북사』는 당나라 이연수李延壽가 편찬했다. 북조의 위魏 · 북제北齊 · 주周 · 수隋의 4조, 242년간의 사실을 편찬한 것이다. 『십육국춘추』는 북위의 최홍이 편찬한 책으로 5호 16국에 관한 사서이다.

십칠편十七篇

十七篇者, 儀禮今文之數也. 〈士冠禮〉, 〈士昏禮〉, 〈士相見禮〉, 〈鄉飮酒禮〉, 〈鄉射禮〉, 〈燕禮〉, 〈大射禮〉, 〈聘禮〉, 〈公食大夫禮〉, 〈覲禮〉, 〈喪服〉, 〈士喪禮〉, 〈旣夕〉, 【士喪禮下篇】〈士虞禮〉, 〈特牲饋食禮〉, 【士祭禮】〈少牢饋食禮〉, 【大夫禮】〈有司徹〉, 【〈少牢〉之下篇】此之謂十七篇也.
十七篇之目, 見劉向《別錄》. 【今鄭本不同】

'십칠편'은 『의례』 금문의 숫자를 말한다. 「사관례」, 「사혼례」, 「사

상견례」, 「향음주례」, 「향사례」, 「연례」, 「대사례」, 「빙례」, 「공식대부례」, 「근례」, 「상복」, 「사상례」, 「기석례」(「사상례」 하편에 해당), 「사우례」, 「특생궤식례」(「사제례」에 해당), 「소뢰궤식례」(「대부례」에 해당), 「유사철」(「소뢰」의 하편에 해당)이 '십칠편'이다.

'십칠편'의 목록은 한나라 유향의 『별록』에 보인다. 『의례』의 편수에 관해서는 유흠(유향의 아버지)의 39편설과 정현의 56편설이 있다.(다산은 정현의 설을 따른다.)

| 역자 해설 |

'십칠편'은 전한 때에 노나라 지역 사람 고당생高堂生이라는 학자가 최초로 전하였다. 『사례士禮』 17편을 전수했다고 하며, 이는 지금의 『의례』 17편이다.

십팔학사 十八學士

十八學士者, 唐太宗之經幄也. 杜如晦, 房玄齡, 虞世南, 褚亮, 姚思廉, 李玄通, 蔡允恭, 薛元敬, 顏相時, 蘇勖, 于志寧, 蘇世長, 薛收, 李守素, 陸德明, 孔穎達, 蓋文達, 許敬宗, 此之謂十八學士也.

十八學士之名, 出《唐書》.

'십팔학사'란 당나라 태종의 경악(경연)의 학자들이다. 두여회·방현령·우세남·저량·요사렴·이현통·채윤공·설원경·안상시·소욱·우지령·소세장·설수·이수소·육덕명·공영달·합문달·허경종이다. 이들을 '십팔학사'라 한다.

'십팔학사'란 말은 『당서』에 나온다.

| 역자 해설 |

경악은 경연으로, 임금과 경전에 대해 강론하는 것을 말한다. 태종이 천책상장군天策上將軍으로 있을 때 궁성 서편에 문학관을 짓고 이에 참여하는 학자들 18명에게 학사를 겸임하도록 한 것이 '십팔학사'가 되었다. 이들은 태종에게 국정 자문을 하기도 하고 함께 경전의 내용에 관한 대화도 나누었다. 『신당서』 권102 「저양열전」에 보면 태종이 염입본閻立本에게 명하여 이들의 화상畫像을 그리게 하고 저량에게 찬贊을 짓게 해서 이를 관사 안에다 걸고 이들을 '십팔학사'라고 불렀는데, 당시 사람들이 존경의 뜻으로 '영주에 올랐다(登瀛洲)'라고 하였다.

십구장十九章

十九章者, 漢郊祀之樂歌也. 一〈練時日〉, 二〈帝臨〉, 三〈青陽〉, 四〈朱明〉, 五〈西顥〉, 六〈玄冥〉, 【已上四章鄒子樂】

七〈惟泰元〉, 八〈天地〉, 九〈日出入〉, 十〈天馬〉,【有二章】十一〈天門〉, 十二〈景星〉, 十三〈齊房〉, 十四〈皇后〉, 十五〈華爗〉, 十六〈五神〉,【五帝也】十七〈朝隴首〉, 十八〈象載瑜〉, 十九〈赤蛟〉, 此之謂十九章也.
十九章之名, 出《漢書·禮樂志》.

'십구장'이란 한나라 교사에서 연주하던 악가이다. 첫 번째가 연시일, 두 번째가 제림, 세 번째가 청양, 네 번째가 주명, 다섯 번째가 서호, 여섯 번째가 현명이다. 이상 사계절의 노래는 추연의 악으로 불린다. 일곱 번째가 유태원, 여덟 번째가 천지, 아홉 번째가 일출입, 열 번째가 천마로 2장으로 구성되어 있다. 열한 번째가 천문, 열두 번째가 경성, 열세 번째가 제방, 열네 번째가 황후, 열다섯 번째가 화엽, 열여섯 번째가 오신으로 오신제五神帝를 노래하고 있다. 열일곱 번째는 조롱수, 열여덟 번째가 상재유, 열아홉 번째가 적교이다. 이를 '십구장'이라 한다.

'십구장'이란 말은『한서』「예악지」에 나온다.

| 역자 해설 |

'십구장'이란 한나라 무제가 교사(하늘과 땅에 대한 제사)의 예를 정하고 악부를 세워, 이연년李延年을 협률랑協律郎으로 삼고, 사마상여司馬相如 등에게 명하여 음률에 맞추어 짓게 한 십구장의 노래이다. 첫 번째가 연시일로 시일을 선택하는 내용이다. 두 번째가 제림으로 상제

가 내려오심을 노래한다. 세 번째가 청양으로 봄의 귀신을 맞이하는 노래이다. 네 번째가 주명으로 여름 귀신을 맞이하는 노래이다. 다섯 번째가 서호로 가을 귀신을 맞이하는 노래이다. 여섯 번째가 현명으로 겨울 귀신을 맞이하는 노래이다. 이상 사계절의 노래는 추연의 악으로 불린다. 추연은 제나라 사람으로 충성을 다해 연燕나라 혜왕惠王을 섬겼는데도 왕이 참소하는 말을 듣고 투옥하자 원통함에 하늘을 향해 통곡했더니 5월에 하늘이 서리를 내렸다는 고사가 있다. 일곱 번째가 유태원으로 큰 근원, 즉 하늘을 노래한다. 여덟 번째가 천지로 하늘과 땅 그리고 사람의 조화를 노래한다. 아홉 번째가 일출입으로 세월이 지남을 노래하고 있다. 열 번째가 천마로 2장으로 구성되어 천마를 노래하고 있는데 『한서』「무제기武帝紀」에 의하면, 원정元鼎 4년 가을에 악와수渥洼水에서 나온 명마를 천마라고 하거나 또는 서쪽 끝에 위치한 대완국大宛國에서 한혈汗血이라는 명마를 얻어 이를 천마라고 했다는 등의 여러 가지 설이 있다. 열한 번째가 천문으로 천상의 문, 즉 천제의 궁인 자미궁紫微宮의 문이 열림을 노래하고 있다. 열두 번째가 경성으로 경성은 덕의 별로서 항상 도가 지켜지는 나라에 나타난다고 하는데, 한 무제 원정 5년에 분음汾陰에서 보정寶鼎을 얻고 나서, 일명 보정가寶鼎歌라고도 하는 이 경성가를 지었다고 한다. 열세 번째가 제방으로 한 무제 원봉元封 2년에 감천궁甘泉宮 안의 아홉 줄기에 잎이 서로 연한(九莖連葉) 지초가 났으므로, 이를 상서로 여겨 지은 노래로서 일명 지방가芝房歌라고도 한다. 열네 번째가 황후로 후토后土의 신을 노래하고 있다. 열다섯 번째가 화엽으로 하늘의 문을 열고 신령이 내려오는 광채가 성대한 장면을 노래하고 있다. 열여섯 번째가 오신으로 태일太一을 보좌한다는 오신제五神帝를 노래하고 있다. 5제는 청제青帝 · 적제赤帝 · 황제黃帝 · 백제白帝 · 흑제黑帝이다. 목 · 화 · 토 · 금 · 수의 오행과 봄 · 여름 · 토용土用 · 가을 · 겨울과 동 · 남 · 중 · 서 · 북을 다스리는데, 청제는 봄과 동방을 다스리는 목신이고, 적제는 여름과 남방을 다스리는 화신이고, 황제는 토용土用과 중앙을 다스리는 토신이고, 백제는 가을과 서방을 다스리는 금신이고, 흑제는 겨울과 북방을 다스리는 수신이다. 열일곱 번째는 조롱수로 일명 백린가白麟歌라고도 하는데, 한 무제가 옹雍 땅에 가서 하얀 사슴을 얻고 이 노래를 지었다 한다. 열여덟 번째가 상재유로 코끼리 수레가 아름답다는 뜻인데, 상재유는 일명 적안가赤雁歌라고도 하며, 한 무제 태시太始 3년에 동해에 가서 붉은 기러기 여섯 마리를 얻고 이 노래를 지었다 한다. 열아홉 번째가 적교로 붉은 용을 뜻한다. 제사를 지내고 복을 내려 줌에 감사하는 내용을 담고 있다.

'십구장' 중 1편 '연시일'은 아래와 같다.

연시일練時日

—『상촌집』(신흠 지음) 4권 〈악부체〉 (한국고전종합DB에서 발췌)

때와 날 가리어　　練時日
좋은 일시 얻어라　　占吉良
예대로 강신제 지내고　　合灌鬯

깨끗한 제수 올리네	躋馨香
북채와 북을 안치하고	安枹鼓
피리와 비파를 진열하고서	陳竽瑟
등가를 올리고	薦登歌
팔일무를 드리노니	進舞佾
신속히 하늘을 오름이여	猋遠舉
신령이 아름다워라	靈皇皇
그 광채 성대하여	赫輝光
찬란함 그치지 않네	爛未央
신령의 행차는	靈之駕
이룡을 타고 날아서	螭龍翔
구름과 안개를 헤치고	披雲霧
음양을 어거하도다	御陰陽
신령이 내려올 제는	靈之降
신무의 인도 받아 머무르니	連蜷留
공작 날개 일산 멈추고	弭孔蓋
비취깃 깃발만 펄럭이네	飄翠斿
신령이 임하실 제는	靈之臨
고요하고 온화함으로 받들어	承靚穆
정성과 엄숙함을 다하여	罄孚顒
삼가 안절부절 못하듯 하네	虔齊遬
신령의 패옥은	靈之珮

경옥이 뒤섞여서	紛瓊玉
쟁글쟁글 서로 울리어	璆璘鳴
소소의 악절에 합하도다	協簫韶
신령이 주신 것은	靈之貺
빛이 밝게 빛나노니	耿昭昭
큰 복을 내리시어	錫純嘏
만물을 생장하게 하도다	函生阜
신령의 은혜는	靈之惠
천하에 두루 미치어	遍九有
백성들 즐겁고 편안하고	胥樂康
모두가 장수를 누리노니	咸壽耇
천지의 도에 조짐을 받아	兆貞觀
깊은 은택을 듬뿍 입어	霑汪洋
좋은 비단옷을 입고	綺縞結
비단 휘장을 둘러치며	羅幬張
맛있는 초주 감주를 마시고	椒醴旨
맛좋은 고기로 안주를 하지	腱臑芳
곰국과 찐 고기 즐비하고	敶粘烝
달디단 엿도 그득하도다	列粻餭
신령이 되돌아가실 제는	靈之反
좋은 향기 남기시나니	垂肸蠁
아 만년토록 길이길이	於萬祀

맹세코 잊지 않으리다 矢毋忘

이십급二十級

二十級者, 秦·漢之官制也. 爵一級曰公士, 二曰上造, 三曰簪裊,【以組飾馬者】四曰不更,【不豫踐更者】五曰大夫, 六官大夫, 七公大夫, 八公乘, 九五大夫,【大夫之尊者】十左庶長, 十一右庶長, 十二左更, 十三中更, 十四右更, 十五少上造, 十六大上造, 十七駟車庶長, 十八大庶長, 十九關內侯, 二十徹侯, 此之謂二十級也.
二十級之目, 見《漢書·百官表》.

'이십급'은 진·한나라 때의 관제이다. 작1급은 공사, 2급은 상조, 3급은 잠뇨로 말을 관리하는 역할을 했다. 4급은 불경으로 천경이 아닌 벼슬이다. 5급은 대부, 6급은 관대부, 7급은 공대부, 8급은 공승, 9급은 오대부로 대부 중에 가장 높은 직위이다. 10급이 좌서장, 11급이 우서장, 12급이 좌경, 13급은 중경, 14급 우경, 15급 소상조, 16급은 대상조, 17급은 사거서장, 18급은 대서장, 19급은 관내후, 20급은 철후이다. 이를 '이십급'이라 한다.

'이십급'의 목록은『한서』「백관표」에 보인다.

| 역자 해설 |

'이십급'은 진나라 효공 때 상앙이 변법을 시행하여 20등작을 만들었고, 한나라에 이어졌다. 1급은 공사로 벼슬 이름이 있는 병졸의 경우이다. 2급은 상조로 조는 이루다는 뜻을 가지고 있어 명을 받음을 말한다. 3급은 잠뇨로 말을 관리하는 역할을 했다. 4급은 불경으로 병졸로 징발된 자가 금전으로 대신 사람을 사서 보내는 것을 천경踐更이라 하는데, 이런 병졸이 아닌 벼슬이다. 5급은 대부로 경卿과 사士 사이의 신분이다. 6급은 관대부로 대부의 상위 계급이다. 7급은 공대부로 관대부의 상위 계급이다. 8급은 공승으로 공가의 수레를 탈 수 있었다. 여기까지는 공훈이 있는 백성이 받던 작위이다. 9급은 오대부로 대부 중에 가장 높은 직위이다. 진시황이 태산에 올라가 봉선封禪의 제사를 올리고 나서 홀연히 폭풍우를 만나자 소나무 아래로 피했는데, 그 소나무가 공을 세웠다고 하여 오대부의 작위를 내려 봉했다는 '대부송大夫松'의 고사가 전한다.(『사기』 권6 「진시황본기」) 10급이 좌서장, 11급이 우서장이며 서장은 군대의 1열의 지휘를 맡았다. 12급이 좌경이고, 13급은 중경이고, 14급은 우경이다. 경更은 경졸을 인솔하는 역할을 했다. 15급은 소상조, 16급은 대상조로 집정관 겸 군대를 통솔하는 직책으로 곡식 600석이면 벼슬을 주었다고 한다. 17급은 사거서장으로 네 마리의 말이 끄는 수레를 타는 장군이다. 18급은 대서장으로 사거서장보다 한 단계 높은 벼슬로 1만 2천 석의 곡식으로 받을 수 있었다고 한다. 19급은 관내후로 제후로 칭해지고, 도읍 근처 경기 지방에 거주하지만 봉읍은 없었다. 20급

은 철후로 진·한 때 가장 높은 벼슬인데, 한나라 때는 주로 왕족이 아닌 다른 성을 가진 대신에게 주었다.

이십일사 二十一史

二十一史者, 歷代之記載也.《史記》,【司馬遷著】《漢書》,【班固著】《後漢書》,【范曄著】《三國志》,【陳壽著】《晉書》,【唐 太宗時撰】《宋書》,【沈約著】《南齊書》,【蕭子顯著】《梁書》,【姚思廉著】《陳書》,【姚思廉著】《魏書》,【魏收著】《北齊書》,【李百藥著】《周書》,【令孤德 棻著】《隋書》,【魏徵著】《南史》,【李延壽著】《北史》,【李延壽著】《新唐書》,【歐陽修·宋祁著】《五代史》,【歐陽修著】《宋史》,【脫脫著】《遼史》,【脫脫著】《金史》,【脫脫著】《元史》,【宋濂著】此之謂二十一史也.

二十一史之目, 見《續文獻通考》.【《經籍考》, 加《明史》·《舊唐書》, 則爲二十三史】

'이십일사'는 『사기』부터 『원사』까지의 중국의 기전체紀傳體 정사 21종이다. 사마천이 편찬한 『사기』, 반고가 편찬한 『전한서』, 범엽이 편찬한 『후한서』, 진수가 편찬한 『삼국지』, 당 태종 때 편찬된 『진서』, 심약이 편찬한 『송서』, 소자현이 편찬한 『남제서』, 요사염

이 편찬한 『양서』와 『진서』, 위수가 편찬한 『위서』, 이백약이 편찬한 『북제서』, 영고덕이 편찬한 『주서』, 위징이 편찬한 『수서』, 이연수가 편찬한 『남사』와 『북사』, 구양수와 송기가 편찬한 『신당서』, 구양수가 편찬한 『오대사』, 원나라의 탈탈이 편찬한 『송사』·『요사』·『금사』, 송렴이 편찬한 『원사』이다. 이를 '이십일사'라 한다.

'이십일사'의 목록은 명나라 왕기가 편찬한 『속문헌통고』에 보인다. 「경적고」에서 『명사』·『구당서』를 더하여 '이십삼사'라고도 했다.

이십이인 二十二人

二十二人者, 帝舜之命官也. 禹作司空, (棄)作后稷, 契作司徒, 皐陶作士, 垂作共工, 益作朕虞, 伯夷典禮, 夔作典樂, 龍作納言, 岳者一人, 牧者十二, 此之謂二十二人也.
二十二人之名, 出〈虞書〉.

'이십이인'은 순임금이 임명한 관료들이다. 우를 사공으로, 기棄를 후직으로, 설을 사도로, 고요를 사로, 수를 공공으로, 익을 짐우로, 백이를 전례, 기夔를 전악, 용을 납언으로 삼았다. 악은 1인을 두고, 목민관 12인을 두었다. 이를 '이십이인'이라 한다.

'이십이인'이란 말은 『서경』「우서」에 나온다.

'作后稷'에서 棄 자가 빠진 것으로 보인다. 앞뒤 문장의 구성으로 보아 棄 자가 있어야 맞다.

'이십이인'은 순임금이 임명한 관료들이다. 우를 사공으로 임명하여 수리와 토목을 담당하게 하고, 기棄를 후직으로 임명하여 백곡을 파종하게 하고, 설을 사도로 임명하여 오교(아버지는 의리가 있어야 하고, 어머니는 자애가 있어야 하며, 형은 우애가 있어야 하고, 아우는 공손해야 하며, 자식은 효도해야 한다는 다섯 가지 윤리)를 펴고, 고요를 사로 임명하여 오형(묵형墨刑·의형劓刑·비형剕刑·궁형宮刑·대벽형大辟刑)을 시행하게 하고, 수를 공공으로, 익을 짐우로 임명하였다. 백이를 전례로 삼아 삼례(천·지·귀신에 대한 제사)를 담당하도록 하였고, 기夔에게 전악을 맡겨 왕세자를 비롯한 공경대부의 자제들을 가르치게 하며, 용을 납언으로 삼아 왕명의 출납을 맡겼다. 악은 사악四岳으로 사방의 제후를 통솔하던 장관으로 1인을 두고, 지방장관인 목민관 12인을 두었는데 12주州를 다스렸다.

이십삼자모 二十三字母

二十三字母者, 文字音韻之別也. 見溪群疑, 謂之牙音, 【겨켸큔이】 端透定泥, 音出舌頭, 【뒨튜딩데】 幫滂竝明, 謂之重脣, 【방팡뻥밍】 精清從心邪, 出齒頭, 【징칭쭝심쎠】 曉匣影喩,

謂之喉音.【현ᅘᅣ힝유】來日二字, 半舌半齒,【래이】此之謂二十三字母也.
二十三字母之目, 見李嘉紹《韻法橫圖》.【西域蕃僧神琪之所傳也. 又知徹澄娘爲舌上之音, 非敷奉微爲輕脣之音, 照穿牀心禪爲正齒之音, 合之爲三十六母. 凡韻母用其初聲, 不用其中終聲】

'이십삼자모'는 문자 음운音韻의 기초가 되는 구별이다. 견·계·군·의 네 글자를 아음으로, 단·투·정·니 네 글자를 설두음으로, 방·방·병·명 네 글자를 중순음으로, 정·청·종·심·사 다섯 글자를 치두음으로, 효·갑·영·유 네 글자를 후음으로, 래·일 두 글자를 반설반치음으로 하였다. 이를 '이십삼자모'라 한다.(한글은 당시 발음이다.)

'이십삼자모'의 목록은 명나라 남경 사람인 이가소(이세택李世澤임)가 지은 『운법횡도』에 보인다. 서역의 승려인 신기(수온)가 지은 『오음구롱반뉴도五音九弄反紐圖』에 36자의 자모설을 전했다고 한다. 또 지·철·징·낭 네 글자를 설상음으로, 비·부·봉·미 네 글자를 경순음으로, 조·천·상·심·선 다섯 글자를 정치음으로 하여 '삼십육자모'라고도 한다. 대개 운모는 초성을 쓰고 중성과 종성은 쓰지 않는다.

한글 발음으로 쓰여 있는 부분은 당시 한글 표기로, 원문의 표기를 따른다.

이십사기二十四氣

二十四氣者, 四時之節候也. 立春·驚蟄·雨水·春分【今雨水驚蟄序次相易】·穀雨·清明【今清明穀雨序次相易】·立夏·小滿【謂陽氣小盛】·芒種·夏至·小暑·大暑·立秋·處暑·白露·秋分·寒露·霜降·立冬·小雪·大雪·冬至·小寒·大寒, 此之謂二十四氣也.

二十四氣之目, 見《漢書·律曆志》.【又春有二十四風, 始於梅花, 終於楝花】

'이십사기'는 사계절의 절기이다. 입춘·경칩·우수·춘분(지금은 우수·경칩 순이다.)·곡우·청명(지금은 청명·곡우 순이다.)·입하·소만(양의 기운이 조금씩 왕성해진다.)·망종·하지·소서·대서·입추·처서·백로·추분·한로·상강·입동·소설·대설·동지·소한·대한이다. 이를 '이십사기'라 한다.

'이십사기'의 목록은 『한서』「율력지」에 보인다. 또 봄에 5일에 한 번씩 스물네 번 부는 바람을 이십사풍 혹은 번풍番風이라고도 한다. 화신풍花信風이 한 번 불 때마다 한 가지씩 꽃이 피는데, 가장 먼저 매화가 피고, 가장 늦게 연화가 핀다고 한다.

이십오현二十五縣

二十五縣者, 朝鮮之故疆也. 朝鮮,【箕子所封地】䛁邯,【音男酣】浿水,【至增地入海】含資,【有帶水】黏蟬,【田黎切】遂城, 增地,【卽增土】帶方, 駟望, 海溟,【卽海桓】列,【卽穴口】長岑, 屯有, 昭明,【南部都尉治】鏤方, 提奚, 渾彌, 呑列,【洌水之所分】東暆,【弋支切】不而,【東部都尉治】蠶台, 華麗,【與不而相近】邪頭昧,【三字名】前莫, 夫租, 此之謂二十五縣也.
二十五縣之名, 出《漢書 · 地理志》.【漢 武帝滅衛滿, 以其地爲四郡. 其樂浪縣二十五, 餘多未詳】

'이십오현'은 조선 영토의 연고이다. 조선은 주 무왕이 기자에게 봉토로 준 땅의 이름이다. 남감은 음은 남男 · 감甘이다. 패수는 증지增地에 이르러서 바다로 들어간다. 함자는 대수帶水가 있다. 점제의 제는 전여절이다. 수성 · 증지(증토) · 대방 · 사망 · 해명(해환) · 열현(혈구) · 장잠 · 둔유 · 소명은 남부도위가 다스렸다. 누방 · 제해 · 혼미 · 탄열(열수가 갈라져 나오는 지방이다.) · 동이의 이는 익지절이다. 불

이는 동부도위가 다스렸다. 잠대·화려(불이현과 가깝다.)·야두매·전막·부조가 있다. 이를 '이십오현'이라 한다.

'이십오현'이란 말은 『한서』「지리지」에 나온다. 한 무제 때 위만을 멸망시키고, 그 땅에 사군을 설치했다고 한다. 낙랑군에 25현을 두었는데, 많은 현들이 증명 자료가 없다.

| 역자 해설 |

'이십오현'은 조선의 영토가 정해진 근거를 나타낸다. 조선현은 주무왕이 기자에게 봉토로 준 땅의 이름이다. 『성호사설』에 의하면 기자가 조선으로 나올 때, 홍범洪範의 원리를 가르쳐 윤리를 바로잡아 놓았으니, 그 공적이 매우 커서 자작子爵에 봉해졌다고 한다. 그의 후손인 조선후朝鮮侯는 주나라가 쇠하고 연燕이 왕이라는 칭호를 쓰고 동쪽으로 토지를 경략하려는 것을 보고, 자기도 왕이라 자칭하고 군대를 일으켜 연을 토벌하여 주나라를 높이려 했는데, 대부인 예禮가 말려서 그만두었다는 말이 있다. 조선에서 왕을 칭한 것은 이때부터 시작되었다. 남감현(맹강孟康)의 '남'은 남男음이라 하였고, 안사고는 '감'의 음은 감甘이라고 하였다. 패수현의 패수는 서쪽으로는 증지增地에 이르러서 바다로 들어간다. 함자현은 대수帶水가 서쪽으로 대방帶方에 이르러 바다로 들어간다. 점제현의 위치는 다산의 『혼돈록餛飩錄』을 번역한 김언종 교수에 의하면 열수洌水의 하구에 위치한 지역으로 보는데, 평안남도 용강군 어을동에서 발견된 '점제현비'를 근거로 들고 있다. 수성현·증지현(왕망은 증토라 하였다.)·대방현·사망

현·해명현(왕망은 해환이라 하였다.)·열현(혈구현이다.)·장잠현·둔유현·소명현은 남부도위가 다스렸다. 누방현·제해현·혼미현·탄열현(열수가 갈라져 나오는 근원이다.)·동이현·불이현은 동부도위가 다스렸다. 잠대현·화려현(불이현과 가깝다.)·야두매현·전막현·부조현을 합쳐서 '이십오현'이라 한다.

'전여절'과 '익지절'은 반절법半切法 표기이다. 한자의 발음을 다른 두 개의 한자로 표시하는 방법인데 첫 글자의 초성과 둘째 글자의 중성과 종성을 합쳐서 나타내는 방법으로, '점제'의 제를 田의 'ㅈ'과 黎의 'ㅕ'를 합쳐 '져'로 발음함을 나타낸다. 지금은 '져'로 발음하지 않고 '제'로 표기하는 번역이 많다. '익지절'은 '동이'의 '이'를 弋의 'ㅇ'과 支의 'ㅣ'를 합쳐 '이'로 발음함을 표기한 것이다.

이십육두二十六豆

二十六豆者, 天子之盛饌也. 韭菹, 醓醢,【醓肉汁】昌本,【菖蒲根】麋臡,【音泥, 有骨醢】菁菹, 鹿臡, 茆菹,【水草也】麇臡,【麋麕同】謂之朝事之豆. 葵菹, 蠃醢,【蠃蝸同】脾析,【牛百葉】蠯醢,【蠯音裨, 蛤也】蜃醢,【大蛤也】蚳醢,【蚳音遲, 蟻卵】豚拍,【豚脅也】魚醢, 謂之饋食之豆. 芹菹, 兔醢, 深蒲,【蒲始生水者】醓醢, 箈菹,【卽苔也】鴈醢, 筍菹, 魚醢, 謂之加豆. 酏食,【以酒爲餠者】糝食,【米與肉合煎】

謂之羞豆. 此之謂二十六豆也.
二十六豆之名, 出〈禮器〉. 【其目見《周禮》. 醢入魚醢醓醢疊用之】

‘이십육두’란 천자의 밥상에 오르는 반찬들이다. ‘구저’는 부추김치이고, ‘담해’는 육장이며, ‘창본’은 창포 뿌리이고, ‘균니’는 뼈가 있는 사슴 고기를 저민 것이다. ‘청저’는 무김치이고, ‘녹니’와 ‘묘저’는 수초류다. ‘균니麇臡’는 사슴 고기를 저민 것이다. 이를 ‘조사두’라 한다. ‘규저’는 아욱 절임이고, ‘나해’는 달팽이 육장으로 ‘나와’와 같다. ‘비석’은 소의 처녑으로 ‘우백엽’이라고 한다. ‘비해’는 긴 맛조개 젓갈이고, ‘신해’는 대합조개 젓갈, ‘지해’는 개미알 젓갈, ‘돈박’은 돼지 넓적다리 고기이고, ‘어해’는 생선 젓갈이다. 이를 ‘궤식두’라 한다. ‘근저’는 미나리 절임이고, ‘토해’는 토끼 젓갈이고, ‘심포’는 진한 창포 절임이며, ‘담해’는 육장이고, ‘지저’는 큰 죽순 절임이다. ‘안해’는 기러기 젓갈이고, ‘순저’는 작은 죽순 절임이며, ‘어해’는 물고기 젓갈이다. 이를 ‘가두’라 한다. ‘이식’은 술로 만든 떡이고, ‘삼식’은 쌀과 고기를 적은 기름에 달인 것이다. 이를 ‘수두’라 한다. 이를 ‘이십육두’라 한다.

‘이십육두’라는 이름은 『예기禮器』에 나온다. 그 목록은 『주례』에 보이는데, 해는 어해와 담해를 섞어서 사용한다.

'두豆'란 고기나 국을 담는 나무로 만든 두껍고 높은 제기다. 천자의 두는 26개이고, 여러 공公은 16개이고, 제후는 12개이고, 상대부는 8개이고, 하대부는 6개이다.(天子之豆, 二十有六. 諸公十有六. 諸侯十有二. 上大夫八, 下大夫六. -『예기』) '구저'는 부추김치이고, '담해'는 육장이며, '창본'은 창포 뿌리이고, '균니'는 뼈가 있는 사슴 고기를 저민 것이다. '청저'는 무김치이고, '녹니'와 '묘저'는 수초류로 『오주연문장전산고五洲衍文長箋散稿』(1850, 李圭景)에서 『설문해자』를 인용하여 '저菹'를 '초채酢菜'라고 하였는데, 바로 지금 밥상에 오르는 김치를 말한다. '균니'까지를 '조사두'라 하며 나무로 만든 제기를 쓴다. '규저'·'나해'·'비석'·'비해'·'신해'·'지해'·'돈박'·'어해'를 '궤식두'라 한다. '근저'·'토해'·'심포'·'담해'·'지저'·'안해'·'순저'·'어해'까지를 '가두'라 한다. '이식'과 '삼식'에 대해서는 『예기』「내칙」에 나온 내용을 참고한다. "이식은 쌀가루를 준비하여 반죽하고, '이리의 가슴 속 비계'를 잘게 썰어서 쌀가루와 함께 넣어 죽을 만든 것이다. 삼식은 소·양·돼지 세 가지 고기를 같은 비율로 준비하여 잘게 썰어서 쌀과 고기를 2 대 1의 비율로 섞어 떡을 만들어서 튀긴 것이다."라고 자세한 설명이 있다. 이를 수두에 담는다. 이렇게 4두四豆인 '조사두'·'궤식두'·'가두'·'수두'의 네 가지를 합해서 '이십육두'라 한다.

이십칠맥二十七脈

二十七脈者, 手腕跳動之候也. 浮·沈·虛·實, 長·短·滑·濇, 【卽澁也】 遲·數·緩·緊, 洪·大·微·細, 【數有力曰緊】 弦·芤·伏·動, 【芤, 葱也. 按之中空】 散·結·濡·促, 【軟無力曰濡】 牢·弱·代脈, 【更代也】 此之謂二十七脈也.
二十七脈之名, 出李梴《醫學入門》.

'이십칠맥'이란 맥이 뛰는 징후들이다. 부맥·침맥·허맥·실맥, 장맥·단맥·활맥·색맥인데 '색濇'은 '삽澁'과 같다. 지맥·삭맥·완맥·긴맥, 홍맥·대맥·미맥·세맥인데 삭맥이 힘이 있으면 긴맥이다. 현맥·규맥·복맥·동맥인데 '규芤'는 파의 잎을 말하며 속이 빈 것이다. 산맥·결맥·유맥·촉맥은 혈기가 부족하여 연하면서 힘이 없는 맥이다. 뇌맥·약맥·대맥은 멈추고 뛰고 다시 뛰는데 또다시 멎는다. 이를 '이십칠맥'이라 한다.

'이십칠맥'이란 말은 1575년에 명나라 이천이 엮은『의학입문』에 나온다.

| 역자 해설 |

'이십칠맥'이란 맥이 뛰는 상태를 27가지로 나눈 것으로, 28맥에서 혁맥革脈을 하나 뺀 것이다. 부맥은 맥이 살 위에서 뛰는 상태로 '물 위에 둥둥 떠다니는 나무와 같다'라고도 한다. 침맥은 맥이 가라앉아

있어서 뼈 있는 곳까지 눌러야 알 수 있다. 허맥은 기혈이 모두 허할 때 나타나는 맥이다. 실맥은 열이 있거나 토할 때 나타난다. 장맥은 누르면 크게 출렁이면서 길게 이어지는 맥으로 기혈이 모두 많을 때 나타난다. 단맥은 음맥이다. 양쪽 끝에서는 나타나지 않고 가운데에서만 나타나며 제자리까지 미치지 못한다. 활맥은 손가락으로 눌러 보면 구슬을 만지는 듯하며 뛰는 것이 매끄럽고 빠르다. 삽맥은 가늘면서 느리게 뛰고 맥이 오가는 모양이 힘겹고 흩어지기도 하고, 간혹 한 번 쉬었다가 다시 뛰기도 한다. '색濇'은 '삽澁'과 같다. 지맥은 한 번 숨 쉴 때 세 번 뛰는 맥으로, 맥이 오가는 것이 매우 느리다. 삭맥은 한 번 숨 쉴 때 여섯 번 뛰며 맥이 오가는 것이 빠르고 급하다. 완맥은 음맥으로 한 번 숨 쉴 때 네 번 뛰는 맥으로, 뛰는 모양이 고르면서 부드럽고 지맥보다는 약간 빠르다. 긴맥은 양맥으로 빠르고 힘있게 뛰는 맥이다. 삭맥이 힘이 있으면 긴맥이다. 홍맥은 양맥으로 손가락을 대면 크게 출렁이면서 힘차게 뛰는 맥으로, 혈기가 왕성하여 마치 홍수가 났을 때 거대한 물이 파도를 치는 듯하다. 대맥은 어떤 원인에 의해서 넓게 짚어지지만 조금 더 깊이 눌러 보면 힘이 없는 맥이다. 미맥은 음맥으로 있는 듯 없는 듯하면서 매우 가늘다. 세맥은 미맥보다 약간 클 뿐으로, 한줄기 실처럼 가늘면서 힘이 있다. 기가 부족할 때 나타난다고 한다. 현맥은 양맥으로 팽팽하면서 길게 늘어지는 것이 마치 활시위를 만지는 것 같다. 기혈이 안으로만 수렴되고 퍼지지 못할 때 생기는 맥이다. 규맥은 맥이 떠 있는 듯하고 크게 느껴지지만 부드럽고, 손가락으로 눌러 보면 가운데에서는 뛰지 않고 아래위에서만 힘차게 뛰는데, 마치 속이 비어 있는 파의 잎을 누르는 것 같다. '규芤'는 속이 빈 파잎을 말한다. 복맥은 맥이 힘줄 아래에서 뛰는 맥으로, 가볍게 눌러서는 짚이지 않고 꾹 눌러서 진맥하여도 역시 짚이지 않는다. 반드시 뼈에 붙어 있는 힘줄을 밀어내고 잡아야 나타난다. 동맥은 음맥으로 빠르게 뛰는 맥이 관關 부위에서만 나타나고 맥의 앞뒤가 없으며 콩알 크기의 것이 톡톡 뛰는 것 같다. 산맥은 손가락을 살짝 들면 부맥 같으나 맥이 확 흩어지면서 힘이 없고, 누르면 손가락이 가득 찰 정도로 맥이 뛰지만 흩어져 있어서 모이지 않고, 오가는 것도 명확하지 않다. 생명이 위험한 맥이다. 결맥은 맥이 오가는 것이 느리고 부드럽지만, 때때로 한 번 쉬었다가 다시 뛴다. 유맥은 혈기가 부족하여 연하면서 힘이 없는 맥이다. 촉맥은 맥이 오가는 것이 빠르지만 때때로 한 번 쉬었다가 다시 뛴다. 화를 낼 때 나타난다. 뇌맥은 양맥으로 가라앉아 있으면서도 힘이 있고 움직여 보아도 이동하지 않는 맥이다. 피를 많이 흘렸을 때의 맥이다. 약맥은 매우 연하면서 가라앉아 있고 가늘어서 누르면 마치 끊어질 것 같다. 가라앉아 있으면서 힘이 없는 맥이다. 대맥은 음맥으로 맥이 뛰다가 멈춰서 저절로 되돌아오지 못하다가 다시 뛰는데 또다시 멎는다. 한참 동안 누르고 있으면 다시 세게 뛰는 맥을 말한다. 오장의 기가 끊어졌을 때 나타나는 매우 위험한 맥이다.(『동의보감』 제2권 「외형편」, 허준, 동의과학연구소, 2008. 참조)

이십팔장 二十八將

二十八將者，漢 光武佐命之勳臣也．鄧禹，【字仲華】馬成，【字君遷】吳漢，【字子顔】王梁，【字君嚴】賈復，【字君文】陳俊，【字子昭】耿弇，【字伯昭】杜茂，【字諸公】寇恂，【字子翼】傅俊，【字子衛】岑彭，【字君然】堅鐔，【字子伋】馮異，【字公孫】王霸，【字元伯】朱祐，【字仲先】任光，【字伯卿】祭遵，【字弟孫】李忠，【字仲都】景丹，【字孫卿】萬脩，【字君游】蓋延，【字巨卿】邳肜，【字偉君】姚期，【字況兄】劉植，【字伯先】耿純，【字伯山】臧宮，【字君翁】馬武，【字子張】劉隆，【字元伯】此之謂二十八將也．

二十八將之名，出《後漢書》．【又見陶淵明《群輔錄》．《漢書·高惠功臣表〉，以蕭何等十八人爲十八侯】

'이십팔장'은 한나라 광무제의 훈신들이다. 등우(자는 중화)·마성(자는 군천)·오한(자는 자안)·왕량(자는 군엄)·가복(자는 군문)·진준(자는 자소)·경엄(자는 백소)·두무(자는 제공)·구순(자는 자익)·부준(자는 자위)·잠팽(자는 군연)·견심(자는 자급)·풍이(자는 공손)·왕패(자는 원백)·주우(자는 중선)·임광(자는 백경)·제준(자는 제손)·이충(자는 중도)·경단(자는 손경)·만수(자는 군유)·개연(자는 거경)·비동(자는 위군)·조기(자는 황형)·유식(자는 백선)·경순(자는 백산)·장궁(자는 군옹)·마무(자는 자장)·유륭(자는 원백)을 말한다. 이들을 '이십팔장'이라 한다.

'이십팔장'이란 말은 『후한서』에 나온다. 또 도연명의 『군보록』에 보인다. 『한서』 「고혜공신표」에 유방을 도와 한나라를 건국한 공신인 소하 등 18인을 '십팔후'라고 했다.

| 역자 해설 |

'이십팔장'은 한나라의 광무제를 도와 신新나라를 멸망시키고, 동한東漢을 세우는 공을 세운 28명의 장군이다. 광무제의 아들 명제明帝 때에 이십팔장을 남궁南宮의 운대에 그림으로 그려 넣었기 때문에 '운대이십팔장雲臺二十八將'이라고도 한다.

이십팔수二十八宿

二十八宿者, 列曜之界別也. 角曰蒼龍, 亢曰疏廟, 氐曰天根, 房曰天駟, 心曰大火, 尾曰九子, 箕曰天津, 斗曰天機, 牛曰何鼓, 女曰天孫, 虛曰玄武, 危曰蓋屋, 室曰定星, 壁曰東壁, 奎曰封豨, 婁曰聚衆, 胃曰天倉, 昴曰旄頭, 畢曰罕車, 觜曰虎首, 參曰白虎, 井曰水衡, 鬼曰天目, 柳曰朱鳥, 星曰天都, 張曰鳥嗉, 翼曰羽翮, 軫曰車轄, 此之謂二十八宿也. 二十八宿之目, 見〈天官書〉.

'이십팔수'란 별자리의 세계를 구분한 것이다. 각은 창룡, 항은 소묘, 저는 천근, 방은 천사, 심은 대화, 미는 구자, 기는 천진, 두는 천기, 우는 하고, 여는 천손, 허는 현무, 위는 개옥, 실은 정성, 벽은 동벽, 규는 봉희, 누는 취중, 위는 천창, 묘는 모두, 필은 한거, 자는 호수, 삼은 백호, 정은 수형, 귀는 천목, 유는 주조, 성은 천도, 장은 조소, 익은 우핵, 진은 차할이다. 이를 '이십팔수'라 한다.

'이십팔수'의 목록은 『사기』 27권 「천관서」에 보인다.

| 역자 해설 |

'이십팔수'란 옛날 중국에서 해·달·별 등의 소재를 밝히기 위해 황도(천구상을 태양이 지나가는 자취. 실제로 태양이 움직이는 것은 아니지만 지구의 공전에 의해 나타나는 태양의 상대적인 운동으로, 1년에 걸쳐 시계 반대 방향으로 천구상의 별자리를 지나는 것처럼 보인다.)에 따라 천구를 스물여덟으로 구분한 것이다. 동쪽 분야의 각(창룡)·항(소묘)·저(천근)·방(천사)·심(대화)·미(구자)·기(천진)의 일곱 개 별은 별자리가 용과 비슷하여 비늘이 있는 모든 동물이 여기에 속한다. 북쪽 분야의 두(천기)·우(하고)·여(천손)·허(현무)·위(개옥)·실(정성)·벽(東壁)의 일곱 별은 그 모습이 거북 위에 뱀이 똬리를 틀고 있는 모습이라 하여 현무를 비롯한 껍질이 있는 동물이 여기에 속한다. 서쪽 분야의 규(봉희)·누(취중)·위(천창)·묘(모두)·필(한거)·자(호수)·삼(백호)은 백호와 비슷하다 하여 털이 달린 동물이 여기에 속하고, 남쪽 분야의 정(수형)·귀(천목)·유(주조)·성(천도)·장(조소)·익(우핵)·진

(차할)은 그 모습이 주작朱雀(붉은 새)과 비슷하여 깃털이 달린 동물들이 여기에 속하는 별자리이다.

작품 해설

구슬이 서 말이어도 꿰어야 보배다

『소학주관』은 아동 학습서이다. 현재의 시점에서 보면 아동뿐만 아니라 어른을 위한 학습서로 보아도 전혀 무리가 없다. 이 책은 단순히 글자를 외우는 방식이 아니라 그 글자가 어떤 고전에서 나왔으며, 유래가 무엇인지 스스로 알게 하는 재미와 놀라움을 느끼게 되어 있다. 이 책은 1810년 강진에서 유배 생활 중이던 한 사람이 썼다. 대략 10년의 세월을 한양에서 멀리 떨어진 시골에서 보내던 선비가 쓴 책이다. 그가 다산 정약용이다. 『여유당전서』를 비롯해 500여 권의 방대한 저술을 남긴 위대한 철학자다. 『경세유표』, 『목민심서』를 비롯해 『아방강역고』, 『상례사전』, 『주역심전』, 『심경밀험』 등 실로 정치·경제·철학·지리와 역사에 이르기까지 그 학문적 성과에 있어 조선에서 견줄 사람이 없는 인물이다. 그런 그가 1801년 강진으로 유배를 당한다. 시골 강진에서 한양에서 높은 벼슬을 하던 선비가 유배를 왔다는 소식은 어떤 이들에게는 다른 의미로 다가왔다. 자식의 공부를 어떻게 하면 좋을까 걱정하던 시골의 부모들에게 뜻밖의 희소식이었다. 지금이나 그때나 부모의 교육열은 비슷했으리라. 그렇게 하나둘 찾아오는 아동들을 가르치기 시작한 다산은 그의 철저한 학문 정신을 발휘하기 시작한다. 천자문을 외우게 해도 곧잘 따라오는 아동이 있는가 하면 못 따라오는 아동들도 있었다. 천자문이 사서오경의 중요한 단어들을 배우는 장점이 있기는 하지만 현실에서 잘 쓰지 않는 단어들이 있어 배우기가 쉽지는 않았다. 다산은 아동 교육에 있어 일단 한자의 성립 과정을 이해하는 『이아』 등과 같은 자학을 기본으로 하고, 일상생활과 제사 등의 행사를 이해하는 『예기』 「곡례」와 『소학』을 다음 과정으로 삼았다. 이런 공부가 어느 정도 성취를 이룬 후 『사서』와 같은 유교 고전을 본격적으로 공부하는 것이 합리적이라고 인식했다. 그래서 천자문을 대신해서 『아학편훈의兒學編訓義』를 지어 아동들에게 글을 가르치기 시작한다. 다산이 유배 중이던 순조 4년, 1805년에 강진 주막의 '사의재四宜齋'에서 아동들과 제자들을 가르치면서 편찬한 『아학편훈의』는 2천 자의 한자를 상권에는 형태가 있는 물건의 글자를, 하권에는 세상 물정과 사례에 관계되는 글자를 수록하였다. 다산은 이에 만족하지 않고 경전을 읽기 위해 꼭 필요한 글자를 배우는 아동 학습서를 기획하여 『소학주관』을 편집하기에 이른다. 이러한 저술 목적은 다산의 둘째 형 정약전에게 보낸

편지(『다산시문집』 20권 「상중씨」, 신미년 겨울)에 잘 나타나 있다.

> “『소학주관』은 어린아이들을 위하여 지었습니다. 사람들의 말을 들으니 형님께서도 이러한 책을 편집하신 것이 있다 하던데, 우리 집안에서 따로 두 개의 문호를 세울 필요는 없습니다. 제 것으로 사용하는 것이 어떨지 모르겠습니다. 그 문례가 비록 쓸데없이 긴 듯하나 어린아이들에게 외도록 하려면 이같이 하지 않을 수 없습니다. 또 그 방법은 10단위로 제한해서 혹 구차스럽게 채운 것도 있고 혹 억울하게 빼놓은 것도 있습니다. 그러나 일반 세상에서 통용되는 문자란 이렇게 하지 않으면 행해지지 않습니다.”

이 책의 편집은 그 유례가 많지 않은 구성이다. 1부터 28까지 숫자를 기본으로 경전에 나오는 개념들과 용어들을 이해하고 외울 수 있도록 하는 방식이다. 글자의 해설은 주로 『주례』, 『예기』, 『주역대전』, 『논어』, 『춘추』 등 경전과 『고려사』, 『여지승람』 등 수많은 지리 · 역사서를 근거로 하고 있어 신뢰성이 뛰어나다. 하나하나 읽어 가다 보면 저절로 경전을 읽을 때 어렵게 느꼈던 명칭과 용어들에 익숙하게 된다. 억지로 외우는 방식을 벗어나 지식을 갖추는 능력이 개발되는 방식이다. 즉, 앞에서 배운 내용에

덧붙이는 것이 가능하다는 점이다. 예를 들어 국가의 천자로부터 백관에 이르는 관직의 서열을 처음부터 공부하다 보면 반복되어 나타나면서 외울 수 있게 하는 구조로 되어 있다. '일인' 천자로 시작하여 '이백'–'삼공'–'삼고'–'사감'으로 이어지고, 마침내 '이십급'까지 관직의 등급과 역할을 자연스럽게 배울 수 있게 되어 있다. 또 다른 예로 혼란을 일으킬 수 있는 비슷한 개념들을 비교할 수 있다. '삼례'와 '사례', '육례' 등 '례'라는 글자에 숫자를 더해 가면서 그 의미가 다른 점을 배울 수 있어서 혹시 착각하거나 잘못 이해하는 오류를 해결하고자 했다. 이러한 사례로 '오사'와 '칠사'의 차이, '칠공'과 '구공'의 차이 등 이 책의 많은 대목에서 이러한 사례를 볼 수 있다.

한편, 다산은 이 책의 300조목마다 인용한 경전의 출처를 분명히 밝혀서 공부해 나가는 이정표로 삼았다. 경전의 내용을 정확히 알기 위해 '역사적 사실 확인'에 근거하는 학문 자세를 자연스럽게 습득하도록 했다. 이를 통해 자의적 경전 해석을 경계하고, 사사로운 이익을 위해 경전을 인용하는 풍토를 개선하고자 했다. 다산이 유교의 이상이 실현되는 사회를 만들어 가는 첫 디딤돌로 어린이들의 경전에 대한 접근을 기획한 점에서 이 책은 그 의의가 있다.

다산 자학의 특징을 살펴보는 방법으로 조목별 연관 관계와 다산의 독특한 해석 사례로 나누어 보고자 한다. 조목의 분류는 ① 관직, ② 제례, ③ 경서, ④ 성리 · 역, ⑤ 의 · 식, ⑥ 지리 · 역사, ⑦ 기타로 나누어 보았다. 300조목의 특징이 '6경 4서'의 이해를 목적으로 하고 있기에 경서의 성리학적 해석보다는 이해하기 어려운 용어와 명칭에 따른 분류가 필요하다고 판단했다. 이에 따라 나누어 본 결과 ⑦ 기타가 79조목으로 제일 많지만 여러 분류를 포함하고 있어 제외하고 보면, ③ 경서 관련이 66조목으로 제일 많고, 다음이 ⑥ 지리 · 역사 관련 52조목, ④ 성리 · 역 관련 50조목의 순으로 정리된다. 이 책의 조목 중에서 제일 중요한 것은 『주례』, 『예기』, 『서경』, 『논어』 등에 등장하는 용어의 해설에 집중하고 있음을 알 수 있다. 그리고 특이하게도 『춘추』와 더불어 『여지승람』 등 우리나라 지리, 역사에 대한 용어도 많이 해설되어 있음을 발견하게 된다. 1조목에서 9조목까지 '6경 4서'의 용어 해설이 많고, 10조목 이후는 자연과학 분야의 조목이 많은 특징도 보여 준다.

< 소학주관의 출전 >

출전(78책)	주례	예기	상서	이아	한서	논어	당서	맹자	주역	의례	기타
인용 수	63	32	24	18	15	13	8	7	7	6	68책

표 1. 관직 관련(11) 조목표

관직	1	3	6	9	20
	一人	三公	六官	九命	二十級
천자에서 20급까지	一相	三孤	六工	九卿	
	一命				
	一軍				

표 2. 제례 관련(23) 조목표

제례	1	2	3	4	5	6	7	8	9–28
	一廟	二簋	三社	四祭	五禮	六禮	七廟	八蜡	十輪
	一獻		三禮	四薦		六宗	七祀		二十六豆
제사 제물 제기	一鼎		三望	四禮		六號			
			三牲			六器			
						六彝			
						六尊			

표 3. 경서 관련(66) 조목표

경서	2	3	4	5	6	7	8	9	10–28
	二人	三王	四見	五刑	六經	七貢	八統	九經	十亂
	二老	三正	四樂	五射	六詩	七工	八政	九容	
	二伯	三學	四鄰	五御	六體	七去	八刑		
	二舞	三喪	四監	五聲	六書		八成		
		三族	四民	五色	六樂		八矢		
		三從	四凶	五臭	六舞				
		三樂	四窮	五味	六術				
6경 4서		三赦	四靈	五官	六藝				
		三宥		五玉	六容				
				五火	六功				
				五穀	六順				
				五兵	六逆				
				五紀	六極				
				五徵					
				五福					

				五諫					
				五聽					
				五守					
				五帝					
				五佐					
				五霸					

표 4. 성리 · 역 관련(50) 조목표

성리·역	2	3	4	5	6	7	8	9	10	11–28
성리·역	二儀	三才	四術	五教	六德	七教	八卦	九德	十干	十二辟
	二氣	三綱	四德	五倫	六行	七情		九思	十煇	十二支
	二曜	三易	四端	五行	六賢	七略		九家	十哲	十二配
		三倉	四始			七緯				十三經
		三尊	四兆			七書				十四類
		三德	四勿							
		三事	四維							
		三益	四科							
		三損	四教							
		三愆								
		三戒								
		三畏								
		三變								
		三端								
		三孝								

표 5. 의 · 식 관련(19) 조목표

의·식	1	2	3	4	5	6	8	9–28
관복 음식 장식 그릇 수레 등	一食	二生	三臛	四載	五輅	六冕	八珍	十二章
	一就		三酒	四寶	五服	六服		
	一章		三雅			六摯		
			三鑒			六節		
						六飮		

표 6. 지리 · 역사 관련(52) 조목표

지리 · 역사	2	3	4	5	6	7	8	9	10–28
지리 역사 자연	二京	三條	四天	五地	六氣	七曜	八風	九州	十時
		三江	四隅	五嶽	六國	七策	八紘	九山	十藪
		三山	四宅	五蟲	六朝	七寶	八蠻	九河	十道
		三輔	四極	五方	六部		八道	九服	十二次
		三都	四荒				八門	九夷	十二水
		三晉	四夷					九達	十三省
		三韓	四至						十五氣
		三國	四瀆						十六國
			四郡						二十一史
									二十四氣
									二十五縣
									二十八宿

표 7. 기타 관련(79) 조목표

기타	3	4	5	6	7	8	9	10–28
인물 사물 제도 기타	三皇	四時	五臟	六畜	七貴	八音	九惠	十紀
	三雍	四畋	五金	六獸	七子	八陣	九式	十寶
	三家	四譯	五果	六馬	七賢	八母	九府	十一會
	三侯	四庫	五聖	六材	七行	八體	九旗	十二律
	三田	四友	五賢	六腑	七曲	八家	九夏	十二政
	三農	四臣	五胡	六韜	七部	八絕	九拜	十二體
	三災	四皓	五季	六卿	七事	八駿	九數	十二操
	三寶	四豪	五衛					十六族
	三加	四傑	五部					十七篇
	三絕							十八學士
	三仁							十九章
	三良							二十二人
	三傑							二十三字母
	三黨							二十七脈
	三敎							二十八將
	三餘							
	三桓							
	三司							

정약용 연보

1762년(영조 38년): 6월 16일, 경기도 광주군 초부면 마현리 출생.

1770년(영조 46년): 9세, 모친상을 당함.

1771년(영조 47년): 10세, 관직에서 물러난 부친으로부터 경서와 사서를 배움.

1776년(영조 52년): 15세, 풍산홍씨 홍화보의 딸과 혼인. 부친이 호조 좌랑으로 관직에 나아가 서울 명례방으로 이사.

1777년(정조 1년): 16세, 성호 이익의 글을 접함. 가을 화순 현감으로 나가는 부친을 따라 이사.

1781년(정조 5년): 20세, 7월 딸을 낳았으나 5일 만에 죽음.

1782년(정조 6년): 21세, 서울 창동에 집을 마련.

1783년(정조 7년): 22세, 태학에 들어감. 장남 정학연이 태어남.

1784년(정조 8년): 23세, 『중용강의』 80조목을 정조에게 답함. 이벽을 통해 서학을 접함.

1786년(정조 10년): 25세, 차남 정학유가 태어남.

1789년(정조 13년): 28세, 초계문신이 됨.

1790년(정조 14년): 29세, 사헌부 지평, 사간원 정언이 됨.

1791년(정조 15년): 30세, 『시경』 팔백여 조항을 정조에게 답함.

1792년(정조 16년): 31세, 수원성 축조 관련 기중기 도서를 집필.

1795년(정조 19년): 34세, 주문모 사건에 연루되어 금정 찰방으로 좌천.

1797년(정조 21년): 36세, 곡산 부사가 됨.

1800년(정조 24년): 39세, 정조가 죽자 고향 마현리 집으로 귀향.

1801년(순조 1년): 40세, 천주교도 책롱사건 관련 장기현으로 유배, 10월 강진현으로 유배됨.

1805년(순조 5년): 44세, 『상례외편』 12권을 완성.

1808년(순조 8년): 47세, 『주역사전』, 『역학서언』 저술.

1809년(순조 9년): 48세, 『모시강의』 저술.

1810년(순조 10년): 49세, 『모시강의보』, 『매씨상서평』, 『상서고훈』, 『소학주관』 저술.

1811년(순조 11년): 50세, 『상례사전』 완성, 『아방강역고』 저술.

1812년(순조 12년): 51세, 『춘추고징』 저술.

1813년(순조 13년): 52세, 『논어고금주』 저술.

1814년(순조 14년): 53세, 『맹자요의』, 『중용자잠』, 『중용강의보』, 『대학공의』, 『대동수경』 저술.

1815년(순조 15년): 54세, 『심경밀험』, 『소학지언』 저술.

1816년(순조 16년): 55세, 봄에 『악서고존』 저술, 6월 정약전의 상을 당함.

1817년(순조 17년): 56세, 『사례가식』 완성, 『경세유표』 저술.

1818년(순조 18년): 57세, 『목민심서』, 『국조전례고』 저술.

1819년(순조 19년): 58세, 『흠흠신서』, 『아언각비』 저술.

1822년(순조 22년): 61세, 「자찬묘지명」을 지음.

1834년(순조 34년): 73세, 『상서고훈』과 『지원록』을 개수하여 21권으로 편찬.

1836년(헌종 2년): 75세, 고향 마현리에서 임종.

기사 전거 : 自撰墓誌銘, 年譜(丁奎英 撰, 丁茶山全書), 羅州丁氏都憲公派譜, 朝鮮王朝實錄 등에 의거함. (한국고전종합DB)

정약용(1762–1836)
다산 정약용은 1762년에 태어나 1836년까지 살았던 조선의 대표적인 유학자이다. 스스로 지은 「자찬묘지명」에서 밝히고 있듯이 조선 후기의 지배세력 다툼으로 부정부패가 만연한 조선의 개혁을 위해 '오래되고 낡은 나라를 새롭게 하고자(신아구방新我舊邦)' 노력했다. 정조와의 신뢰 속에 관료로 성장하지만, 천주교 관련으로 모함을 받아 유배를 가게 된다. 유배 시에 경학 관련 232권의 저술을 통해 '6경 4서'에 대한 주석 작업으로 자신만의 경학을 완성한다. 또한 『경세유표』 48권, 『목민심서』 48권, 『흠흠신서』 30권 등의 경세 관련 저술과 100여 권의 기타 저술을 합쳐 500여 권의 방대한 저술을 남겼다. 그의 철학은 '성기호설'과 '권형', 그리고 '행사'로 이루어진 인간 심성론과 사회제도와 도덕 절대기준인 상제관으로 주로 설명된다. 상제의 윤리적 감찰 아래 왕권을 정점으로 분업적 협업을 통한 개혁 예법과 제도로 조선 사회를 재편하고, 도량형 정비를 통한 새로운 농업정책에 근거한 객관적 통치기준을 제시하여 인습적 비리를 척결하고자 했다.

옮긴이 박광철
성균관대학교 동양철학과를 졸업하고, 전북대학교 철학과 대학원에서 『다산 사회개혁사상 연구』로 석사학위를 취득하고, 박사과정을 수료하였다. 「다산의 심성론 연구」, 「다산 상제관의 경세론적 해석」 등의 논문들을 통해 다산 철학을 연구하고 있다. 군장대학교 겸임교수로 재직하면서 직업윤리 등을 가르치고 있다.

달섬 세계고전 14
소학주관

지은이 정약용
옮긴이 박광철
펴낸이 김동원
펴낸곳 달섬

초판 1쇄 인쇄 2020. 5. 8.
초판 1쇄 발행 2020. 5. 15.

달섬 전라북도 전주시 완산구 어진길 32 (풍남동2가)
전화 (063) 219-5322
FAX (063) 219-5323
출판등록 2012년 8월 20일 제465-2012-000021호

잘못된 책은 바꿔 드립니다.

값 10,000원

ISBN 979-11-6372-079-9 04810
ISBN 979-11-6372-001-0(세트) 04080

이 도서의 국립중앙도서관 출판예정도서목록(CIP)은 서지정보유통지원시스템 홈페이지(http://seoji.nl.go.kr)와 국가자료종합목록 구축시스템(http://kolis-net.nl.go.kr)에서 이용하실 수 있습니다. (CIP제어번호 : CIP2020016101)

'달섬'은 전북대학교출판문화원의 임프린트입니다.